CALDERÓN Y EL BARROCO

PURDUE UNIVERSITY MONOGRAPHS IN ROMANCE LANGUAGES

William M. Whitby, Editor Emeritus

Howard Mancing, General Editor
Enrique Caracciolo-Trejo and Djelal Kadir, Editors for Spanish
Allan H. Pasco and Allen G. Wood, Editors for French

Associate Editors

I. French

Max Aprile, Purdue University
Paul Benhamou, Purdue University
Willard Bohn, Illinois State University
Gerard J. Brault, Pennsylvania State University
Germaine Brée, Wake Forest University
Victor Brombert, Princeton University
Ursula Franklin, Grand Valley State College
Floyd F. Gray, University of Michigan
Gerald Herman, University of California, Davis
Michael Issacharoff, University of Western Ontario
Thomas E. Kelly, Purdue University
Milorad R. Margitić, Wake Forest University
Bruce A. Morrissette, University of Chicago
Roy Jay Nelson, University of Michigan
Glyn P. Norton, Williams College
David Lee Rubin, University of Virginia
Murray Sachs, Brandeis University
English Showalter, Jr., Rutgers University, Camden
Donald Stone, Jr., Harvard University

II. Spanish

J. B. Avalle-Arce, University of California, Santa Barbara
Rica Brown, M.A., Oxon
Frank P. Casa, University of Michigan
James O. Crosby, Florida International University
Alan D. Deyermond, Westfield College (University of London)
David T. Gies, University of Virginia
Roberto González Echevarría, Yale University
Thomas R. Hart, University of Oregon
David K. Herzberger, University of Connecticut
Floyd F. Merrell, Purdue University
Geoffrey Ribbans, Brown University
Elias L. Rivers, SUNY, Stony Brook
Francisco Ruiz Ramón, Vanderbilt University
J. M. Sobrer, Indiana University
Bruce W. Wardropper, Duke University

Volume 31

María Alicia Amadei-Pulice

Calderón y el Barroco
Exaltación y engaño de los sentidos

MARÍA ALICIA AMADEI-PULICE

CALDERÓN Y EL BARROCO

Exaltación y engaño de los sentidos

JOHN BENJAMINS PUBLISHING COMPANY
Amsterdam/Philadelphia

1990

Ilustración de cubierta: reproducción de "La fiera, el rayo y la piedra," por Pedro Calderón de la Barca, MS. 14.614, Biblioteca Nacional de Madrid. Se la reproduce aquí con la autorización correspondiente.

Library of Congress Cataloging in Publication Data

Amadei-Pulice, María Alicia
  Calderón y el barroco : exaltación y engaño de los sentidos / María Alicia Amadei-Pulice.
      p.   cm. -- (Purdue University monographs in Romance languages, ISSN 0165-8743; v. 31)
  Includes bibliographical references.
  1. Calderón de la Barca, Pedro, 1600-1681 -- Criticism and interpretation. 2. Spanish drama -- Classical period, 1500-1700 -- History and criticism. 3. Spanish drama -- Italian influences. 4. Baroque literature -- History and criticism. 5. Theater -- Spain -- History. I. Title. II. Series.
  PQ6312.A44   1990
  862'.3 -- dc 20   90-42421
  ISBN 90 272 1748 3 (Eur.) / ISBN 1-55619-074-3 (US) (alk. paper)   CIP

© Copyright 1990 - John Benjamins B.V.
No part of this book may be reproduced in any form, by print, photoprint, microfilm, or any other means, without written permission from the publisher.

Para Franco, Deborah y Bryan

Indice del contendido

Lista de ilustraciones ix

Testimonios de gratitud xi

1. Comedia y *comedia de teatro* 1

2. Efectos sonoros del *stile rappresentativo* 43

3. El valor de la perspectiva, sus orígenes y aplicación

   al teatro barroco 109

Conclusiones 169

Notas 183

Bibliografía 213

Ilustraciones 223

Lista de ilustraciones

1. Aparato para accionar monstruos y carro que se desplaza sobre rieles, Teatro Farnese, Parma (ca. 1626) 225

2. Máquinas que permiten movimiento y vuelo, Teatro Farnese 226

3. Máquinas para suspender en el aire a personajes, Teatro Farnese 227

4. Escaleras y plataformas para personajes voladores, Teatro Farnese 228

5. Máquina operada a engranajes, Teatro Farnese 229

6. Telón de bocaescena para *La fiera, el rayo y la piedra* 231

7. *La fiera, el rayo y la piedra*, 1ª jornada, perspectiva del mar, con truenos y relámpagos 232

8. *La fiera, el rayo y la piedra*, 1ª jornada, perspectiva del mar, con esquife 233

9. *La fiera, el rayo y la piedra*, 1ª jornada, el bosque 234

10. *La fiera, el rayo y la piedra*, 1ª jornada, una gruta 235

11. *La fiera, el rayo y la piedra*, 1ª jornada, Anteros y Cupido 236

12. *La fiera, el rayo y la piedra*, 1ª jornada, la fragua y los Cíclopes 237

13. *La fiera, el rayo y la piedra*, 1ª jornada, la fragua de Vulcano 238

14. *La fiera, el rayo y la piedra*, 2ª jornada, teatro de bosque y en el foro un palacio 239

15. *La fiera, el rayo y la piedra*, 2ª jornada, teatro del jardín, Cupido 240

16. *La fiera, el rayo y la piedra*, 2ª jornada, teatro del jardín 241

17. *La fiera, el rayo y la piedra*, 2ª jornada, teatro del jardín 242

18. *La fiera, el rayo y la piedra*, 2ª jornada, teatro del jardín, pavo real .. 243

19. *La fiera, el rayo y la piedra*, 3ª jornada, teatro de monte, y en el foro la puerta del jardín 244

20. *La fiera, el rayo y la piedra*, 3ª jornada, múdase el teatro en el de bosque 245

21. *La fiera, el rayo y la piedra*, 3ª jornada, teatro de bosque 246

22. *La fiera, el rayo y la piedra*, 3ª jornada, Cupido y Anteros 247

23. *La fiera, el rayo y la piedra*, 3ª jornada, teatro de bosque 248

24. *La fiera, el rayo y la piedra*, 3ª jornada, teatro de bosque 249

25. *La fiera, el rayo y la piedra*, 3ª jornada, teatro de bosque 250

26. *La fiera, el rayo y la piedra*, 3ª jornada, teatro de bosque 251

27. *La fiera, el rayo y la piedra*, 3ª jornada, teatro regio 252

28. *La fiera, el rayo y la piedra*, 3ª jornada, teatro regio con carro 253

29. *La fiera, el rayo y la piedra*, 3ª jornada, teatro regio 254

30. *La fiera, el rayo y la piedra*, 3ª jornada, Cielo, con Anteros, Cupido y Venus 255

31. Escenografía toscana, intermedio cuarto de *Il giudizio di Paride* 256

32. Escenografía toscana, intermedio quinto de *Il giudizio di Paride*.... 257

33. Escenografía toscana, monstruos marinos en el río Arno (1608) ... 258

Testimonios de gratitud

EL PRESENTE ESTUDIO es fruto de las investigaciones que comenzaron con mi tesis doctoral (UCLA 1981) bajo la dirección del profesor Carroll B. Johnson a quien agradezco sentidamente sus sabios consejos y aliento. Deseo extender mi gratitud a aquellos que contribuyeron a mi formación en la Universidad de California en Los Angeles, especialmente a los profesores José Rubia Barcia, Rubén A. Benítez, Aníbal Sánchez Reulet y Carlos P. Otero; su guía y amistad han sido invaluables.

De la misma manera quiero hacer llegar mi gratitud a mis colegas de la Universidad de Yale, en especial a los profesores Manuel Durán y Roberto González Echevarría, por su amistoso apoyo y estímulo.

Finalmente deseo expresar mi reconocimiento al profesor Bruce W. Wardropper por su cuidadosa lectura del manuscrito y sus valiosas sugerencias. Los errores y omisiones, por supuesto, quedan a mi cargo.

Dos secciones de este libro aparecieron previamente: parte del capítulo 2 en *Approaches to the Theater of Calderón,* ed. Michael D. McGaha (Washington, D.C.: Univ. Press of America, 1982); parte del capítulo 3 en *Calderón. Actas del "Congreso Internacional Sobre Calderón y el Teatro Español del Siglo de Oro,"* ed. Luciano García Lorenzo (Madrid: Consejo Nacional de Investigaciones Científicas, 1983). Los editores han cedido gentilmente el permiso para su reproducción.

La publicación de este libro se debe a la generosidad del Frederick W. Hilles Publication Fund, administrado por el Whitney Council of Fellows de la Universidad de Yale, a quienes expreso mi sentida gratitud.

Mis sinceras gracias también a las bibliotecas que me han permitido la publicación de las ilustraciones incluidas —a la Biblioteca Nacional de Madrid y a la Biblioteca Palatina de Parma.

NEW HAVEN, CONNECTICUT
M. A. A.-P.

1
Comedia y *comedia de teatro*

CUANDO DÁMASO ALONSO expone la fórmula general de las correlaciones en la estructura del teatro calderoniano, logrando definir claramente las relaciones bimembres, trimembres y plurimembres y sus varios subtipos, revela la presencia de una organización de conjuntos en el seno de la obra. Los estructuralistas llamarían a esta organización un "sistema." En cierto sentido Dámaso Alonso preanuncia el método desarrollado por la escuela francesa ya que el concepto de la correlación es fundamental para el estudio de un conjunto concreto, espacial, con una organización observable. Sin embargo, este notable crítico, a quien los calderonistas han relegado un tanto al olvido, reconoce él mismo las limitaciones del método estilístico —del cual es uno de sus mayores exponentes— al aplicarlo al estudio del teatro. "No podemos acercarnos al teatro —nos dice— leyéndolo al nivel de la expresión meramente lingüística porque "el signo idiomático del teatro, el lenguaje del teatro, es *fónico y visual*, es decir, temporal y espacial a la vez."[1] Por eso, al iniciar este estudio del teatro barroco, nos vemos obligados a preguntarnos, ¿Qué es lo que hace al teatro teatro? ¿Qué lenguaje habla el teatro? ¿Cuál es su signo específico? Y sobre todo, ¿de qué manera Calderón y sus contemporáneos utilizan el lenguaje teatral, los signos que le son propios?

Tomando como punto de partida la aserción hecha por Dámaso Alonso para desentrañar el lenguaje o sistema en que el teatro funda su expresión y que el espectador indudablemente percibe, debemos reformular el concepto de "signo" en su acepción literaria. Con el teatro nos trasladamos a un ámbito donde la noción de signo se hace mucho más compleja. No es suficiente hablar de la "imagen acústica" (en términos saussurianos) que evoca en el que lee o escucha un texto leído una carga síquica y que le lleva a la formación del concepto o "significado."

A diferencia de lo que sucede con las artes puramente verbales (novela, poesía), donde el análisis se encamina al medio particular de la palabra, el estudio del teatro requiere un acercamiento distinto. Los recientes estudios semióticos suministran nuevos instrumentos de análisis que nos ayudan a descifrar obras de alto contenido visual, como las cinematográficas, esculturales, pictóricas, arquitectónicas y teatrales —un tanto marginadas o mal entendidas por sus mismas tendencias extralingüísticas. Para Roman Jakobson, y también para Patrice Pavis, el teatro constituye el dominio privilegiado del icono, en oposición fundamental con la literatura de estructuración linear y temporal. Pavis, citando a Jakobson en este respecto, coincide con esta interpretación de los signos teatrales:

> Perception visuelle et perception auditive ont évidemment toutes deux lieu dans l'espace et le temps, mais la dimension spatiale a priorité pour les signes visuels et la dimension temporelle pour les signes auditifs. Un signe visuel complexe implique une série de constituants simultanés, tandis qu'un signe auditif complexe se compose de constituants sériels successifs.[2]

Es decir, en los estudios semióticos se recalca otra vez esa profunda diferencia estructural entre la literatura y el teatro, y el consiguiente límite de los estudios textuales con respecto al teatro a que aludió Dámaso Alonso. Roland Barthes, de la misma manera, señala que el teatro emite una "densidad de signos," un conjunto de signos que trascienden lo escrito, y que enriquecen los significados textuales. Barthes explica así esa característica semántica del teatro:

> Every performance is an extremely dense semantic act: the nature of the theatrical sign, whether analogical, symbolic, or conventional, the significant variations of this sign, the constraints of linkage, the denotation and connotation of the message—all these fundamental problems of semiology are present in the theater; one can even say that the theater constitutes a privileged semiological object since its system is apparently original (polyphonic) in relation to that of language (which is linear).[3]

Siguiendo estas directivas, este estudio tomará como punto de partida, precisamente, esta evaluación fundamental y diferenciadora del signo teatral, que categoriza al teatro como un espectáculo sensorial, polifónico —y también politécnico— donde prevalecen los signos auditivos y visuales, y no la relación significado/significante característica de la literatura. Notamos, además, que en el teatro, a raíz de su misma estructura espacial, el signo visual es mucho más fuerte que el signo auditivo, subordinándolo muchas veces en el espacio de la representación escénica, generando esa "compleja simultaneidad" del signo visual que menciona Jakobson. Pongamos por ejemplo la escenificación del eco, que es voz más espacio, la presencia de un conjunto musical en la escena, la proyección escenográfica, los valores sígnicos de la iluminación, la función visual del aparte, o del mutis, que es simplemente ausencia del signo acústico reforzado por la presencia del signo visual. El teatro, entonces, descansa sobre dos importantes pilares sensoriales, el oído y la vista, donde domina la dinámica espacial, y por consecuencia visual, de la distribución de los objetos puestos en la escena.

Ortega y Gasset en *Idea del teatro* llega a una conclusión similar, aunque partiendo de otras premisas. Para desentrañar la verdadera realidad y escencia del teatro parte de la significación más simple, más obvia, más trivial —"que el teatro es un edificio"— para llevarnos con el método que él denominaba "dialéctica real" (opuesta a la dialéctica de Hegel "donde el pensar va movido de un *ciego* formalismo lógico"), hacia la función y significado de esa estructura singular. Para Ortega, los dos órganos constitutivos e integrales del teatro, evidentes en la configuración estructural, son la sala y la escena, dualidad que revela su carácter específico en su funcionalidad, *la de ver y de ser visto*.[4] En el teatro

> somos, como público, hiperpasivos porque lo único que hacemos es el mínimo hacer que cabe imaginar: ver y, por lo pronto, nada más. Ciertamente, en el Teatro también oímos, pero... lo que oímos en el Teatro lo oímos como dicho *por* lo que vemos.[5]

Si recurrimos a la etimología, la palabra *theatron* en su origen deriva de la palabra griega *ver*. Era, en los comienzos del teatro, la palabra usada para describir la ladera de un monte labrada con asientos —un mirador— desde donde se presenciaba el espectáculo. Con el tiempo la palabra *theatron* extendió su significado a la estructura arquitectónica que incluye el escenario y el auditorio. La palabra griega *skene*, literalmente "choza," ha tomado modernamente el significado de "escenario" o "escena pintada en telones."[6]

Si deseamos definir al teatro por su estructura externa, suponiendo con Ortega que "el teatro es un edificio," debemos tomar en cuenta que el teatro moderno toma su forma como una definida estructura cerrada durante el Renacimiento italiano como resultado del interés clasicista en la reconstrucción del teatro griego. El teatro más antiguo de esta época es el Olímpico de Vicenza, comenzado por Andrea Palladio (1508-80) y terminado en 1584 por Vincenzo Scamozzi (1552-1616). Este teatro sigue en líneas generales la disposición del teatro helénico, con el semicírculo de asientos en gradación, conservando también el proscenio antiguo, o sea el espacio entre la escena y la orquesta donde estaba el tablado en que representaban los actores. Esta reproducción difiere notablemente del teatro griego en el sentido que éste último era una construcción al aire libre, una arena, y el teatro moderno es una estructura arquitectónica cerrada. El teatro Olímpico subsiste hasta nuestros días como una anomalía en la historia de la evolución del teatro, un experimento que no se ha vuelto a repetir. Durante el período barroco se elimina el antiguo proscenio, intensificando la continuidad entre auditorio y escena, y el tablado se coloca *dentro* de la escena, diseñada ésta por medio de telones laterales en perspectiva, características que han perdurado hasta nuestra época.[7]

Es precisamente durante el Barroco cuando el teatro define los límites específicos de la estructura en su división "sala" y "escenario," informando a la arquitectura creada con el propósito ya evidente de *visualizar* un espectáculo. La disposición clásica no correspondía más a la exigencia del momento. El teatro barroco, primer teatro europeo moderno, se fue formando con el solo propósito director de acercar el público a la escena y hacer a ésta nítidamente visible. La novedad esencial que se introduce en esta época es la utilización de medios provenientes de la pintura, telones laterales o "bastidores" juntamente con ingeniosos aparatos mecánicos para acrecentar el encanto de los ojos. En relación al teatro griego, el teatro barroco revela una funcionalidad más definida en lo que atañe a la presentación visual, aunque ambas estructuras tienen en sí la propiedad de encauzar la mirada del espectador.[8]

Si cavilamos un momento en la relación contenido y continente, función y órgano, o fondo y forma, es evidente que es un error denominar "teatro" a los misterios medievales que se representaban en los pórticos de las iglesias, donde la carencia de una estructura formal permitía que la mirada del espectador divagara en admiración de un objeto sacro a otro; ni siquiera podemos usar la palabra en su sentido recto al hablar de los carros medievales, que circulaban libremente sin un espacio fijo, siguiéndolos el pueblo en su procesión tratando de hilvanar con la mirada los distintos cuadros.

La escena sola —a diferencia del teatro— tuvo en España un desarrollo particular y presenta claras características desde fines de la Edad Media. A principios del siglo XV se establece la "escena múltiple," en sus dos niveles el horizontal y el vertical.[9] Ejemplo de una escena múltiple vertical es la usada generalmente en escenas de tipo religioso donde una simple casucha de dos niveles representaba el Cielo y la Tierra.[10] En este tipo elemental de escenario la mirada del espectador tenía solamente una posibilidad —la de seguir la acción que llevaba al representante de la esfera inferior a la superior: la escena vertical estaba limitada por la escatología cristiana y es apta para representar ese movimiento ascendente. La escena múltiple horizontal que corresponde a la misma época, y que se empleará en España hasta entrado el siglo XVII, tiene un poco más de flexibilidad que el tipo de escena anterior ya que se presenta la acción en varios lugares, al aire libre, utilizando para cada cuadro un paisaje *real* apropiado, un río, una barca, o un promontorio según los requerimientos de la trama. Esta técnica señala una importante simplificación de espacio,

Comedia y *comedia de teatro* 5

ya que permite que grandes distancias en el drama litúrgico, de Jerusalén a Nazaret, por ejemplo, se recorran en realidad en pocos pasos permitiendo así abarcar varios ambientes simultáneamente.[11] Sin embargo, desde el punto de vista del espectador, que sigue paso a paso la acción que tiene lugar o queda pendiente en distintos ambientes, el decorado simultáneo puede distraer y hacer difícil la captación visual.

En las representaciones litúrgicas con escena múltiple el espectador se mueve, siguiendo la acción en sus distintos cuadros; en el caso de los carros medievales, la escena se mueve y el espectador permanece fijo: ambos tipos de representación carecen de la estructura formal, el edificio teatral, que educa la mirada y la sostiene en la escena. Tanto en el siglo XV como en el XVI estos dos tipos de escena son comunes.[12] Hasta ya entrado el siglo XVII las representaciones conservan este carácter ambulante. Recordemos el encuentro de Don Quijote con los recitantes de la compañía de Angulo el Malo. En este episodio Don Quijote, tan cauteloso con las realidades que se le ofrecen a la vista, deja pasar libremente a los farsantes, confesando que desde su juventud fue aficionado a la carátula, y que, "se [le] iban los ojos tras la farándula,"[13] frase que además de su sentido figurado, tiene uno muy descriptivo y literal.

El lugar escénico se hace fijo y sus límites definidos con la aparición de los primeros corrales que proliferan en las grandes ciudades después de 1580. En los corrales el escenario comprendía tres niveles, balcón, tablas y trampa. El decorado es extremadamente simple: una silla, una mesa y, a veces, una cortina de fondo con una figura fantástica relacionada simbólicamente con el sueño o un estado subjetivo alucinatorio.[14] Sorprendentemente, la plataforma del corral no había sido construida teniendo en cuenta la buena visualización del espectáculo; su altura era de cerca de 2,50 mts., con 7,56 mts. de ancho y 4,20 mts. de profundidad.[15] Era, más bien, una plataforma elevada para la *recitación* de la poesía dramática. Aparte de una que otra aparición o desaparición por las trampas o escotillones, las mutaciones escénicas estaban a cargo del dramaturgo que con gran destreza llevaba a los oyentes por lugares imaginados. Y son "oyentes" porque todavía en los corrales el lugar de la acción está delineado por lo que los recitantes dicen oportunamente siguiendo las mutaciones verbales que el dramaturgo propone. El siguiente ejemplo aparece en una comedia de Lope, *Los embustes de Fabia*:

> Este es palacio: acá sale
> Nerón, nuestro emperador,
> que lo permite el autor,
> que de esta industria se vale;
> porque si acá no saliera,
> fuera aquí la relación

> tan mala y tan sin razón,
> que ninguno la entendiera.[16]

Las impresiones visuales en la comedia lopesca tienen un lugar secundario con respecto a las impresiones auditivas. Lope es muy explícito en este punto en su *Arte nuevo de hacer comedias*:

> *Oye atento,* y del arte no disputes;
> que en la comedia se hallará de modo,
> que *oyéndola se pueda saber todo.*
>
> (p. 301; énfasis mío)

Lope aunque tenía mucho conocimiento de las artes plásticas, como lo revelan sus cuantiosas citas de esculturas, de monumentos históricos, de iglesias y de pinturas a través de toda su obra, no tenía todavía a su disposición ni el teatro ni la escenografía para presentar *visualmente* estas imágenes. Técnica e innovación artística se nutren mutuamente. Por eso, en la comedia de Lope que es anterior en su mayor parte a la construcción de los verdaderos teatros barrocos, con escenarios profundos con bastidores pintados en perspectiva, con profusión de apariencias y máquinas, la imagen visual, generalmente *imaginaria*, depende, en una extraña confusión de percepciones, de la imagen acústica. El espacio teatral como tal, es decir con su vigencia de espacio plástico y representativo, no tiene función.

En 1621 Lope manda a la imprenta la parte XVI de sus comedias. Precede a esta parte un prólogo dialoguístico, un diálogo entre un Forastero y el Teatro, de gran valor para establecer los cambios que presenciara Lope hacia el poniente de su carrera artística juntamente con su siempre valiosa opinión sobre innovaciones en el género teatral. Reproducimos aquí un trozo del mismo.

> *Teatro.* Yo he llegado a gran desdicha, y presumo que tiene origen de una de tres causas: o por no haber buenos representantes, o por ser malos los poetas, o por falta de entendimiento a los oyentes; pues los autores se valen de las máquinas; los poetas de los carpinteros, y los oyentes de los ojos.
>
> *Forastero.* Yo soy forastero como ves en mi traje; no pensé que en esta tierra había más comedias que aquellas que se constituyen de personas humildes, aunque en España no se guarda el arte.
>
> *Teatro.* El arte de las comedias y de la poesía es la invención de los poetas príncipes; que los ingenios grandes no están sujetos a preceptos, y en materia de agradar los ojos te quiero vencer con un ejemplo: cuando hay una fiesta de toros, ¿van a verlos o a oírlos?

Comedia y *comedia de teatro* 7

Forastero. Yo no he oído decir que hable algún toro, que cante o baile.

Teatro. Pues siendo los ojos tan principal sentido, no es pequeña la causa con que se mueve el pueblo.... Hace días que nací en Grecia, donde nacieron todas las artes. Conocí a Eurípides, a Esquilo, a Sófocles y a Aristófanes. Pero volviendo al pueblo, digo que justamente se mueve a estas máquinas por deleitar los ojos; pero no a las de la comedia de España, donde tan groseramente bajan y suben figuras, salen animales y aves, a que viene la ignorancia de las mujeres y la mecánica chusma de los hombres.

Forastero. Pues ¿no hay discretos?

Teatro. Pocos.[17]

Dos años más tarde, en 1623, en otro prólogo dialoguístico, el que encabeza la parte XIX de sus comedias, Lope vuelve a expresar su descontento con respecto a las nuevas técnicas teatrales que de una manera u otra no parecen coincidir con los medios escénicos a que estaba acostumbrado el poeta para la representación de la comedia:

Teatro. ¿Tenéis algunas comedias nuevas?

Poeta. Después que se usan las apariencias,[18] que se llaman tramoyas, no me atrevo a publicarlas.[19]

Este nuevo Teatro —apenas recién nacido en Grecia— que comienza a crecer en España ante la perpleja vista del creador de la comedia nueva, es un arte que depende en su esencia de medios externos y que se despliega *visualmente,* donde las ingeniosas indicaciones de escena que solía dar Lope, que era una manera de decorar con la poesía, son ya superfluas. El gran poeta lírico que solía transportar a los oyentes por las más finas regiones de la imaginación con la evocación de la palabra, comienza a sentirse un tanto desubicado; de allí la paradójica expresión "los oyentes [se valen] de los ojos," que sintetiza, en proféticas palabras, la nueva dirección que tomará la comedia: la imagen auditiva dará la primacía a la imagen visual. El arte poético de la comedia nueva fundado exclusivamente sobre la recitación, arte temporal y fónico, sufrirá una metamorfosis total a causa de la espacialización que impone la creación del edificio teatral, el uso de las apariencias y el consiguiente énfasis en la visualización del espectáculo. En un lapso de unos setenta años —término que coincide aproximadamente con la vida de Lope— se ve en España toda la gama de representaciones que habían evolucionado en la península: los carros medievales, los teatros ambulantes, las escenas al aire libre con decoraciones simultáneas[20] y los corrales populares; y ya hacia la tercera década del siglo XVII, la aparición del fastuoso espectáculo del teatro con una estructura definida, de origen italiano. Este último es el primer teatro, *sensu strictu*, construido con la única mira de presentar visualmente en un escenario, o sea en un espacio enmarcado, la multiplicidad de escenas que antes requería movimiento de un lugar a otro, y de fijar la vista del espectador de tal manera que pueda percibir todo lo que se desarrolla en la escena. Esta nueva estructura hace del espectador un forzado testigo visual a merced de escenógrafos, pintores e ingenieros que despliegan ante sus ojos el variado mundo de las apariencias.

La transformación de la escena y el subsiguiente cambio en el gusto de los espectadores prepara el camino para una revisión total de los cánones que informarán a la nueva estética, con toda una gama de conceptos y términos específicos. Por lo pronto, sabemos que ya hacia 1622 aparece el término "invención" para indicar aquellas representaciones donde la imagen visual predomina sobre la imagen auditiva, donde el espectáculo es el centro de atención, diferenciándose en este sentido de la "vulgar comedia."[21] Asimismo, a las comedias más tardías, especialmente aquellas donde los autores daban expresas indicaciones con respecto al decorado y estructura de la escena, se las denominaba "comedias de teatro."[22] Esta nomenclatura diferenciadora, viable y útil en su momento histórico, es la que adoptaremos de aquí en adelante, definiendo como *comedia de teatro* a aquellas obras en las cuales los efectos visuales predominan y el dramaturgo, atento a éstos, da cuidadosas direcciones de escena en acotaciones al respecto y, sobre todo, compone su obra pensando en la íntima relación entre trama y organización espacial; los efectos auditivos, aunque supeditados a los visuales, toman una característica propia, distinta a la de la comedia lopesca de base sinestética ya que su función no es la de "pintar con palabras" sino otra: subrayar la expresividad de la voz que se percibe paralelamente al signo visual. La *comedia de teatro* se puede considerar como un género distinto al de la comedia nueva lopesca: es un género politécnico, multiartístico, híbrido en cierta manera, no sólo por la reorganización estructural que requiere el énfasis de la parte visual, sino también por la dependencia total e interrelación del texto poético con medios provenientes de otras artes, la arquitectura, la pintura principalmente, y la música de una manera especial.

La *comedia de teatro* es un mundo tridimensional, compuesto de texto poético (comedia), de efectos vocales, sonoros y musicales, y de representaciones visuales (teatro, escena, vestuario, representantes). Se trata de un arte a la vez fónico y visual, es decir temporal y espacial a la vez —teatro puro, según la definición que nos dio Dámaso Alonso— mientras que la comedia lopesca no lo es. En la comedia de corral Lope tenía que suplir con la palabra poética la falta de decorado; en la *comedia de teatro* el decorado es tan espectacular que habla de por sí, emite signos significativos de un lenguaje plástico —las metáforas visibles del teatro barroco— mientras que el texto dramático se limita al diálogo de la acción, evitando redundancias entre lo que se dice y lo que se ve. Es más, con la acentuación de la parte visual el texto poético se transforma como veremos en la obra de Calderón —creador de *comedias de teatro*— y la poesía toma otra dimensión con medios que son propios de la pintura: luz, sombras, profundidad, reflejos, contrastes y perspectivas.

La *comedia de teatro*, como género múltiple que es, está consecuentemente ligada al desarrollo de técnicas y artes que le son afines, en especial el edificio y la maquinaria teatral que se crea para su representación. En España tiene sus albores con la introducción de los primeros teatros de corte, principalmente el Salón de Comedias del Buen Retiro, comenzado en 1629 por el conde duque de Olivares, e inaugurado en 1632 o 1633, y con varios otros pequeños teatros privados pertenecientes a familias nobles, siguiendo la moda establecida por los Medici y los Gonzaga. Bajo el auspicio de Felipe IV comenzarán su obra en España los ingenieros y arquitectos italianos: Giulio Fontana; el famoso florentín Cosimo Lotti, enviado por el gran duque de Toscana en 1625; y más adelante hacia la década de los cuarenta, Baccio del Bianco y Francesco Ricci. Todos ellos trabajarán en la presentación de los espectáculos de corte, especialmente para las obras calderonianas, preparadas casi todas para ser representadas en el Salón de Comedias y en el Coliseo del Buen Retiro, famoso por las maquinarias, tramoyas o *tramoggie* inventadas por los escenógrafos italianos.[23] Tanto el edificio teatral como la maquinaria, ambos creación exclusiva de los italianos, se llevan *in toto* a España como a otros países europeos, Francia y Austria principalmente. El edificio teatral constituye la nueva estructura que dará una cierta universalidad al género dramático barroco, "un espíritu de época" —como dice Hatzfeld. El teatro es una estructura común, fijada por los italianos, en la cual se exteriorizarán los distintos contenidos particulares de cada cultura, siguiendo siempre las bases establecidas en su origen y nacimiento italiano, florentino, para más exactitud.

Aparte de la construcción del teatro como edificio, surgen de la Italia renacentista dos contribuciones que serán básicas e integrales en la formación y desarrollo de este nuevo género: los estudios de perspectiva en la pintura, y el elemento recitativo y musical incorporado a la representación dramática. Mejor dicho, la utilización de medios de dos artes, pintura y música, en su expresión moderna, se sincronizan con la nueva arquitectura, tratando de reproducir, no ya al desaparecido teatro griego, sino a *la idea* que los artistas italianos tenían del teatro antiguo.

Ante todo tenemos que poner en perspectiva histórica a la llamada "Camerata florentina." Primeramente la *Camerata* del conde Bardi, una especie de salón literario donde un grupo de artistas, intelectuales y *dilettantes*, entre ellos Vincenzo Galilei, músico y padre de Galileo, y el poeta Torquato Tasso, comienzan a especular, alrededor de 1580, sobre el teatro griego y los distintos aspectos técnicos de su presentación. Esta *Camerata* —se pensaba hasta hace unos años, y muchos manuales y estudios teatrales se refieren a ella— fue indiscutiblemente señalada como una de las piedras angulares del teatro barroco. Pero en efecto será otra *camerata* florentina, la que solía reunirse en el palacio del teórico teatral Jacopo Corsi hacia la última década del siglo XVI, con algunos miembros de la primera *camerata*, pero con ideas más radicales e innovadoras, la que llevará a la práctica la reconstrucción de la puesta en escena de la tragedia griega, un experimento que conduciría curiosamente, a la creación de un nuevo género teatral moderno: la ópera.[24]

El punto más importante en las polémicas de estos humanistas era cómo poder imitar la grandiosidad e impacto expresivo del espectáculo griego, especialmente los efectos catárticos que producían la declamación, el coro, la música y la espectacularidad del escenario. Para la reconstrucción del teatro griego los arquitectos y coreógrafos renacentistas contaban con las ruinas antiguas, pero la ausencia de textos y documentos musicales presentaría un problema especial a estos artistas. El musicólogo norteamericano D. P. Walker nos dice:

> ...at this period direct imitation of Greek music was impossible; for only one of the few texts we now have had been discovered and this had not been transcribed. But the references to music in classical literature were abundant and revealing enough for the humanists to form a conception of ancient music that was sufficiently clear and complete to be imitated by sixteenth century composers.[25]

Es así que, basándose casi siempre en los texts de Aristóteles y de Platón —como ha mostrado Henriette Martin— los cameratistas llegaron a formarse una estética musical teatral que giraba sobre el problema fundamental de los "effetti" o sea los efectos expresivos y afectivos que acompañaban a la tragedia, con particular atención hacia la relación entre el texto poético *declamado*, y el papel de la música.[26] De ciertos relevantes pasajes clásicos surgen las directivas que adoptarán los cameratistas. En su origen, decía Platón (*Leyes* II), "Se ha dado el nombre de música al arte que, regulando la voz, pasa hasta el alma y le inspira el gusto por la virtud." Aristóteles, por otro lado, señala que la voz humana es la música por excelencia porque ella encanta más que ningún otro instrumento, y éstos la deben acompañar sin hacerla desaparecer (*Problemas* XIX). Platón reconoce en esta música vocal tres elementos: las palabras, la armonía y el número: "Subordinamos el número y la melodía a las palabras y no las palabras al número y a la melodía" (*República* III). Las citas clásicas que se pueden aducir al respecto son numerosas, la idea esencial que los cameratistas van a elaborar es la de la tonalidad de la voz humana, fuente de la música, superior incluso a ella, quedando la música instrumental relegada a un simple acompañamiento sin que obscurezca la expresividad de la voz. Ya en el *Dialogo della musica antica e della moderna* de Vincenzo Galilei (Florencia, 1581), texto de temprana fecha, perteneciente a la época de la primera *camerata*, encontramos alusiones a esta estética vocal y musical. Galilei exorta al músico moderno a inspirarse en los sonidos de la naturaleza y sobre todo en los tonos de la voz humana:

> Observen de qué manera un tranquilo gentilhombre conversa con otro, si es su voz alta o baja de tono, con qué cantidad de sonido, con qué clase de acentos y de gestos, cómo profieren en cuanto a la velocidad o lentitud del movimiento; atendiendo un poco a la diferencia que se produce entre todas estas cosas cuando uno de éstos habla con un sirviente o uno con otro; consideren cuando esto acaece al Príncipe discurriendo con un súbdito o un vasallo...las diferentes maneras cómo habla el enfurecido o agitado, cómo la mujer casada; cómo la joven; cómo el simple niño; cómo la astuta meretriz, cómo el enamorado habla con su amada mientras quiere disponerla a su voluntad; cómo aquel que se lamenta; o el otro que grita; cómo el temeroso, y cómo aquel que exulta de alegría. De todas estas variaciones, si se observan con atención y se examinan con inteligencia, [los compositores] podrán sacar norma de lo que convenga para la expresión de cualquier concepto que tuviera necesidad de expresar.[27]

Una vez establecida la primacía de la voz humana sobre los otros instrumentos, la calidad del tono y la expresividad de ésta, el problema que se presentó a los miembros de ambas *camerate* era cómo presentar en los espectáculos teatrales un texto poético, acompañado de música y de coro, sin que éstos eclipsasen la claridad de la expresión vocal. La música contemporánea, polifónica y contrapuntal, no se adaptaba a subrayar el recitado; el texto poético, tomado muchas veces de temas pastorales de Torquato Tasso, visita ocasional en estas cameratas, no se adaptaba tampoco al estilo recitado: los poemas, con largas partes narrativas, habían sido escritos para ser leídos y no para ser actuados. Podemos ver en los escritos teóricos de los miembros de estas cameratas que el tema principal de sus polémicas y experimentos es cómo encontrar el justo medio entre la vocalización del texto poético y el acompañamiento musical.[28] Emilio de'Cavaliere, músico célebre de aquel tiempo, fue el primero en intentar —nos dice Stefano Arteaga— la empresa de poner música a la poesía pastoral: *La disperazione di Sileno, Il satiro,* en 1590. Según Arteaga este experimento fue un fracaso ya que no pudo acomodar la música a las palabras en el recitado teatral, y "altro non fece che transferir alle sue composizione gli echi, i rovesci, le ripetizioni, i passaggi lunghisimi, e mille altri artifici che allora nella musica madrigalesca fiorivano."[29]

Por otro lado, la música, de inspiración neoplatónica, que acompañaba a los *intermedi* o máscaras, y que se expresaba necesariamente siguiendo la variedad de la polifonía con el contraste de masas de voces y de instrumentos, no se adaptaba a las exigencias de la nueva teoría que subrayaba la importancia de la voz sola, la monodia. Los intermedios de 1589, aunque permeados de la concepción neoplatónica de la armonía universal, tienen gran importancia, como veremos más adelante, en la formación de este nuevo género teatral, poético-vocal y musical. Ya en la representación de estos intermedios, *L'armonia delle sfere,* y el *Combattimento di Apollo col serpente Pitone,* el primero con música de Emilio Cavalieri y el segundo de Luca Marenzio, ambos con letra de Ottavio Rinuccini, presentados en Florencia en 1589, podemos ver la profusión de efectos escenográficos y los temas mitológicos y fantásticos que, por su contenido poético, intenso a la vez que corto, se prestarán convenientemente a la representación vocalizada. El poeta que escribía estos intermedios señala ya su intención de entrelazar el texto poético con la expresividad del arte escenográfico y musical. En la introducción a *L'armonia delle sfere* leemos este comentario al respecto:

> Ma vegniamo oramai a raccontare delle maraviglie degl'Intermedi, ne' quali il facitor d'essi, a tutto suo poter s'è sforzato che l'operazioni che si deon far nella favola, tutte vengan fatte per lor natura: per esempio, che se nello'ntermedio si ballerà o si canterà, la favola lo richiegga: e che 'l poeta abbia facultà di far varie sorta di madrigali, e i Musici sopra essi, con vari strumenti musiche di consertato varie e di vari tuoni, al trovato appropriate dello intermedio. Egli s'è oltr'a ciò ingegnato di far l'Architetto abbondantissimo d'invenzione, acciocchè esso, con quantità di macchine sagliente e discendenti dal Cielo, passanti per l'aria, e uscenti di sotto 'l palco, e con ispessi mutamenti di scena, possa mostrare il vivo suo ingegno, e in un tempo recare al popolo e meraviglia e diletto. E per ciò fare non gli parve a proposito una favola d'un sol filo, guidicando che gli uditor non faranno poco se a quello della commedia staranno attenti. Oltrechè, pigliando una sola favola, era sforzato a mostrare e a seguir continuamente quel filo, nel quale sempre del buono e del cattivo par che si trovi: legava le mani all'artefice e agli scienziati non gli pareva mostrare alcuna cosa di nuovo.[30]

Ottavio Rinuccini descubrió en estos pequeños ensayos músico-teatrales que los textos que mejor se adaptaban a este tipo de representación eran las fábulas cortas de origen mitológico. Aquí no interesa el argumento coherente; la comedia no se escucha, se ve. Personajes fantásticos como sirenas, ninfas, musas, dioses y monstruos dejaban un amplio margen a la ingeniosidad de escenógrafos y diseñadores de trajes, permitiendo al mismo tiempo la intervención de música, danzas y canto. En el intermedio *L'armonia*, por ejemplo, hay una gran profusión de "apariciones" y de efectos musicales en torno a la figura Armonía Doria que se presenta cantando en un escenario representando las esferas platónicas, seguida de "sirenas celestiales" que descienden de cuatro nubes y —según la acotación— cantando, acompañadas de lira, arpa, viola y guitarrón, a cuatro voces, de tal manera que "se la lor vista non gli avessi tenuti desti, con la dolcezza del canto loro, [ben potevano] addormentar di profondo sonno, come vere Serene gli ascoltatori."[31]

En estas piezas tempranas la música y las canciones añadían una atracción más al espectáculo. No se había logrado llegar con estos intermedios a la deseada expresividad de la palabra característica de la tragedia antigua. Rinuccini prepara, sin embargo, un texto poético, *La Dafne*, al que pondrá música Jacopo Peri, y que iniciará un nuevo estilo de representación que, si no llegó a superar o a igualar los buscados modelos clásicos, será una de las bases del teatro barroco y dejará sus huellas permanentes en el teatro de todas las épocas. Jacopo Peri aplicará por primera vez la música monódica a la poesía dramática. Este tipo de música había ya sido debatido en la *camerata* de Bardi y luego en la de Corsi, con cierto fervor, en contra de la música contrapuntal. Peri fue, sin embargo, el que comprendió las posibilidades dramáticas que la monodia ofrecía subrayando la voz, imitando el discurso trágico de tal manera que, en vez de perderse la voz humana con el accesorio musical, ésta se reforzaba en su emotividad con el acompañamiento del inobtrusivo *basso continuo*. Escuchemos las reflexiones de Peri al respecto:

> Benchè dal signor Emilio del Cavaliere, prima che da ogni altro ch'io sappia, con maravigliosa invenzione ci fusse fatta udire la nostra musica sulle scene; piacque nondimeno a' signori Jacopo Corsi ed Ottavio Rinuccini (fin l'anno 1594), che io, adoperandola in altra guisa, mettessi sotto le note la favola di *Dafne*, dal signor Ottavio composta, per fare una semplice pruova di quello che potesse il canto dell'età nostra. Onde, veduto che si trattava di poesia dramatica e che però si doveva imitar' col canto chi parla (e senza dubio non si parlò mai cantando), stimai che gli antichi Greci e Romani (i quali, secondo l'opinione di molti, cantavano su le scene le tragedie intere) usassero un'armonia, che avanzando quella del parlare ordinario, scendesse tanto dalla melodia del cantare che pigliasse forma di cosa mezzana.... E per ciò, tralasciata qualunque altra maniera di canto udita fin qui, mi diedi tutto a ricercare l'imitazione che si debbe a questi poemi; e considerai che quella sorte di

> voce, che dagli antichi al cantare fu assegnata, la quale essi chiamavano
> diastematica (quasi trattenuta e sospesa), potesse in parte affrettarsi, e
> prender temperato corso tra i movimenti del canto sospesi e lenti, e quegli della favella spediti e veloci, et accomodarsi al proposito mio....[32]

En esta primera *opera in musica* o *melodramma* se logra fusionar de una manera efectiva la parte visual y la auditiva, la voz humana, con un acompañamiento musical que realza la expresividad de ésta última. Este nuevo estilo de declamar en distintas tonalidades de voz, soprano, mezzo-soprano y contralto para las voces femeninas, bajo, tenor, barítono para las voces masculinas, subrayando los momentos afectivos —temor, quejas, dulzura, llanto, gravedad, contento— con los gestos, interjecciones y tonos vocales correspondientes, toma el nombre de *stile moderno* o *stile recitativo*. Los momentos en que el diálogo narrativo predomina están declamados en *recitativo secco*; los momentos más líricos, los momentos catárticos, en que el músico se deja llevar por su invención melódica, en canto, en aria. Este nuevo género teatral, *dramma per musica*, comienza con el recitativo, acentuando la parte vocal y la actuación asimismo que la parte visual, la espectacularidad de la escena, la mutación rápida y extraordinaria de decorados. Como género puramente teatral, el *stile rappresentativo* desplegaba el simple texto poético en una atracción total de los sentidos. Más adelante, en busca de un justo medio entre el *recitativo secco* y el aria —largas partes recitadas se hacen tediosas— el género evolucionará hacia el canto. A causa de esta tendencia histórica del *dramma per musica* quizás es que no se ha prestado atención a sus comienzos, dejando de lado técnicas nacientes que atañen al teatro en su origen moderno tanto como al desarrollo posterior de la música en escena.

Evitemos también al hablar del *melodramma* florentino asociaciones indebidas con el melodrama dieciochesco, género totalmente distinto. Recordemos que el estilo declamatorio cameratista tuvo una sola finalidad: realzar el significado y expresividad vocal, catártica, del texto poético hasta entonces leído o dialogado. En el prefacio de *La Dafne*, en una representación hecha en 1608 para el duque Gonzaga, Marco Gagliano, empresario, advierte a los actores cómo y porqué se declama en esta manera: "Procurisi...di scolpir le sillabe, per far bene intendere le parole, e questo sia sempre il principal fine del cantore in ogni occasione di canto, massimamente nel recitare, e persuadasi pur ch'il vero diletto cresca dalla intelligenza delle parole."[33] Más adelante recapitula sobre los puntos más importantes de este nuevo estilo de representación:

> Tale è l'origine delle rappresentazioni in musica [renovar efectos del teatro griego], spettacolo veramente da príncipi e oltre ad ogn'altro piacevolissimo, come quello nel quale s'unisce ogni più nobil diletto, come

Comedia y *comedia de teatro* 15

invenzione e disposizione della favola, sentenza, stile, dolcezza di rima, arte di musica, concerti di voci e di strumenti, esquisitezza di canto, leggiadria di ballo e di gesti, e puossi anche dire che non poca parte v'abbia la pittura per la prospettiva e per gli abiti; di maniera che con l'intelletto vien lusingato in uno stesso tempo ogni sentimento più nobile dalle più dilettevoli arte che abbia ritrovato l'ingegno umano.[34]

Es un espectáculo total: el intelecto y los sentimientos sucumben al engaño de la conjunción de todas las artes. Nótese la inclusión de la "pittura prospettiva," una de las piedras angulares de esta nueva estética. La atracción de este espectáculo es doble, una fónica, la otra visual. El público de estos melodramas florentinos se prendaba ya de los efectos sonoros como de los visuales —"meravigliosi"— del espectáculo, de las situaciones un tanto improbables aunque encantadoras en cuanto permitían la utilización de máquinas, tramoyas, decorados y trajes de rara invención. Está de más buscar el elemento "realista" en estas producciones. La finalidad de la representación era mostrar un "concetto." Los personajes, mejor dicho las figuras, ya que no representan hechos reales sino fantásticos, curiosos e inverosímiles, son producto de la "invención" del poeta en colaboración con el escenógrafo y el diseñador de trajes. Los trajes y atavíos son simbólicos y exóticos como las figuras que visten: Fitón, la serpiente que echa fuego; Apolo con lira y arco en mano y coronado de laureles; la sirena Falsirena que encanta con su voz; ninfas; pastores; el Eco personificado; la Noche vestida de negro con estrellas brillantes; la Aurora vestida con colores apropiados; Venus con su hijo Amor cargado de dardos de oro y plata. Cada una de las figuras se debe mover y gesticular de acuerdo a su función en el drama cuidando la presteza o lentitud de los movimientos, los asignados pasos de danza y la expresión facial correspondiente, "con gravedad y sin afectación," según las meticulosas indicaciones que preceden a cada uno de estos dramas. Los efectos vocales, gemidos, ayes, suspiros, desmayos, lloros e interjecciones de toda clase están prescriptos de la misma manera. En los primeros textos, *La Dafne, L'Euridice, L'Arianna, Narciso*, se encuentran en profusión los *"Deh!"* (¡Alas!), *"Ohimé!"* (¡Ay de mí!), y *"Ahi lagrime, ahi dolor!"* que van puntuando los momentos de gran intensidad emotiva. Todo esto, repito, siguiendo el deseado énfasis catártico que la vocalización de estos sentimientos produce.

En España la primera "invención" de la cual tenemos noticia es la que se representa en Aranjuez en 1622, *La gloria de Niquea* del conde de Villamediana.[35] La relación que nos ha dejado Hurtado de Mendoza de este nuevo estilo de representar —visto por primera vez en la corte española, no sin recelo y con un tanto de desconfianza por parte del cronista, quizás más acostumbrado a oír comedias que a ver extrañas y extranjeras invenciones— habla por sí sola:

> Estas representaciones, que no admiten el nombre vulgar de comedia, y se le da de invención, la decencia de Palacio (desprecio más que imitación de los espectáculos antiguos, de que aún Italia presume tanto de gentil) merecía más atinada pluma; y a buscar la que dignamente pudiera escribillo, quedara en silencio, pues la más cuidadosa se debiera parte de mi desconfianza. Ajeno gusto (y no mi presunción) me empeña en esta noticia, si no ingeniosa, verdadera, que me hallé presente, y entonces lo admiré, y ahora lo escribo con el recelo de su ofensa; pero nada podrá lucilla como la puntualidad.[36]

Es más probable que el "desprecio" por la imitación de los espectáculos antiguos, *en su versión italiana*, o sea la invención, sea más opinión de Hurtado de Mendoza que de la corte que a gran costo ha montado un espectáculo similar al de las cortes italianas bajo la dirección de Giulio Fontana, traído de Nápoles a Madrid para este propósito. Pero la influencia italiana en el nuevo espectáculo no es solamente escenográfica y externa: se trata de la adaptación y adopción de un *estilo*. Es obvio que la selección de esta pequeña fábula de origen caballeresco se presta admirablemente a la utilización de efectos visuales y vocales al uso del nuevo estilo representativo italiano. Incluso varias de las figuras con su característico vestuario son las mismas de las máscaras e intermedios que preceden al *dramma per musica* y luego se integran al nuevo género teatral.

Ante todo veamos cómo se presenta esta "invención." Se arma un teatro de carácter provisorio, bajo un toldo, en una isla del Tajo; recordemos que todavía no existe en España el edificio teatral, el del Buen Retiro no se estrenará hasta 1640. La escena, nos dice el relator, es

> de ciento y quince pies de largo, y setenta y ocho de ancho, y siete arcos por cada parte, con pilastras, cornijas y capiteles de orden dórico, y en lo eminente dellos unas galerías de balustres de oro, plata, y azul, que las ceñían en torno, y sustentaban sesenta blandones con hachas blancas, y luces innumerables, con unos términos de relieve de diez pies de alto, en que se afirmaba un toldo, imitado de la serenidad de la noche, multitud de estrellas entre sombras claras y en el tablado dos figuras de gran proporción, la de Mercurio y Marte, que servían de gigantes fantásticos, y de correspondencia a la fachada, y en las cornijas de los corredores muchas estatuas de bronces, y pendientes de los arcos unas esferas cristalinas, que hacían cuatro luces, y al rededor tablados para los caballeros, y el pueblo, y una valla hermosísima, que detenía el paso a la gente, y en medio un trono donde estaban las sillas del Rey, y de los Señores Infantes don Carlos y don Fernando sus hermanos, y abajo tarimas, y estrados para las Señoras, y Damas: formábase una montaña de cincuenta pies de latitud, y ochenta de circunferencia, que se dividía en dos; y con ser máquina tan grande, la movía un solo hombre con mucha facilidad; cubría el aparato, y era de la misma orden dórica, y se subía

por muchas gradas a un nicho espacioso, poblado de muchas fieras: lo que ocultaba este monte se descubrirá cuando se vaya haciendo relación de las apariencias, en el lugar en que sirvieron en la fábula.[37]

La disposición de este teatro es, en líneas generales, similar a la del teatro Olímpico de Vicenza, con los arcos del proscenio, siete por cada lado, o sea un total de catorce accesos frontales a la escena (cinco arcos en el Olímpico); las columnas dóricas de reminiscencia clásica, las numerosas estatuas, las galerías superiores —característica de la construcción del teatro Olímpico que desaparece en los diseños de los teatros barrocos—, y sobre todo, los asientos "al rededor," o sea en semicírculo, aunque aquí en tablados y tarimas provisorias. Nótese la rígida estratificación social en la distribución de los asientos, con un lugar central y más elevado preestablecido para el rey. Es un teatro construido al servicio de un orden señorial, no popular como el corral, donde si el rey aparecía de vez en cuando era de incógnito detrás de una reja. Lo que es más sorprendente es la dimensión gigantesca del tablado. Comparémoslo con el tablado en uso en el corral del Príncipe. Este medía 27 pies de ancho (7,56 metros) por 15 pies (4,20 metros) de largo; el montado en el Tajo, 78 pies (21,84 metros) por 115 pies (32,20 metros) de largo. El tablado del corral, además, tenía una altura de más de nueve pies (2,52 metros).[38] Las funciones de ambos tablados son obviamente diferentes, el del corral simplemente una plataforma alta para sostener a los recitantes. El permanecer sentado no hubiera permitido ver nada de la acción, por eso es que en las estampas de época vemos al auditorio de pie y muchas veces montados a caballo. Tal era el ámbito propio de la comedia. Entendemos ahora la sorpresa de Hurtado de Mendoza ante el despliegue grandioso de este espectáculo, iluminado *a giorno*, con una montaña de 80 pies de circunferencia —ella sola tres veces más grande que el tablado del corral— movida por un sistema de máquinas y poleas a cargo de un hombre solo, indicio de una técnica avanzadísima.[39] Esta montaña se abría en la primera escena revelando un palacio y en su lugar se veía un bellísimo jardín con flores y fuentes naturales. El espectáculo había comenzado al anochecer, y —a diferencia de la representación del corral que tomaba lugar durante el día— necesitaba iluminación artificial. La referencia a las "esferas cristalinas, que hacían cuatro luces" (I, 8), es quizás la primera mención que tengamos en España de iluminación artificial en el teatro.[40]

La representación comienza con un prólogo, representado por la hija del conde de Olivares; las otras partes, representadas, cantadas o recitadas, se reparten entre damas de la corte. Resulta notable la ausencia de hombres: incluso en la danza que inicia el espectáculo bailan parejas de mujeres. Precede al prólogo la aparición de la figura de la Edad, representada por una dama montada en un águila de oro que subió hasta lo alto del teatro "con tan disimulado artificio que se logró el vuelo, y no se percibió el modo" (I, 13). Seguidamente aparece un coro de cuatro ninfas "cantando...dulcemente...con gran suspensión de todos" (I, 13). Acabado el canto, aparece la figura del prólogo, magníficamente vestida, quien propone el asunto, terminando acompañada de la "armonía de toda la música" (I, 13-14). El argumento de la representación se centra sobre el encantamiento de Niquea por Anaxtárax, su hermano, y el desencanto y liberación de ésta por Amadís de Grecia; la acción se desenvuelve en dos escenas con un breve intermedio musical.

> En la primera salida entraron Darinel, Escudero de Amadís, que daba noticia a Danteo, Pastor del Tajo, de lo que obligaba a su dueño a pisar aquellos campos, referíale sus hazañas, sus aventuras, y la que le ofrecía el encanto de Niquea, oprimida de las artes de Anastárax aborrecido amante de su hermosura.... Representaba el Escudero doña María de Guevara, de la Cámara de la Reina, con bizarro vestido, espada ceñida, sombrero acompañado de muchas plumas, y rosas de diamantes, y el Pastor doña Bernarda de Bilbao, de la Cámara de la Infanta, con vaquero, y faldellín verde, y plata, gorrilla sembrada de perlas, cayado de plata, y zurrón de tela, sin ceder la representación, y gala de las dos a la mayor competencia, oían cantar un coro de voces:
>
> > Sirenas escucha el Tajo,
> > en su esfera de cristal,
> > que con desprecios de rio
> > tiene ambiciones de mar.[41]

Nótese cómo alternan la "representación" de gran prestancia visual, la vestimenta extraordinaria, el "bizarro" vestido[42] y la parte coral y musical. Con la salida de Amadís se acrecientan los efectos musicales, relacionándose éstos con la trama.

> Sonaba un clarín, y siguiendo sus ecos, se entraban por los árboles, y salía luego confuso del estruendo de la trompeta el Caballero de la ardiente espada, representábale la señora doña Isabel de Aragón...el traje, manteo de tela de plata encarnado, y negro con bordaduras de lo mismo, y tonelete con la propia guarnición, armada de unas armas lucientes nieladas de plata, y oro, y el morrión coronado de una montaña de plumas, manto de tela blanco pendiente de los hombros, y espada ceñida....

Amadís, vencido por el sueño y el fatigoso camino, cae al pie de un peñasco, mientras sale la Noche:

> representada por una portuguesa negra, excelentísima cantora, criada de la Reina, vestida con saya entera de tafetán negro sembrada de

Comedia y *comedia de teatro* 19

estrellas de plata, y manto derribado de los hombros, cuajado de las mismas estrellas, movía con perezosa suspensión los pasos, el silencio, la quietud, el color, el traje retrataba verdaderamente lo tenebroso de la noche, y lo dulce de la voz, la armonía del alba, y con lisonjera suavidad persuadía ocio a los sentidos de Amadís, ya bien hallados en el descanso; dejaba de cantar, y admirablemente imitado lo festivo, y armonioso de las aves al nacer el sol, y bajaba en una nube resplandeciente la Aurora, que la representaba la señora de María de Aragón, vestida con vasquiña, y vaquero de velo de plata blanco, forrada de encarnado...confesábase vencida la noche, y huía, y victoriosa la aurora despertaba Amadís, y en la misma nube y con la propia música volvía al cielo. Partía Amadís en busca de la selva encantada, y al llegar a la peña, oía diversas voces, que en las galerías altas del aparato se dividían en cuatro coros, que se formaban de la Capilla Real con varios instrumentos, unos de guitarras, otros de violines y laúdes: cantábale un coro, y proponíale peligros, otro le infundía esfuerzos.[43]

El asunto es simple y fantásticamente inverosímil: señoras de la corte, magníficamente vestidas, representando a caballeros, ninfas, sirenas, personificaciones de la Aurora, la Noche, el río Tajo, pastores, y otros. Cosa nunca vista en España. Sí en Italia. En una máscara, representada en 1586 en Florencia, con motivo de la boda de Cesare D'Este con Virginia de Medici, escrita por Rinuccini, e intitulada *Mascherata de' cavalieri del sole*, encontramos también figuras similares:

L'*Alba celeste* accompagnata dalla *Pioggia* e dalla *Rugiada* viene a dar tributo de'suoi fiori, acque e pomi odorosi alla novella Sposa e alla nostra Serenissima Alba [se refiere a Bianca Cappello Medici], cedendo loro lietissimamente ogni suo pregio, e conduce seco due *Cavalieri del Sole*, mantenitori della giostra, vestiti di color rancio; e come ella all'apparir del sole rancia suol divenire, il qual colore è stato tanto dalla nostra Bianca Alba favorito.

Le due prime maschere che vanno innanzi a piede sono la *Notte* e la *Tenebra*, come quelle che davanti all'*Alba* precedono.

....

I due cavalli voti sono guidati a mano dell'*Ore* per li due *Cavalieri del Sole*, non altrimenti che l'*Ore celesti* sono quelle che sellano i cavalli per lo carro del *sole*.

Le maschere a piedi intorno alle nugole sono *Venti* che caccia l'*Alba*, la quale canta li seguenti madrigali:

> Se 'l ciel tutto s'inalba
> E s'accende piú chiaro e piú felice
> Da' vostri raggi, o luce alma beatrice,

> O Bianca e seren'alba,
> A me, a me non lice
> Piú questi preghi, ch'io,
> Alba, vi porgo, e cedo il seggio mio.[44]

Esta máscara como otras escritas por Rinuccini pasan a ser episodios importantes de los *melodramme* que éste preparará para el acompañamiento musical de Peri, de acuerdo con la nueva teoría cameratista subrayando la expresividad de la voz sola. Las figuras de las máscaras y de los intermedios se incorporan —cuando conviene a la espectacularidad de la representación o son necesarias para el lucimiento del canto— a las primeras óperas escritas por Rinuccini, aunque éstas toman con preferencia sus temas de la mitología.[45]

Es obvio que la influencia de las máscaras y de la *opera in musica* se hace sentir en *La gloria*. Los puntos comunes son varios: el coro cuaternario propio de los primeros *intermedi* y máscaras, que pasa luego al *melodramma*; los efectos musicales que subrayan los momentos emotivos con el acompañamiento del coro acrecentando la tensión; la vestimenta lujosa con colores expresivos, "bizarros"; cantantes no profesionales, seleccionados entre miembros de la corte, seguramente por la calidad de la voz, acompañados por los mejores músicos de España, los de la Capilla Real; las figuras fantásticas y alegóricas: caballeros, ninfas, sirenas y pastores, la Noche, la Aurora —todas ellas parte del repertorio usual de las máscaras pre-operísticas y del *melodramma*; los sorprendentes efectos escénicos y, sobre todo, la inclusión de la figura proloquística.

Aunque tanto Hurtado de Mendoza como Villamediana se refieren varias veces a *La gloria* como "máscara," término que intercambian indiscriminadamente con el de "invención," usando también inadvertidamente el más conocido "comedia," esta obra parece ya acusar un desarrollo posterior claramente identificable como operístico. Se trata del prólogo. La máscara, de estructuración más simple, no incluía el prólogo, apareciendo éste por primera vez en *La Dafne*, en la figura de Ovidio, y en *L'Euridice* en la figura de La Tragedia. La inclusión del prólogo representado obedece, como otras tantas directivas adoptadas por los cameratistas, a la prescripción aristotélica de los elementos formativos de la tragedia. Los cameratistas revivieron la función del prólogo, concepto puramente teatral antes que literario, que aparece claramente delimitado en la *Poética*, 12:

> Hemos dicho anteriormente qué partes de la tragedia es preciso usar como elementos esenciales: pero desde el punto de vista cuantitativo y en las que se divide por separado, son las siguientes: prólogo, episodio, éxodo y parte coral, y ésta se subdivide en párodo y estásimo. Estas

partes son comunes a todas las tragedias; son peculiares de algunas los cantos desde la escena y los comos.
El prólogo es una parte completa de la tragedia que precede al párodo del coro; el episodio, una parte completa de la tragedia entre cantos corales completos, y el éxodo, una parte completa de la tragedia después de la cual no hay canto del coro. De la parte coral, el párodo es la primera manifestación de todo el coro; el estásimo, un canto del coro sin anapesto ni troqueo, y el como, una lamentación común al coro y a la escena.[46]

En la representación de *La gloria*, el cronista, un tanto despistado ante la aparición inesperada de la figura del prólogo, la confunde con la "loa" con cuya tradición estaría más familiarizado:

[La hija del conde de Olivares] salió a decir el prólogo *que el vulgo llama Loa* (que ella representó y todos se la dieron) tal fue el espíritu, la compostura, y el donaire con que la dijo. Proponía el asunto, no pedía la vulgaridad del silencio pero sí la atención, que le ofrecieron juntamente, dióle las gracias la armonía de toda la música, y la voz de todo el auditorio, y en su aplauso pudo entrar confiado lo demás de la comedia... (Énfasis mío)[47]

Este prólogo hecho en estilo representativo está lejos de la tradición y función laudatoria de la loa; tiene claramente una función similar a la del prólogo trágico del que hablara Aristóteles; el coro a continuación, la introducción de canciones, el acompañamiento musical, el coro en concierto con los lamentos del actor, siguen fielmente la organización de la tragedia griega en su versión italianizada. En *La selva sin amor* de Lope, similar en su estructuración a *La Dafne*, aparece también el prólogo representado —dialogado entre Venus y Amor, encabezando siete escenas cortas (seis en *Dafne*). Notablemente, esta forma abreviada precedida por una loa aparece en la obra lopesca en 1622, en *El vellocino de oro*, que se representó pocos meses después que *La gloria* en Aranjuez. Quizás respondiendo a un pedido real y apremiado por el tiempo, Lope acorta una comedia anterior del mismo título y en tres actos (1614), anteponiéndole una loa representada por la Fama, la Envidia y la Poesía con la Música cantando dentro. Curiosa claudicación del creador de la comedia en beneficio de esta forma italiana.

Las razones aportadas tienden a señalar la presencia de obras de estética cameratista anteriores al estreno de *La selva*. La "invención" a la que se refiere Hurtado de Mendoza es uno de los primeros ensayos del género operístico en la corte española, quizás el primero. Menéndez y Pelayo, al referirse a *La selva sin amor*, señala que esta obra "Hasta en la extensión y distribución se aparta de las reglas generales del Teatro de Lope, puesto que es muy breve y no tiene división de actos. Es, por consiguiente, un espectáculo palaciego muy análogo a la ópera."[48] Esta observación no estaba errada; desafortunadamente el gran erudito parece haberse olvidado de esta intuitiva evaluación, cuando insiste, en el mismo libro, que *La selva sin amor* con *libretto* de Lope de Vega y con música de autor incierto, probablemente italiano, es la primera ópera representada en España —opinión compartida por Cotarelo y Mori, José Subirá y otros que escriben sobre los principios de la ópera.[49] Ninguno de ellos ha profundizado en la aparición del estilo representativo ni del recitativo, dejando así un hueco en este período crucial de experimentación, intercambio y nacimiento de conceptos nuevos en la época de germinación de la *comedia de teatro*.

Para nuestro propósito, sin embargo, es importante poner en su debida perspectiva histórica este fenómeno revolucionador para el arte barroco por lo que concierne primeramente al desplazamiento de la comedia nueva lopesca, sus técnicas y sus bases estéticas, y el gradual afianzamiento en suelo español del nuevo teatro palaciego de origen toscano en estos años en que Calderón comienza a escribir —su primera obra conocida, *Judas Macabeo*, es de ca. 1623— y el impacto que tendrá en la formación de su teatro.

Ya en 1622 se escucharon las quejas de Lope acerca del nuevo teatro que entra a España —recordemos su condena de las apariencias y tramoyas—, fecha que coincide con las festividades de Aranjuez. Para entonces el teatro italiano había hecho sentir su impacto. Parece que la estancia del conde de Villamediana en Nápoles, Roma, y Florencia, aproximadamente entre 1610 y 1616, como parte de la comitiva del conde de Lemos —quien, como recordamos, dejara desairado a Cervantes y dolido a Góngora— no fue del todo desaprovechada por el conde en lo que cuenta al teatro. Ni tampoco parece haber sido accidental el subsecuente viaje de Giulio Fontana —con quien Villamediana hiciera amistad en Nápoles— a la corte española. Más bien creemos que la muerte violenta y misteriosa del conde de Villamediana pocos meses después de la fiesta de Aranjuez truncó un auspicioso comienzo de este nuevo género.[50]

Aun más. Si creemos a Stefano Arteaga, parece ser que el estilo representativo florentino era ya bien conocido en España antes del estreno de *La gloria*.

> Da una lettera di Don Angelo Grillo scritta a Giulio Caccini si rileva che la nuova musica drammatica inventata dal Peri era dalle Corti de' Principi Italiani passata a quelle di Spagna, e di Francia, lo che, essendo certo, proverevve che l'Opera in musica fosse trapiantata fra gli spagnuoli quasi subito dopo la sua invenzione. Ma per quante richerche abbia io fatte affine di verificar l'epoca indicata dal Grillo non mi e avvenuto di poterlo fare, ne ho ritrovato notizia alcuna del dramma musicale

avanti ai tempi di Carlo Secondo, nelle nozze del quale con Marianna di Neoburg si rapressentarono alcuni drammi colla musica del Lulli.[51]

Caccini, el destinatario de la carta en cuestión, uno de los cameratistas más notorios, colaborador de Rinuccini y de Peri, muere en 1618. El texto debe referirse, pues, a una fecha anterior. Convendría investigar este período con más detenimiento. Es evidente, sin embargo, que hacia la tercera década del siglo el estilo musical que es parte del nuevo teatro se difunde en España tan rápidamente que hasta el rey sucumbe a la nueva moda. En el *Discorso sopra la musica de suoi tempi* de Giustiniani Vicenzo, publicado en 1628, una pequeña historia del estilo recitativo y su evolución, el autor señala orgullosamente ese hecho:

...in questo stile si usa continuamente di cantare al giorno d'oggi e di componere con molto numero di buoni cantori et cantatrice. Anzi dirò che ne i tempi nostri la musica viene nobilitata et illustrata più che mai, mentre il Re Filippo IV di Spagna et ambidue li suoi fratelli se ne dilettano, et sogliono spesso cantare al libro, e sonar di Viole concertate insieme, con alcuni pochi altri musici per supplire al numero competente, tra' quali con Filippo Piccinino Bolognese, sonatore di Liuto e di Pandòra eccellentissimo. Anzi di più, lo stesso Re et i fratelli fanno le composizione, non solo per loro diletto ma anche perchè si cantino nella Capella Regia e nell' altre chiese mentre si celebrano li divini offizii; e quest'inclinazione e gusto di S. Maestà sarà cagione che molti signori se ne dilettaranno ancora, e molti altri s'applicaranno alla musica, come dice quel verso: *Regis ad exemplum totus componitur orbis.*[52]

No nos sorprende, pues, que este rey, admirador del estilo musical toscano y de su teatro, pida al granduque de Toscana el envío de sus artistas más notables. Con la llegada de Cosimo Lotti a Madrid en junio de 1626 ya no queda duda de la enraización del teatro de origen toscano en el suelo español. Calderón trabajara en íntima colaboración con Lotti y luego con Vaggio (Baccio) del Bianco, ambos escenógrafos toscanos, quienes juntamente con sus diseños, máquinas, y el edificio teatral introducen a España el nuevo estilo representativo. Lotti, por lo tanto, es una figura clave para entender el temprano intercambio de ideas entre la corte florentina y la de Felipe IV.[53]

Lotti en su ciudad originaria ya se había hecho famoso por la escenografía de varias obras puestas en escena para la corte de Cosimo II por el grupo cameratista y sus discípulos. Tenemos constancia, por ejemplo, de su participación como escenógrafo en *L'Andromeda, favola maritima*, de Giacomo Cicognini, representada musicalmente, en 1617 (stile fiorentino). Sorprendentemente es Caccini, uno de los participantes de la antigua *camerata*, quien en una carta fechada el 10 de marzo de 1617 nos deja un documento concluyente que liga directamente a Lotti con esa escuela de música y de representación. En esta carta, dirigida al secretario del granduque, Andrea Cioli, relata el espectáculo que presenció la noche anterior y dice:

> L'architetto della prospettiva e delle macchine fu Cosimo Lotti, il quale con l'essempio delle cose passate, si è portato di maniera che, dato la parità del sito, non è stata punto inferiore alle passate, né di vaghezza, né di ricchezza, né d'invenzione. Gl'intermedi furono la Favola di Andromeda composta in versi da Iacopo Cicognini..., per la quale il foro della scena si mutó ad ogni atto in un bellissimo mare, sopra del quale si vide venire il carro di Venere con Amore e Venere; passo a suo tempo el Mostro marino che aveva a divorare Andromeda; un delfino e sopra di esso Anfitrite con molte Tritoni; un cavallo alato e sopra di esso Perseo armato che aveva a liberare Andromeda, il quale atraverso e passo per mezzo la scena cantando; una barca con un pescator cantando...[54]

El intermedio de la *Fábula de Andrómeda*, que será el prototipo de tantas otras producciones barrocas, incorpora, como podemos ver, en sincronía al canto, la profusión de efectos visuales típicos de este género. La mención a la perspectiva mutable, "un bellissimo mare," y otras "invenciones" nos muestra a Lotti ya en 1617 familiarizado con esa vista favorita de la escenografía florentina, uno de los lugares comunes de la escenografía de Giulio Parigi. Este mar fingido, muchas veces en movimiento, es el que luego reaparece como fondo de la acción de *La selva sin amor* en Madrid en 1627, y el mismo que se repite en otras representaciones palaciegas en las décadas siguientes.[55] En la referencia al intermedio de la *Fábula de Andrómeda* que traemos a colación arriba, es interesante observar que entre las máquinas mencionadas, el carro de Venus se desplaza sobre el mar y, por lo tanto, debe haber sido accionado con aparatos semejantes al que se muestra en la ilustración 1 (colocada en la sección de ilustraciones abajo), es decir, propulsado a poleas y moviéndose entre rieles colocados en el piso de la escena. El caballo alado donde aparece montado Perseo se accionaba con una máquina que simulaba el vuelo, suponemos de configuración similar a la que se puede apreciar en la ilustración 2 (abajo). La mención al monstruo marino y al delfín se debe referir a un autómata hidráulico, como los que sabía construir Giulio Parigi (véase abajo, ilustración 33).

En Pratolino, esa ambiciosa estructura y parque que ideó Francisco I de Medici para impresionar a los visitantes extranjeros, Lotti hizo su aprendizaje con el célebre escenógrafo, pintor, escultor e ingeniero hidráulico Bernardo Buontalenti. Pratolino fue —como lo señala Luigi Zangheri— además de un verdadero parque de diversiones manierista, un pequeño laboratorio donde, uniéndose arte y ciencia, se experimentaba con la caída del agua, la gravedad y la energía térmica con fines prácticos buscando encauzar "mecánicamente" la fuerza de la naturaleza. En Pratolino una de las principales atracciones eran los autómatas creados por Buontalenti movidos por fuerza hídrica; en su construcción participaron Ventura da Bagnorea, Goveramo di Parma, Tomaso Francini, Maestro Lazzaro delle Fontane, y Cosimo Lotti.[56] La cabeza que movía los ojos que hizo Lotti a su llegada a Madrid y que causó tanta sensación, debe haber sido operada con fuerza hídrica, como tantos otros monstruos y seres fantásticos que aparecen en las escenas de Giulio Parigi: hidras con siete cabezas movibles, delfines que echan agua, y otros animales marinos y terrestres, reales e imaginarios. En Pratolino se hicieron también cajas neumáticas que accionaban pitos que simulaban pájaros cantando, delfines que echaban agua por la boca, ninfas y pastoras accionadas mecánicamente que decoraban las grutas en distintos parajes del jardín y que causaban la "meraviglia" de los visitantes. En la escenografía barroca se emplean profusamente estos monstruos mecánicos que reemplazan a las figuras fantásticas de la mitología y de la emblemática, lugares comunes del drama poético, posibilitando así un espectáculo aterrorizante pero a la vez novedoso y atrayente. Esta es una contribución importante de la *techne* manierista florentina a la estética teatral que se presta muy bien para lograr efectos como la maravilla, el asombro y el portento en el espectador, parte esencial de la puesta en escena barroca que será aprovechada al máximo por Calderón. Es muy posible, dada la colaboración de Lotti con Calderón, que la plétora de alusiones a "monstruos" en las obras calderonianas tenga, en algunos casos, como referente directo a estos autómatas u otras figuras pintadas en perspectiva.[57]

Lotti debe haber completado su aprendizaje en cuestiones de perspectiva escénica con Giulio Parigi; estaba seguramente familiarizado con sus espectáculos florentinos y con la Accademia del Disegno que este último había fundado en Florencia. Esta Academia, donde se enseñaba arquitectura civil y militar, matemáticas, geometría euclidiana y la nueva ciencia de la perspectiva con aplicación a la estrategia militar como asimismo al diseño teatral, tenía entre sus miembros y profesores al núcleo más notable de la *intelligenza* toscana. Contó entre sus egresados a destacados científicos y artistas que, como en el caso de Cosimo Lotti, llevan a España conocimientos avanzados que son de gran utilidad a la corona española. Entre ellos, citamos de pasada, el marqués de Sant'Angiolo, maestro de campo en las guerras de Flandes y el asedio a Bredá; el marqués Della Stufa a quien el rey otorgó el hábito de Alcántara por su intervención como maestro de campo en la guerra de Milán;

Vicente Carducho, el pintor y autor del *Diálogo de la pintura* (1633); y Lodovico Incontri (Volterrano), embajador italiano ante Felipe IV, matemático, y discípulo de Giulio Parigi y de Galileo Galilei, otro de los destacados nombres asociados con esta Academia y la corte española. De allí salen para toda Europa los escenógrafos versados en la nueva ciencia perspectivista, la construcción del edificio teatral y sus máquinas. Stefano della Bella irá a París en 1641 para diseñar las perspectivas para una Comedia Real: notablemente en los bastidores pinta una figura de Galileo mostrando a tres damas florentinas las estrellas mediceas recién descubiertas; Giacomo Torelli, después de montar perspectivas para las representaciones de *La finta pazza* y *Le nozze de Pele e Thetis* en Venecia, le seguirá a los pocos años, llamado por Luis XIV, para equipar el teatro Petit Bourbon, diseñando allí las escenas para la *Andromède* de Corneille; a su muerte le sucede otro escenógrafo florentín, Gaspare Vigarani. El arquitecto Joseph Furttenbach, el discípulo alemán de Giulio Parigi, construirá el teatro de la ciudad de Ulm con las consabidas escenas en perspectiva. En Inglaterra, Inigo Jones y Constantino de'Servi, siguiendo la misma tradición, se ocuparán de escenografía para las producciones cortesanas y de la arquitectura de los jardines regios. Baccio del Bianco, el sucesor de Lotti, otro alumno de la misma escuela, diseñará las escenas para *La fiera, el rayo y la piedra* y *Andrómeda y Perseo* de Calderón, siguiendo el prototipo florentín con las usuales escenas mutables y los acostumbrados monstruos y autómatas.[58]

Señalo rápidamente la importancia de esta Academia y la diseminación europea de sus miembros para indicar que la llegada a Madrid de Cosimo Lotti no es asunto de poca monta. No es meramente un simple escenógrafo que ayuda a montar un espectáculo, es una figura clave. Con él entra a Madrid la técnica teatral más avanzada de Europa. Con él llegan a un punto de perfeccionamiento la escenografía y las máquinas hidráulicas que van a hacer posible las exhibiciones palaciegas llamadas "fiestas" y las "naumaquias" —fastuosos despliegues sobre ríos o fuentes artificiales como los que se acostumbraban hacer sobre el Arno o en el palacio Pitti— y que dependían, como hemos visto, de específicos conocimientos técnicos y mecánicos. A cargo de Lotti van a estar los diseños de los jardines del Buen Retiro, de la Zarzuela y de Aranjuez, como asimismo las perspectivas teatrales para las representaciones palaciegas y finalmente, como corona a todas sus actividades, la construcción del edificio teatral y escenas del Coliseo del Buen Retiro. La invención artística y la ingeniería comienzan una feliz colaboración en la creación de máquinas y autómatas, fuentes y canales en parques, ríos, grutas y jardines, para luego, en un segundo paso, integrarse totalmente a la escena y al edificio teatral barroco: *inventio* e *ingegno* tienen en el teatro barroco una base mecánica. Es significativo que el diseño de Lotti para el Coliseo del Buen Retiro incorpore una pared movible en el fondo del teatro permitiendo así que la vista del jardín natural y las perspectivas pintadas se entrelacen en nuevos juegos escénicos: los vasos comunicantes que van desde el jardín a la escena palaciega se nutren mutuamente, uniendo naturaleza y técnica.

Para resumir, podemos decir que con Lotti entran a Madrid las bases técnicas de un nuevo género barroco, concebido como compendio de todas las artes y ciencias que fueron confluyendo por muchos años en Italia hasta dar nacimiento a esta nueva fórmula politécnica que hoy llamamos teatro. Más adelante veremos con más detalle de que manera Calderón supo utilizar, darle sentido y forma castellana, a la herencia que recibió de la escuela florentina. Y para entenderlo tendremos que volver a la *camerata*, a la Accademia del Disegno —y sobre todo, a la más sobresaliente mente científica de esta época: Galileo Galilei.

Sobre este fondo histórico podemos comenzar a apreciar mejor el significado de la creación calderoniana, un teatro representativo, visual y sonoro a la vez, donde el texto poético se adosa y corre paralelo a signos visuales y auditivos que lo enriquecen y le dan sentido. No en vano el mismo Calderón nos advierte que una simple lectura no hace justicia a su creación porque:

> Parecerán tibios algunos trozos; respeto de que el papel no puede dar de sí, ni lo sonoro de la música, ni lo aparatoso de las tramoyas, y si ya no es que el que lea haga en su imaginación composición de lugares, considerando lo que sería sin entero juicio de lo que es....[59]

Diametralmente opuesta es la estética de Lope. Si para Calderón el cuerpo del teatro, su materialidad, es la que da significado al texto poético, para Lope la poesía siempre será "el alma" de la comedia, "el cuerpo" del teatro un accesorio *ex machina* —y dicho sea con intención— que distrae y que disminuye al poema. Por eso es que confrontado con el teatro cortesano de origen toscano sufre y se rebela. Exigencias de la corte lo empujan, sin embargo, a ensayar en este nuevo género una vez más. En el prefacio de *La selva sin amor*, obra marcadamente distinta a la comedia nueva en su estructuración y representación, sentimos cuánto le molesta el peso agobiante de la nueva escenografía que aunque ingeniosa y maravillosamente atractiva a los ojos, tiende a eclipsar la belleza de su composición poética.

Se dirige al Almirante de Castilla:

> No habiendo visto V. Excelencia esta Egloga, que se representó cantada a sus Majestades y Altezas, cosa nueva en España, me pareció

imprimirla, para que desta suerte con menos cuidado la imaginasse V. Excelencia, *aunque lo menos que en ella huvo, fueron mis versos.* (Enfasis mío)[60]

Este eclipse del texto poético ya había sido notado por Hurtado de Mendoza en su relación de la "invención" *La gloria de Niquea*:

...escribióse con atención a la soberanía de Palacio, por saber *la corta licencia que se les concede en él* [el sujeto] *a los versos,* y el atino con que se han de escribir, en que se ven poco prácticos los que se han criado lejos de la severidad de su escuela. (Enfasis mío)[61]

Y más adelante:

Fue de lo más excelente y (si pudo ser) *lo representado pasó de lo escrito.* (Enfasis mío)[62]

Pero volvamos a la relación de *La selva sin amor*. La alusión a la representación cantada, "cosa nueva en España," revela la presencia indiscutible de la estética camerista. El tramoyista y el cantante toman la primera plana en este espectáculo; la poesía sirve a ambos. Lope siente que pierde terreno. La relación prosigue de esta manera:

La maquina del theatro hizo Cosme Lotti, ingeniero Florentin, por quien su Majestad envió a Italia, para que assistiesse a su servicio en jardines, fuentes, y otras cosas, en que tiene raro y excelente ingenio.... La primera vista del theatro, en haviendo corrido la tienda que le cubría, fue un mar en perspectiva que descubria a los ojos (tanto puede el arte) muchas leguas de agua hasta la ribera opuesta, en cuyo puerto se vian la ciudad y el foro con algunas naves, que haciendo salva, disparaban, a quien tambien de los castillos respondian. Vianse assimismo algunos peces, que fluctuaban segun el movimiento de las ondas, que con la misma inconstancia, que si fueran verdaderas, se inquietaban, todo con luz artificial, sin que se viesse ninguna, y siendo las que formaban aquel fingido dia mas de trecientas. Aqui Venus en un carro que tiraban dos cisnes, habló con el Amor su hijo, que por lo alto de la maquina revolaba. Los instrumentos ocupaban la primera parte del theatro sin ser vistos, a cuya harmonia cantaban las figuras los versos, haciendo en la misma composicion de la musica las admiraciones, las quejas, los amores, las iras, y los demás afectos.[63]

En la primera parte de esta descripción podemos apreciar los increíbles efectos visuales que Cosimo Lotti podía lograr, los famosos "effetti" característicos de las máscaras y del *melodramma* florentino. La última parte, la mención a la función de la música, "a cuya harmonía cantaban las figuras los versos," alude precisamente al nuevo estilo recitativo que atiende atentamente a los efectos vocales "las admiraciones, las quejas, los amores, las iras" —similares a los que notamos en *La gloria*— y en estricta obediencia a la teoría de la afectividad de la voz humana de Vincenzo Galilei.

Sigue la relación:

> Para el discurso de los pastores se desapareció el theatro maritimo, sin que este movimiento, con ser tan grande, le pudiesse penetrar la vista, transformandose el mar en una selva, que significaba el soto de Manzanares con la puente, por quien passaban en perspectiva quantas cosas pudieron ser imitadas de las que entran y salen en la corte: y assimismo se veían la casa del campo y el Palacio, con quanto desde aquella parte podia determinar la vista. El bajar los Dioses, y las demás transformaciones requeria mas discurso que la Egloga, que aunque era el alma, la hermosura de aquel cuerpo hacia, que los oidos rindiessen a los ojos. Esto para la inteligencia basta, pues no es possible pintar el aparato sin fastidio, ni alabar las voces y instrumentos, sino con solo decir que fue digna fiesta de sus Majestades y Altezas...[64]

Hemos visto como a partir de 1622 el teatro cortesano de origen italiano hace sentir su influencia en la corte española; aquí vemos como se afianza ya indiscutiblemente la estética teatral importada con el estreno de *La selva sin amor* de Lope de Vega —quien fuera, irónicamente, uno de sus primeros detractores. ¿Por qué esperar, entonces, hasta que Calderón haga alusión directa a estilos extranjeros para aclarar conceptos formativos en la evolución de su obra? Una admisión como la que aparece en la loa de *La púrpura de la rosa* es bastante contundente:

> Por señas de que ha de ser
> toda música; que intenta
> introducir este estilo,
> porque otras naciones vean
> competidos sus primores.[65]

Estos versos han llamado la atención de algunos críticos que ven en la zarzuela calderoniana un posible parentesco con la ópera italiana —mejor dicho, la ópera en su evolución posterior hacia el canto, no en su origen trágico-teatral. La diferencia entre una y otra escuela estaría en que la llamada "zarzuela" tiene partes cantadas y partes recitadas, mientras que la ópera se caracteriza por ser un género todo cantado. Obvio error para el que no toma en cuenta el principio camaratista del *melodramma* y se limita a compositores después de Monteverdi y Cavalli quienes insistieron en apartarse del recitativo dándole más importancia al canto. Por esta razón comprendemos la equivocación de Menéndez y Pelayo cuando dice:

> Las zarzuelas de Calderón son...obras mixtas de representación y canto, como lo son las zarzuelas modernas y la ópera cómica francesa, y no como la ópera italiana. No son obras completamente musicales, sino en parte representadas y en parte cantadas.

Es extraño que Menéndez y Pelayo, a pesar de haber estudiado prolijamente a los *camerati* en su *Estudios sobre el teatro de Lope* —incluso notando que *La selva sin amor* parece ser uno de "los primeros ensayos de este género [operístico] hechos en España...meras imitaciones del estilo recitativo italiano"— no viera el fondo común entre la llamada "zarzuela" calderoniana y el género florentino. Angel Valbuena Briones reconoce este error, cita el párrafo que menciono arriba, y corrige acertadamente:

> Menéndez y Pelayo no tuvo en cuenta la escuela florentina *Camerata*, que ideó el recitar cantando que tanto influyó a Calderón en sus libretos. En la loa de *El golfo de las sirenas* el dramaturgo declara que la representación de esta pieza tuvo lugar en el valle de la Zarzuela, junto al Pardo. En *La púrpura de la rosa*, a la que calificó de "representación música," indica en la primera acotación que los personajes cantan "en estilo recitativo." Otra acotación similar se encuentra en *La estatua de Prometeo*.[66]

Valbuena Briones, sin embargo, deja de lado el hecho fundamental de que ha pasado más de medio siglo desde el estreno de *La Dafne*, y que la "zarzuela," con largas partes cantadas, es más bien una muestra del género en un momento avanzado de su evolución en España. El presente trabajo tratará en lo posible de llenar el vacío que existe entre la llegada del arte representativo italiano a España y la aparición del fenómeno "zarzuela," visto ya como una culminación de procesos que se iniciaron mucho antes —más de cincuenta años— en la creación teatral de nuestro gran dramaturgo.

Es importante reconocer la presencia temprana de las teorías cameratistas en el incipiente teatro español aunque la variada nomenclatura de las obras tienda a despistarnos. Encabezamientos tan diversos como "fábula" (*Dafne*, de Rinuccini); "invención," "fiesta" y "máscara" (*La gloria*); "égloga pastoral" (*La selva*); "representación real y festiva máscara" (*El nuevo Olimpo*, 1648, de Bocángel); "fiesta" (*El jardín de Falerina*, de Calderón); y "égloga piscatoria" (*El golfo de las sirenas*, también de Calderón); y otras varias denominaciones afines como la de "zarzuela" —que toma el nombre del lugar donde se representaron las obras—

muestran la presencia de un común denominador: la estética cameratista. En la misma Italia el nombre genérico de "ópera" no había sido adoptado exclusivamente; no tiene ningún valor, por lo tanto, ubicar en la historia musical española la aparición tardía (1698) de este término.[67] En este caso tenemos que prestar más atención a la presencia de ciertos rasgos fisonómicos indiscutiblemente similares que acusan parentesco, que al nombre titular o genérico.

Charles V. Aubrun, en su estudio sobre los comienzos del drama lírico en España, que incluye acertadamente una evaluación de *La gloria*, nota que:

> ...à partir de 1622 et jusqu'en 1660, suivant et repoussant à la fois l'exemple de l'intermède italien, quelques auteurs et ingenieurs ou architectes de jardins vont chercher une formule qui institue ces éléments en un spectacle vraiment total....
>
> En 1661 seulement, Calderón, fixait définitivement la forme et les conventions du nouveau genre: tragi-comédie de thème mythologique pour representation en musique.[68]

Si bien Aubrun menciona los intermedios florentinos, especialmente *La Pellegrina* (Florencia, 1589), como precedente de *La gloria*, particularmente en lo que atañe a la escenificación, no profundiza en la obra cameratista, faltándole así un eslabón esencial en la evolución del género lírico: la utilización de la *voce diastematica*, el estilo representativo, la función de la música, el prólogo y el coro, elementos importantes en la nueva concepción seudo-trágica, que, como veremos más adelante, son utilizados por Calderón décadas antes que en las zarzuelas. Esta omisión lo lleva a restarle importancia a la música y al canto:

> L'Italie avait fourni les deux thèmes principaux du scénario (la libération d'un chevalier captif et le désenchantement d'une princesse victime d'une magicienne), les machines, les décors, et les monstres, non point la musique.[69]

Por la misma razón no entra en el recitativo y la música que acompañaba a *La selva*, y consecuentemente, deja de ver la estrecha relación que hay entre este ensayo de Lope y *La Dafne* de Rinuccini. De hecho podemos decir que *La selva* es una versión del mismo tema desarrollado en el *melodramma* pero transportado al ambiente madrileño: el Arno se convierte en el Manzanares donde, como en el original italiano, Amor dialoga con su madre Venus (escena cuarta en *La Dafne* y primera en *La Selva*) sobre la necesidad de la intervención del pequeño dios para instaurar un reinado de amor en la selva donde habitan las esquivas pastoras que siguen el ejemplo de Dafne; donde los pastores desdeñados cantan y lloran en el nuevo estilo *larmoyant* de los toscanos:

> Silvio. Escucha pues en tanto,
> que igualo con el llanto
> las quejas tristes del dorado Apolo,
> pues tanto a Daphne Phylis siempre ingrata
> en la belleza y el desdén retrata:
> de las heladas nieves
> del frío Guadarrama
> ....
> ¡Hai Dios, quán diferentes
> los humanos deseos
> siguiendo van su natural porfía!
> Aquí la ingrata mía
> de suerte me ha tratado,
> que si una roca huviera,
> a Manzanares diera
> la vida entre sus aguas sepultado,
> que para mis enojos
> se las aumenten con llorar mis ojos.[70]

A pesar que no nos ha quedado la partitura musical de *La selva*, no es difícil ver que la selección de palabras de estos versos se ha hecho teniendo en cuenta la expresividad de ellas en estilo recitativo, es decir recalcando los lamentos, el lloro, las quejas de los personajes. Para Lope éste será su primer contacto con el estilo recitativo y el *melodramma* italiano, experimento que dejará su huella en su obra posterior. Por lo menos, vemos que en *El castigo sin venganza*, comedia compuesta en 1631, hallamos trazas del canto italiano. Esta obra, que curiosamente se sitúa en Ferrara y que lleva el notable encabezamiento de "Tragedia," incorpora una escena en el primer acto en la que se alude al nuevo estilo de canto. Veamos —corrección— escuchemos:

> Ricardo. Si quieres desenfadarte,
> pon a esta puerta el oído.
> Duque. Cantan.
> Ricardo. ¿No lo ves?
> Duque. ¿Pues quién vive aquí?
> Ricardo. Vive un autor
> de comedias.
> Febo. Y el mejor
> de Italia.

Comedia y *comedia de teatro*

Duque. Ellos cantan bien.
 ¿Tiénelas buenas?
Ricardo. Están
 entre amigos y enemigos:
 buenas las hacen amigos
 con los aplausos que dan,
 y los enemigos malas.
Febo. No pueden ser buenas todas.
 Febo, para nuestras bodas
 prevén las mejores salas
 y las comedias mejores;
 no quiero que repares
 en las que fueren vulgares.
Febo. Las que ingenios y señores
 aprobaren llevaremos.
Duque. Ensayan.
Ricardo. Y habla una dama.
Duque. Si es Andrelina,[71] es de fama.
 ¡Qué acción! ¡Qué afectos! ¡Qué extremos!

Dentro.

Déjame, pensamiento;
no más, no más, memoria,
que mi pasada gloria
conviertes en tormento,
y deste sentimiento
ya no quiero memoria, sino olvido;
que son de un bien perdido,
aunque presumes que mi mal mejoras,
discursos tristes para alegres horas.
(Kossoff ed., p. 240)

Esta escena, pequeña cala en la estética lopesca después de su contacto con el *melodramma,* es un buen muestrario de varios conceptos que venimos desarrollando. Ante todo, nótese la predilección del Duque por las "comedias mejores" representadas en las "mejores salas" para celebrar su boda según la costumbre de los nobles italianos. La acción ocurre apropiadamente en Ferrara, aunque el comentario puesto en boca del Duque ("ellos cantan bien") no es precisamente un comentario local sino que refleja una evaluación de Lope, en Madrid, del nuevo estilo de canto, que a continuación se escuchará "dentro." Por boca de Ricardo, por otro lado, colocará un comentario un tanto cáustico refiriéndose a los aplausos que los autores italianos recibían, mostrando también que las simpatías se encontraban todavía divididas. Pero lo más revelador de esta breve escena es que Lope hace referencia a la estética representativa en las palabras —*acción*: "el modo con que uno obra o semeja hacer alguna cosa, la postura, acto, ademán, y manera de accionar... como el modo y acción de predicar, representar, y abogar" (*Aut.*); los "afectos" o sea la exteriorización de los sentimientos del estilo recitativo, *afecto*: "Passión del alma" (*Aut.*), compárese con *afectado*: "Hispanismo con que entendémos el que usa de afectaciones, especialmente en el hablar, y pronunciar lo que dice escuchándose" (*Aut.*); y los "extremos," *hacer extremos*: "Lamentarse, haciendo con ansia y despecho varios ademanes, y dando voces y quejas en demonstración de sentimiento" (*Aut.*).

Un detalle más que nos aclara sin lugar a dudas la posición final de Lope, lo inamovible de su posición estética, aun después del experimento hecho con *La selva sin amor*: la escena de canto toma lugar "dentro," es decir, Lope permite hacer llegar hasta el auditorio solamente la parte fónica de esta escena en el estilo representativo tan ajeno a su gusto, no la parte visual, dejándole a él la oportunidad de *describir* la escena por boca de un personaje quien ve supuestamente los gestos, postura y vestimenta de la cantante. Es así que comprobamos que en esta fecha ya tardía de su vida creadora, Lope sigue insistiendo porfiadamente, incluso en esta exótica inserción del teatro representativo dentro de la comedia, en lo dicho en el *Arte Nuevo*:

> Oye atento, y del arte no disputes:
> que en la comedia se hallará de modo,
> que, oyéndola, se pueda saber todo.
>
> (p. 301)

Como hemos visto, Lope rehusa el aspecto representativo y visual del nuevo teatro, prefiriendo la pobreza de medios del corral donde la poesía era el alma del drama. Es quizás por esta aversión a la parte no poética del espectáculo que Lope nunca entrará de lleno en el Barroco, arte eminentemente visual y vocal. Lope se mantiene hasta lo último fiel a su propia fórmula de la comedia, género estéticamente valioso dentro de los límites de su técnica. Se mantiene fiel a sí mismo y también a una tradición española cuando, en las postrimerías de su vida y después de haber ensayado todas las técnicas a su alcance, vuelve sus ojos hacia *La Celestina*, el drama para ser leído, no representado, como inspiración de su pieza favorita *La Dorotea*, un *lesedrama* o drama mental.[72] Su respuesta al teatro italiano es clara y contundente; su aversión a las tramoyas, perpetua.

En el prefacio a la impresión de *La Dorotea* de 1632, don Francisco de López de Aguilar —haciendo eco a las ideas del propio Lope— defiende la validez de este nuevo género. Sosteniéndose ambiguamente en el precepto aristotélico de la "poesía como imitación de la verdad" para justificar esta nueva forma poética, explica el drama en prosa de esta manera:

> De suerte que si alguno pensase que consistía en los números y consonancias, negaría que fuese ciencia la poesía. *La Dorotea* de Lope lo es, aunque escrita en prosa, porque siendo tan cierta imitación de la verdad, le pareció que no lo sería hablando las personas en verso como las demás que ha escrito; si bien ha puesto algunos, que ellas refieren, porque descanse quien leyere en ellos de la continuación de la prosa, y porque no le falte a *La Dorotea* la variedad, con el deseo de que salga hermosa, *aunque esto pocas veces se vea en las griegas, latinas y toscanas*.... Consiguió, a mi juicio, su intento, aventajando a muchas de las antiguas y modernas —sea dicho con paz de los apasionados de sus autores, como lo podrá ver quien la leyere—: que *el papel es más libre teatro* que aquel donde tiene licencia el vulgo de graduar, la amistad de aplaudir y la envidia de morder. (Énfasis mío)[73]

¿Qué ha pasado en Madrid para que el creador de la comedia nueva abandone el amantísimo vulgo por quien encerrara los preceptos bajo seis llaves? Lo que este párrafo sugiere es que el teatro, ya sea toscano o griego, era el asunto candente de las discusiones teóricas del momento. El súbito repliegue de Lope del ambiente del corral donde el vulgo no se mostraba ya tan favorable como antaño, obedece, creemos, a una nueva sensibilidad teatral clasizante que obligará a Lope a mostrar su adherencia, o por lo menos conocimiento, de la preceptiva teatral en boga. De allí la referencia a los consabidos cánones aristotélicos de la "ciencia de la poesía," la "imitación de la verdad," la "variedad" y sobre todo la explícita referencia a la acción escrita en verso o en prosa, tema debatidísimo entre los traductores y explicadores de Aristóteles.

Ya sea, como respuesta a la creciente ola de clasicismo y de las controversias que suscitan los numerosos comentarios, paráfrasis y explicaciones de la *Poética* de Aristóteles, *La Dorotea* explora otra posibilidad teatral: "el teatro de papel," el teatro para ser experimentado a solas, el teatro sin decorado, sin actores, en otras palabras, el teatro en silencio. Lope al refugiarse en el papel descubre otra posibilidad de la palabra, la evocación mental, callada, de la escena, de los gestos, de los ruidos, del decorado. Prestemos atención a esta técnica. La escena cuarta del quinto acto sucede, dice la acotación, en la "sala en casa de Teodora":

> Gerarda. ¿Tienes juicio, Dorotea? ¿Qué es esto? ¡Tú llorando todo el día! ¡Tú inquieta toda la noche! ¿Qué novedad te obliga? ¿Qué suceso tan triste marchita poderoso la flor de tu juventud y la alegría de tu conversación, que lo era de tu casa

y de tus amigas? ¿Tú descompuesta? ¿Tú los cabellos
desordenados? ¿Tú por lavar la cara?

(p. 456)

El corral era un estrado pobre, con escasísimos elementos, decorado con la palabra poética, el verso, la imagen descriptiva, la alusión simbólica, la cadencia de la rima, algún que otro gesto del recitante. El teatro de papel es aún más económico, más espartano. La palabra recitada se silencia, el decorado no existe —la "sala" no se materializa— el actor no hace sentir su presencia, los gestos, los lloros, "los cabellos desordenados" a que se alude no son representables; no hay necesidad de vestuario, no se ve nada, no se escucha nada. Es un texto que no necesita del albergue del edificio teatral ni de su maquinaria. Es, en otras palabras, la negación absoluta del *teatro*, una claudicación total de los signos auditivos y visuales. *La Dorotea*, por esta razón, y desde nuestra perspectiva actual, se asemeja más a una novela dialogada que al verdadero teatro.

Para Lope, sin embargo, fue un experimento dramático, una búsqueda de una forma nueva, aventurada en su momento, que abre derroteros estéticamente opuestos a la *comedia de teatro*.[74] No hay duda que Lope, cuyo clasicismo ha sido siempre puesto en tela de juicio, al escribir esta obra tardía, se apoya en los preceptos aristotélicos tan debatidos en el momento —como buscando el consenso de los doctos en la alusión hecha en la introducción a *La Dorotea*— la consabida "acción en prosa," y recordándonos perentoriamente lo dicho por Aristóteles, i.e., que el poeta debe "imitar acciones" y que el medio elegido es precisamente la lengua poética, en verso o en prosa. Esta última alusión se refiere, creemos, a un tema debatidísimo en Italia a principios de siglo por aquellos tratadistas que buscaban una vía de salida a la hegemonía aristotélica, sin ponerse frente a frente con la autoridad suprema del Estagirita. Spingarn se refiere a esta polémica, común entre los teóricos del drama en el Renacimiento, a la cual Lope parece acudir con una aplicación práctica con *La Dorotea*. Los tratadistas, comentadores y traductores de Aristóteles, habían estado en contra del drama en prosa, hasta la aparición del revolucionario libro de Agostino Michele, *Discorso in cui si dimostra como si possono scrivere le Commedie e le Tragedie in Prosa* en 1592. En 1600, otro tratado, una disertación en latín de Paolo Beni, *Disputatio in qua ostenditur praestare Comoediam atque Tragoediam metrorum vinculis solvere*, le da un fuerte golpe a la dominación del verso en el drama.[75] Quizás, alentado por la noticia de estos verdaderos "heréticos" —como los califica Spingarn— es que el Fénix se atreva a hacer este experimento de drama en prosa. Fue realmente un gesto que debe haberle causado bastante crítica entre los académicos más conservadores de su tiempo, y que permaneció sin émulos hasta entrado el neoclasicismo.

Comedia y *comedia de teatro* 37

Aunque el estilo de *La Dorotea* es una excepción en su tiempo y tiene ese tinte de liberación de las reglas antiguas que lo hacen esotérico, demuestra, en otros respectos, una fidelidad al pensamiento renacentista, que lo pondrá en una situación antagónica con conceptos que ya se ven en el horizonte español con las fiestas de Aranjuez y que indican un cambio de estética que enriquece el texto poético con la entrada del teatro visual. El Poeta renacentista, imitador de la naturaleza en todo lo que ésta tenía de armónico, de bello y de verdadero —y en ese sentido era Poeta dramático Lope— va a ver desmoronarse en unos pocos años las bases filosóficas, científicas y estéticas que sostenían el bello edificio. Resumiendo en pocas palabras este verdadero cataclismo con que se inicia el Barroco en el arte y la época moderna en la percepción que el hombre tiene de ella, diremos que la vista suplantará a la imaginación, el texto escrito o recitado queda supeditado a la representación visual, y la armonía musical, reflejo de la armonía cósmica platónica, deja paso a los tonos discordantes de las voces humanas en un cosmos heliocéntrico. Por otro lado, la comedia de Lope así como el teatro de papel responden, respectivamente, al precepto aristotélico de la imitación poética de la vida en la *acción*, una en poesía, la otra en prosa, pero siempre buscando la "imitación perfecta." Volvamos a la introducción de *La Dorotea* para ver qué es lo que Lope entendía por este escurridizo concepto aristotélico. Defendiéndose de antemano de posibles críticas, López de Aguilar, portavoz del poeta, estima esta obra como perfecta en su construcción artística e insiste en que no tiene defecto desde el punto de vista de la imitación:

> Al que le pareciere que me engaño, tome la pluma y lo que había de gastar en reprender, ocupe en enseñar que sabe hacer otra imitación más perfecta, otra verdad afeitada de más donaires y colores retóricos, la erudición más ajustada a su lugar, lo festivo más plausible y lo sentencioso más grave; con tantas partes de filosofía natural y moral, que admira cómo haya podido tratarlas con tanta claridad en tal sujeto.

Y más adelante:

> Demás que en *La Dorotea no se ven las personas vestidas*, sino las acciones imitadas. (Enfasis mío)[76]

De lo que colegimos que la práctica de la teoría de la imitación, así como la entendía el poeta, estaba en recrear "la verdad" vestida en colores retóricos, con erudición humanística, con su buena medida de verosimilitud, entendiéndose por este último concepto aquello que no contrariaba lo plausible de la acción, todo ello conducente a una buena enseñanza moral: de allí surge la *admiración* del lector u oyente. La imitación es de carácter poético-retórico, y se opone, en cuanto imita una acción ideal —digamos también moral— a una materialización de esa acción, de allí que en este teatro "no se ven las personas vestidas"; éste es un punto de toque importante ya que el teatro barroco va a superar esa fórmula estética del drama renacentista extendiendo el concepto de la imitación retórica al de la representación sígnica de los objetos, que incluye a la escena, al decorado, a la vestimenta, a la música, al actor, en fin, al teatro mismo.

En clara oposición a la revolución escénica que inician los italianos, la comedia lopesca se articula dentro de los límites renacentistas del lenguaje poético en que fue concebida y que establece una relación analógica entre la palabra y aquel ideal que imita. En este sentido, la comedia lopesca está estéticamente integrada con esa fuerte tendencia logocéntrica de la cultura europea durante el Renacimiento y que se debe —como lo ha señalado Michel Foucault— a que la palabra todavía tenía, desde tiempos bíblicos, un valor incuestionable como signo de la verdad. Los comentarios y glosas de autores clásicos, el apoyo inevitable sobre su autoridad, indican esa sujeción del pensamiento a la palabra escrita u oída como fuente de la verdad.[77]

Lope, siempre polémico, no pierde oportunidad para aclarar su posición estética. En el prólogo a "El laurel de Apolo" (1629), una vez más, con fina pero devastadora ironía, repitiendo en este corto texto —apenas un par de páginas— nada menos que trece veces la palabra "admiración," aprovecha la ocasión para escarnecer a aquellos que interpretan de otro modo ese concepto clásico:

> Yo, señor Lector, me admiro de quan aumentada y florida está el arte de escribir versos en España, y no veo lucir ingenio, que con virtuosa emulacion no me haga reconocer quan lejos estoy de imitarle, que aunque es verdad, que no me agrado del nuevo estilo de algunos, no por eso dejo de reconocer sus grandes ingenios, y venerar sus escritos, que el agravio de nuestra lengua, si lo es, el mismo tiempo volverá por él, o se conocerá, que lo ha sido.

No hay duda que Lope está jugando mordazmente con el concepto de "admiración," oponiéndolo a los conceptos básicos de su arte "imitación" y "verdad," y viendo con disgusto la aparición de "un nuevo estilo," que pondera por un lado, y por el otro juzga duramente como un "agravio de nuestra lengua." Sigue —poniendo sal y limón sobre la herida— veladamente escarneciendo a aquellos que osan ampliar el concepto tradicional de la admiración:

> Pero por no salir del proposito de admirarme, San Agustin dixo, que la cosa mas admirable de la naturaleza era amar a los enemigos, esto pienso hacer yo, por hacer alguna cosa admirable.

Esta exagerada repetición —divertida para el lector de hoy— indica, sin embargo, un obvio prurito sobre la cuestión. Acaba dando resumidamente razones de tal divergencia:

> En lo [sic] mas o menos alabados tampoco soy digno de reprehension, porque me guiaba lo que se me ofrecia, y no havia tomado medida tan puntual a todos; que un oficial yerra un vestido, un Architecto un edificio, y un Pintor un retrato; y es diferente symetria el alma de los ingenios, que el cuerpo y rostro de los hombres, y la firmeza de los edificios.[78]

Combate aquí abiertamente el principio de la simetría que informa a la nueva estética que rige ya para entonces la arquitectura teatral y la pintura: el principio perspectivista. Para Lope el arte se basa en una "diferente simetría," en las secretas correspondencias, armonías, simpatías y afinidades, que el poeta, obediente a la idea platónica que gobierna el cosmos, descubre en el alma de los hombres; dicho de otra manera, la poesía dramática muestra mediante la presentación de una simetría ideal el alma de las cosas; el edificio teatral, el diseño escenográfico, basa sus correspondencias y simetría en las relaciones externas que percibe el ojo.

Además de ser una espléndida ocasión para una diatriba contra sus enemigos, el prólogo a "El laurel de Apolo" es una excelente oportunidad para debatir abiertamente uno de los puntos neurálgicos de la estética renacentista: el concepto de *admiratio*. El principio de la "verosimilitud," y cómo conciliar éste con lo "maravilloso" o "admirable" fue —en la evaluación de Edward Riley— uno de los problemas fundamentales del escritor renacentista.[79] Las fuentes clásicas del problema se encuentran esbozadas en Aristóteles, para quien el lenguaje peregrino y no común es admirable, y en Cicerón, quien estima la abilidad retórica que logra conmover como digna de admiración. Para Tasso y también para Cervantes, conciliar aquello que es admirable o maravilloso con lo verosímil presentaba el problema más arduo de la epopeya; sin embargo, es realmente en el teatro barroco donde este concepto se pone a prueba concluyente.

De acuerdo con Marvin Herrick, el concepto de *admiratio* así como aparecía en la *Poética* de Aristóteles, se comenta en las distintas versiones que aparecen durante el Renacimiento, en Minturno (1559) y Scaliger (1561), pero sobre todo en Robortelli, a quien leyó cuidadosamente Lope. Los comentarios de estos tratadistas demuestran —según Herrick— que para ellos este concepto era considerado retórico y poético;[80] es decir, despertar la admiración de los oidores o lectores era una de las metas de la oratoria y de la poesía lírica y dramática. Pero es con relación a la representación teatral que la función de *admiratio* en la catarsis trágica va a tomar un derrotero significativo. Uno de los pasajes en cuestión donde aparece el término griego por "maravilloso," traducido al latín como "admiratio," es éste donde se discute la relación entre la tragedia y la epopeya:

> Es preciso incorporar a las tragedias lo maravilloso; pero lo irracional, que es la causa más importante de lo maravilloso, tiene más cabida en la epopeya, porque no se ve al que actúa. Ejemplo, la persecución de Hector [por Aquiles]. Lo maravilloso es agradable; y prueba de ello es que todos, al contar algo, añaden por su cuenta, pensando agradar.[81]

Esta traducción directa del griego de Valentín García Yebra, muestra, si contrastada con otras versiones, importantes discrepancias que ilustran cómo el concepto de *admiratio* fue evolucionando. En la traducción de Ingram Bywater (1909), de la cual cita Herrick, leemos:

> The marvelous is certainly required in Tragedy. The Epic, however, affords more opening for the improbable, the chief factor in the marvelous, because in it the agents are not *visibly* before one. The scene of the pursuit of Hector would be ridiculous on the stage—the Greeks halting instead of pursing him, and Achilles shaking his head to stop them; but in the poem the absurdity is overlooked. The marvelous, however, is a cause of pleasure, as is shown by the fact that we all tell a story with additions, in the belief that we are doing our *hearers* a pleasure. (Enfasis mío)[82]

Es evidente que para la época de Bywater se han añadido bastantes palabras que no se encuentran en el original griego, especialmente en lo que cuenta a la recepción sensorial del espectáculo desde el punto de vista del espectador. García Yebra observa, al anotar este pasaje, que permanece oscuro en otras versiones, y que, curiosamente, en una reimpresión de la edición de Alonso Ordóñez de Seyjas y Tobar (1626), la de Casimiro Florez Canseco (1778), se recoge entre varias adiciones y correcciones este comentario del Abad Batteux quien recibe efusivamente el pasaje en cuestión: "Conocemos estas cosas, y no pueden ser otras que los adornos del teatro, los vestidos de los actores, los gestos, los tonos de la voz, el canto y el acompañamiento de los instrumentos, en una palabra *todo cuanto hiere al oído y a la vista*"(énfasis mío).[83] Como vemos, en el siglo XVII, e incluso hasta bien entrado el XVIII, el crítico de teatro interpreta este pasaje en relación a la aprehensión sensorial del espectáculo.

Aquellos que practicaban el teatro vivo llegaron a una conclusión similar a la de Aristóteles pero ampliada por los requisitos de la práctica escénica del siglo XVII, o sea, que el concepto de lo maravilloso en el poema épico o en el poema lírico no está en conflicto con la verosimilitud *en tanto que se lee,* pero que si la misma escena se representa visualmente al escrutinio de la mirada, la verosimilitud se pierde. Recordemos que en uno de los *melodramme* citado anteriormente, en la introducción de *L'Armonia delle sfere,* Ottavio Rinuccini recalca que el espectáculo no tiene necesariamente que seguir con un hilo único la fábula, cosa que interesaría en una obra concebida para los oyentes, sino que el artífice de la escena debe seleccionar las acciones de alto interés visual, *aunque el hilo del argumento no sea coherente.* La plausibilidad aristotélica pasa de la lógica interna del texto a la captación directa de los sentidos.

Este es un paso crucial para la práctica escénica: la verosimilitud ahora se reduce a lo que el espectador percibe, no a lo que es probable; el *admiratio* de la épica se transforma en el *mirabile visu* del teatro. El concepto de *admiratio* antes operante en términos de la poesía leída o escuchada, opera ahora directamente sobre el oído y a la vista; en el teatro de Calderón es admirable lo que afecta y embarga los sentidos de manera especial:

> Segismundo. ....
> [T]ú sólo, tú has suspendido
> la pasión a mis enojos,
> la suspensión a mis ojos,
> la admiración al oído.
> Con cada vez que te veo
> nueva admiración me das,
> y cuando te miro más,
> aun más mirarte deseo.
>
> ....
> Rosaura.   Con asombro de mirarte,
> con admiración de oírte,
> ni sé qué pueda decirte,
> ni qué pueda preguntarte.
>
> (*La vida es sueño,* I, 503)[84]

La práctica del teatro se impone a los comentarios de la preceptiva aristotélica, los amplía. La experiencia de los sentidos va a ser la única guía del dramaturgo barroco y del espectador teatral. Con Calderón el concepto de *admiratio* deja de ser lírico y retórico, en el sentido que Lope le daría, y pasa a ser fundamentalmente auditivo y visual. De la lógica narración dramática y lírica en Lope se pasa a la sumisión maravillada de los sentidos en Calderón.

De lo dicho anteriormente podemos concluir que el término *admiratio* sufre una importante transformación alrededor de la fecha de publicación de "El laurel" (1629), y que ese cambio se verifica en *La vida es sueño* como un concepto teatral de reconocimiento visual y auditivo en el sentido de "maravilla." J. E. Gillet, trazando la evolución de este término, especialmente en alemán, en la crítica de Lessing y de Mendelssohn, sugiere una conexión entre este término y la tragedia, donde *admiratio* se habría utilizado como un substituto por *misericordia et horror*. Pero Corneille —arguye Gillet "fue el primero en conectar *admiratio* con el drama y específicamente con la catarsis trágica," citando como ejemplo el *Préface de Nicomède* (1651).[85] El uso extensivo que hace Calderón de este término en nuevas circunstancias dramáticas, lo coloca no sólo como precursor, pero quizás como uno de los primeros en utilizar este concepto ampliando su significado aristotélico.

2
Efectos sonoros del *stile rappresentativo*

ALLARDYCE NICOLL en su estudio sobre la historia del teatro, en el capítulo concerniente a la época barroca, señala dos nacientes que convergen históricamente a principios del seiscientos y que le darán sus bases estéticas. Primeramente, se refiere a las innovaciones del grupo cameratista en cuestiones de música, la *Dafne* de Rinuccini y de Peri, la primera ópera donde el canto y la música se aúnan a la poesía dramática. En segundo lugar cita como elemento primordial en el nacimiento del teatro barroco la aparición de un libro en 1600, *Perspectivae,* libri VI, de Guidobaldo del Monte —insigne matemático, uno de los patriarcas fundadores de la Accademia del Disegno de Florencia— que contenía una sección dedicada a la escenografía. Según Nicoll:

> The combination of these two endeavours, the one in music and the other in perspective, ushered in and provided the foundation for the baroque theatre.[1]

Nicoll ve en la convergencia histórica de estos dos factores —la música cameratista y la escenografía perspectivista que juntamente alcanzan una relevancia especial en la teoría y experimentación dramática— el *sine qua non* del teatro barroco, configurándolo a éste de una manera muy distinta al teatro renacentista. Este dato nos proporciona dos premisas paralelas e iguales en importancia para la investigación del teatro barroco, y por ende del teatro calderoniano, así como se comprendiera en sus principios, como una revolución técnica que supera al teatro renacentista y distinto al teatro de todas las épocas anteriores. Volvemos a aislar, por otro conducto, los mismos factores, el fónico y el visual, el temporal y el espacial, que Dámaso Alonso ve como consustancial a todo teatro. En el teatro barroco se encuentran los dos factores del teatro moderno: los fónicos y los visuales. Por consiguiente, centraremos este acercamiento a la *comedia de teatro* de Calderón desde estas dos vertientes, históricas para nosotros, simultáneas para él, para ver en qué medida participó de esta verdadera revolución con que se inicia el teatro moderno basándose en los efectos vocales, sonoros, del texto poético y la espacialización que permite la nueva escenografía perspectivista en el nuevo edificio teatral.

Por razones de organización en este capítulo ahondaremos en el fenómeno musical y auditivo del estilo recitativo, dejando la parte visual y escenográfica para el tercer capítulo, advirtiendo, sin embargo, que ambos corren paralelos en el teatro, en la *representación*.

Sobre estos dos pilares sensoriales, el oído y la vista, en tanto que ellos son los recipientes de los fenómenos acústicos y visuales que juegan en la acción drámatica, Calderón construye la estructura primordial de su teatro: un teatro que oscila entre miradas y voces, silencios y lamentos, ciegos y videntes, cantos y perspectivas, sordos y murmuradores, pintores y cantantes, en fin todas las combinaciones posibles entre los dos efectos. La particularidad de su obra descansa en una sensibilidad extremada de los dos sentidos principales, la vista y el oído, los "effetti" que provienen del *melodramma* italiano, que viera de joven en la representación de *La gloria de Niquea,* la "invención" del conde de Villamediana, en la cual, según las palabras del relator de su estreno, "la vista lleva mejor parte que el oído y la ostentación consiste más en lo que se ve que en lo que se oye." Con esta obra podemos decir que se abre la puerta al dominio de los sentidos, a la espectacularidad de la escena, los efectos escenográficos y musicales, que aunque supeditados a los visuales, tienen con el canto y el recitativo un valor estético y dramático superior al recitado anterior de la comedia renacentista. Se trata de la utilización de la voz trágica de origen griego que entra en las tablas del nuevo teatro barroco. Voz trágica y perspectiva escénica, oídos y vista, la fórmula barroca con que se inicia el siglo. Calderón le dará su toque y genio particular, tomando las técnicas revolucionadoras de su tiempo y creando la nueva *comedia de teatro* española, en la vertiente misma del teatro moderno.

La parte visual y la parte auditiva son inseparables en la concepción del teatro de Calderón. En general la crítica ha tomado aspectos parciales del conjunto teatral barroco, dividiéndolos en estudios escenográficos e históricos como el de N. D. Shergold, *A History of the Spanish Stage from Medieval Times Until the End of the Seventeenth Century* (1967), o el de Charles Aubrun sobre *La Comédie espagnole (1600-1680)* (1966), y el más reciente de Othón Arróniz, *Teatros y escenarios del Siglo de Oro* (1977), todas ellas valiosísimas y eruditas contribuciones en que apoyaremos nuestro trabajo en busca de una síntesis final en lo que cuenta a la obra de Calderón y su significado. Por otro lado, los estudios sobre la música que acompañaba a los textos calderonianos, como el de Subirá en su *Historia*

Efectos sonoros del *stile rappresentativo* 45

de la música teatral en España (1945), los estudios de Cotarelo y Mori sobre la ópera y la zarzuela (1917 y 1934 respectivamente), los artículos de Jack Sage (1956 y 1970) sobre la música teatral de Calderón, tienden a mostrar, sin lugar a dudas, el vasto repertorio musical que acompañaba las obras de este dramaturgo. En todos estos estudios y otros que dejo sin mencionar aquí, apoyo mis conclusiones sobre la "sonoridad" del texto calderoniano y de su particular uso de la voz trágica, del recitativo italiano, y sobre todo recalcando *la conjunción* con el otro movimiento revolucionario que distingue al teatro barroco, el de la visión, el de la gran agudeza visual, el mundo nuevo de la perspectiva teatral, ambos de neto origen italiano. Lo importante es integrar los dos aspectos, el visual y el sonoro, porque ambos corren paralelos, se integran, se intercambian, se alternan, en miríadas de variaciones que nuestro dramaturgo ingeniosamente crea, componiendo con estos dos ejes principales, *la vista y el oído*, todas sus obras.

Este es un trabajo de integración del aspecto fónico y del aspecto visual tal como lo recibía el espectador en el momento de la representación, no olvidando que el texto *se representa* hablando o cantando en recitativo, sin dejar de lado la sincronización plástica del aparato, y evitando lecturas parciales (ya sea el texto lingüístico, el musical, o el visual) en busca de una síntesis y una interpretación acabada de este arte politécnico.[2] Esta división es culpable —y en el caso del teatro barroco con agravación, ya que es el teatro más musical y pictórico en la historia de este arte— de pérdidas importantes en sentidos de interpretación; la obra de Calderón es una de las que más ha sufrido en este respecto. Por lo tanto —y esta será la meta de nuestro trabajo— tenemos que volver a concertar el matrimonio de estos dos aspectos generadores del teatro, la parte auditiva y la parte visual, hasta ahora mantenidos en celdas separadas por la crítica, y volverlos a su estado marital originario, teniendo siempre en cuenta su origen teórico y práctico proveniente de las polémicas y tratados florentinos que inician el nuevo teatro europeo.

Recordemos lo dicho en el primer capítulo con respecto de la verdadera revolución músico-visual que afecta al texto poético-dramático en las representaciones florentinas y el impacto que la práctica escénica y la nueva música tienen en las tablas españolas a partir de 1622, año en que Calderón inicia su producción dramática. Está de más decir que el énfasis de este estudio no se pondrá en los aspectos "poéticos" del texto; la metáfora —transformación entre sistemas *literales*— no es funcional en el teatro. Veremos con atención el uso que Calderón hace de los *signos sensoriales*, aquellos que se perciben en la escena y desde la escena, así como se materializan durante la representación, dentro del ámbito resonante y visible del teatro.

Para lograr una lectura sensible de los textos calderonianos, nos valdremos de varios métodos. Primeramente veremos en los textos las alusiones que se hacen a los signos visibles, lo que los personajes ven o cómo son vistos, y lo que el espectador ve en el cuadro de la escena, ayudándonos ya sea de acotaciones o de otro material documental histórico que nos ilumine en la conformación material de la escena. De la misma manera, buscaremos los pasajes que indican efectos auditivos y musicales o que hacen referencia al intercambio de sonidos y voces, con el apoyo de los textos musicales que tenemos. La parte histórico-musical que entrará también tangencialmente servirá para aclarar el trasfondo de ideas, prácticas y teorías de la música escénica del Barroco. No dejaremos de oír ni el susurro de un gracioso, ni el canto de una dama, ni dejaremos de ver una transformación escénica, ni el traje de un actor porque, cuando se trata del teatro barroco, las voces, las miradas —hasta una piedra— todo *significa* algo.

La dramaturgia de Calderón se puede condensar en una fórmula simple pero compleja a la vez en sus innumerables posibilidades teatrales de derivación: es la nueva mirada intensa del artista barroco, la mirada que escudriña al mundo en busca de la verdad entre sombras y reflejos engañosos; es la voz que se escucha en escena en sus tonos variados de expresión doliente, en murmuraciones cortesanas, en las canciones de damas que revelan su intimidad a insospechados y ocultos galanes, es la voz trágica que el poder social o familiar ahogan con el "¡Calla!" repetido por tantas heroínas calderonianas, el silencio trágico tan efectivo en escena. Este es básicamente el lenguaje poético-teatral de Calderón; los dos sentidos, vista u oído, corren inseparables en su obra.

>   Segismundo. ....
>   tú sólo, tú has suspendido
>   la pasión a mis enojos
>   la suspensión a mis ojos
>   la admiración al oído.
>   ....
>   Rosaura.   Con asombro de mirarte,
>   con admiración de oírte,
>   ni sé qué pueda decirte,
>   ni qué pueda preguntarte.
>
>   (*La vida es sueño*, I, 503)

Segismundo y Rosaura en escena se asombran mutuamente de *verse*, de *oírse*; es un impacto visual y auditivo superlativo, el asombro de la presencia eficaz del actor que representa "todo ojos y todo oídos" —la admiración máxima— en el momento del reconocimiento. La correlación entre ojos y oídos está siempre presente en cualquier obra que abramos al

Efectos sonoros del *stile rappresentativo* 47

azar, es la estructura básica de todas ellas. Veamos la continuidad de esta dualidad como *leitmotif* que siempre, si estudiada la obra en profundidad, nos alerta a la estructura o trama principal. Aquí vemos el eclipse de un sentido y la dependencia del otro:

        Decio.   ¿Qué *voz* es esta que sigo
                          que sin saber cúya es,
                          alma, *escuchas y no ves*?
                          ....
                                      (*La gran Cenobia*, I, 85)

        Astrea.   A tardar la relación,
                          bien fácilmente suplieran
                          los ojos a los oídos,
                          porque ya el aviso llega
                          del triunfo.
                                      (*La gran Cenobia*, I, 93)

En contraste voces y miradas:

        Diana.   Esperad. ¿Qué nueva *voz*,
                          sacrílegamente infiel,
                          en los coros de Dïana
                          cláusula de Venus es?
        Todos.   A nadie *vemos*, y solo
                          sentimos, al parecer,
                          un viento que blando inspira.
        Diana.   Pues te *oyen* y no te *ven*,
                          ¿quién eres, oh tú del aire
                          voraz vaticinio?

Dualidad que, según la acotación que le sigue, se muestra en escena con la ayuda del aparato escenográfico:

Aparece Aura en el aire en un carro tirado de dos camaleones, *y con lo que canta* baja al tablado, y atraviesa por él delante de todos (*sin que la vean*) y vuelve a subir por la otra parte, con el último verso *de lo que canta*.
                                        (*Celos aún del aire matan*, I, 1797)

En la escena recién citada los personajes siguen a la *voz* e ignoran o fingen ignorar el signo visual, aclarado en la acotación "sin que la vean." O sea, se percibe el canto, el signo auditivo, y se eclipsa el signo visual, surgiendo de ese intercambio entre los dos sentidos el significado de la acción así como se representara. Esta preocupación por los sentidos se evidencia en ciertos personajes que derivan el conocimiento de otros personajes o de acciones claves por la aprehensión directa de los signos sensoriales.

> Aureliano. La experiencia en mí imagina,
> pues cuando juntos los vi,
> ....
> ¿Así, cobardes sentidos,
> estáis a su voz rendidos?
> Huid, huid sus enojos;
> no miréis lágrimas, ojos;
> no oigáis lisonjas, oídos.
> ¿Por qué con locuras tantas
> quieres aumentar mi pena,
> di, cocodrilo y sirena,
> que me lloras y me cantas?
> Si a vencerme te adelantas,
> ya al llanto, ya al canto atento,
> vencerte he con todo intento;
> y así, sin ventura alguna,
> llora tu corta fortuna
> y canta mi vencimiento.
>
> (*La gran Cenobia*, I, 96-97)

El paralelismo ojos/oídos se elabora aquí en otras imágenes asociadas, los ojos se derivan en "lágrimas" y "cocodrilo"; las voces del "canto" y "llanto" en la mitológica "sirena." Estas derivaciones paradigmáticas de los sentidos en imágenes asociadas forman el núcleo de toda comparación poética en todas las obras en casi sesenta años de creación para el teatro cortesano, y ya están presentes en esta obra, una de las más tempranas, representada, según nos informa Valbuena Briones, el 23 de junio de 1625.

En la misma obra aparece ya el tema barroco del engaño de los sentidos y a la vez la dependencia de éstos como única guía objetiva de certeza. Los sentidos pueden engañar, pero son el único medio de reconocimiento de la realidad objetiva; esta es la encrucijada en que se encuentran tantos personajes calderonianos:

> Aureliano. ....
> En efectos tan dudosos,
> ¿pueden mentir los oídos?
> ¿pueden engañar los ojos?
> No, pues es cierto que veo;
> no, pues es verdad que oigo.
> Si me ofrece la fortuna
> el bien, ¿por qué no le gozo?

Efectos sonoros del *stile rappresentativo*

> ¿Qué aguardo, pues le merezco?
> ¿Qué dudo pues le conozco?
> Sea César, aunque luego
> despierte: que al cabo todos
> los imperios son soñados.
>
> ....
>
> (*La gran Cenobia*, I, 73)

Engaño y realidad que se ofrecen a los sentidos con cierto matiz de veracidad son los puntos de partida de una nueva visión filosófica, latente en esta obra, que va a culminar con su famosa *La vida es sueño*. La idea germinal ya se encuentra en este parlamento de Aureliano en *La gran Cenobia* de 1625. El teatro de Calderón es doblemente sensorial; depende de los signos sensoriales para sus efectos de percepción, es *teatro* en el sentido griego de la palabra, visión pura, pero sobre todo otorga a los sentidos un papel preponderante, en la estructuración, tema y motivos de su obra, derivando todas las posibles combinaciones entre los sentidos. He aquí un ejemplo singular de la disminución de la vista equiparada a la disminución del oído:

> Don Juan. ....*Arroja los pinceles.*
> Y así me doy por vencido,
> y te pido, si mi amor,
> volver quisiere a este error,
> no lo permitas, corrido
> de *ver* que no he conseguido
> retratarte parecida.
>
> ....
>
> Que me ha dado
> disgusto, enfado y pesar,
> no te lo puedo negar,
> al *ver* que solo a este intento
> me falta el conocimiento
> que tengo de la pintura;
> mas culpa es de tu hermosura.

A lo que replica el gracioso:

> Juanete.   Aquí viene...
> Don Juan.   ¿Quién?
> Juanete.   ...un cuento.
> *Sordo* un hombre amaneció,
> y *viendo* [sic] que *nada oía*
> de cuanto hablaban, decía:
> "¿Qué diablos os obligó

> a hablar hoy de aquesos modos?"
> Volvían a hablarle bien,
> y él decía: "¡Hay tal! ¡Que den
> hoy en hablar quedo todos!"
> Sin persuadirse a que fuese
> suyo el defecto. Tú así
> presumes que no está en ti
> la culpa; y aunque te pese,
> es tuya, y no lo conoces,
> pues das, *sordo,* en la locura
> de no entender la hermosura
> que el mundo te dice a *voces.*
>
> (*El pintor de su deshonra,* I, 880-81)

Así como vemos en este intercambio entre Don Juan y Juanete, las comparaciones entre vista y oído van estructurando escena tras escena en tantas obras. En *El pintor de su deshonra* la mala visión de Don Juan se debe tener en cuenta en su desenlace trágico. Es más, el verdadero héroe de estas tragedias barrocas es el que sabe distinguir, percibir claramente con la máxima plenitud de sus sentidos, los signos visuales y auditivos que emanan del mundo, e incluso rechazarlos paradójicamente en el momento oportuno como "sueño" de este mundo, como ilusión con respecto a otro mundo más duradero, más verídico. Lo interesante es, desde el punto de vista teatral, que el personaje calderoniano se encuentra siempre en el laberinto de signos sensoriales que él o ella deben descifrar, llegando por el camino de la *percepción* a su salvación final. La percepción que ofrecen los sentidos es el único medio para llegar al conocimiento inequívoco:

> Anteo.   Nombre y voz
> ya no me pueden mentir...
> ni los ojos...que la noche
> aun la deja percibir.
>
> (*La fiera, el rayo y la piedra,* I, 1620)

Otro ejemplo tiende a persuadirnos de la superioridad de la vista sobre el oído, recordándonos en cierto modo la estética enunciada por Hurtado de Mendoza con el estreno de la primera "invención." En esta lucha desigual entre los sentidos el ver supera al oír:

> Celio.   Por más que recató avara
> tu beldad inculta esfera,
> hubo atención que *te viera*
> y acción que te retratara
> esta pues rara

[*Mostrando un retrato.*]
           sombra de tu rosicler
           vi en mi poder;
           y pues al *verla* rendí
           el alma y la vida, ¿quién duda que en mí...

El y Mús.   ...de amor el más noble peligro es *el ver*?
....

Celio.   Quien *ve* una beldad divina,
           a sus mismos *ojos cree,*
           y, *realidad en quien ve,*
           es sombra en quien imagina;
           luego inclina con más superior poder
           ser que es ser
           que ser que es fantasía:
           y así en los imperios y su monarquía....

El y Mús.   ...de amor el más noble peligro es *el ver*.

Como es de esperar, la contestación que sigue es una apología al sentido del oído:

Flavio.   Quien sus mismos ojos cree,
           poco debe a sus antojos:
           que las deidades sin ojos
           se han de idolatrar por fe.
           Luego fue
           más digno afecto el fingir
           para sentir,
           que el ver para no adorar:
           y así, *si el oír es ver sin mirar...*

El y Mús.   ...el más noble riesgo es de amor *el oír.*
Celio.   *Los ojos del cuerpo son*
           el más superior sentido.
Flavio.   *Sí; mas dio el alma al oído*
           las llaves del corazón.
                  (*Los tres afectos de amor,* I, 1202-03)

¡Exasperante silogismo barroco! Sin embargo queda claro que el dramaturgo, por boca de Celio, declara a la vista "el más superior sentido." Las derivaciones que parten de este sentido, la cadena "ojos," "ver," "retrato," tienen una contundente "realidad" o presencia eficaz que carece la imaginación de lo mismo: "realidad en quien ve, / es sombra en quien imagina." Del sentido del oído, en la cadena "voz," "fama" y "música," parte otra calidad de signos, más subjetivos, que afectan a las emociones: "mas dio el alma al oído / las llaves del corazón." Los dos sentidos y sus derivaciones son las dos coordenadas básicas de la creación calderoniana, que intercambiándose y derivándose en todas sus ramificaciones posibles, como en un calidoscopio, se prestan a todo enredo, trama, o tema que le sea afín. De allí la presencia de los incontables "pintores" y "músicos" en sus obras, de héroes y heroínas de "ojos hidrópicos," de "ojos de cocodrilo," de innumerables "lloros" y "lamentos," amenazados de "voces murmuradoras" o que reprimen su "voz" temiendo represalias en un mundo cortesano donde cada sonido, cada palabra puede significar la muerte:

> García. ....
> (...Pues disimular pretendo,
> y decirle que yo he sido
> quien su gente ha defendido,
> porque así librarme entiendo.)
> No es bien que yo, por callar,
> pierda la vida, que espantos
> en la Corte ha dado a cuantos
> la han perdido por hablar...
> (*Saber del mal y del bien*, I, 217)

Juicio bastante cáustico sobre la corte para la cual escribía; esta es, sin embargo, la disyuntiva en que coloca a tantos personajes, desde grandes a lacayos, que acucia igualmente a damas o doncellas: qué decir, qué callar. La *comedia de teatro* cortesana reproduce, con los mismos signos sensoriales de la realidad en que se basa, el disimulo y la hipocresía de la vida cortesana. La concepción social de Calderón, rígidamente jerarquizada, responde al cambio que pueda producir la *percepción sensorial* en sus personajes. En una pieza de villanos, *El alcalde de Zalamea*, inusitada en la selección de personajes en cuanto éstos no son los usuales nobles o seres mitológicos del resto de su producción, observamos que también la *visión plena* es la que destaca la hermosura de la protagonista y la exalta a la esfera de las deidades, borrando por medio de la *visión directa* toda diferenciación social. Veamos esta escena donde el Capitán sucumbe, a causa de sus ojos, en un arrebato fenomenológico:

> Capitán. ¿Qué mas causa había de haber
> llegando a *verla*, que *verla*?
> ....
> Sargento. ¿No decías que villanas
> nunca tenían belleza?
> Capitán. Y aun aquesa confianza
> me mató; porque el que piensa
> que va a un peligro, ya va
> prevenido a la defensa;
> ....
> Pensé hallar una villana;

Efectos sonoros del *stile rappresentativo* 53

>si hallé una deidad, ¿no era
>preciso que peligrase
>en mi misma inadvertencia?
>En toda mi vida *vi*
>más divina, más perfecta
>hermosura. ¡Ay Rebolledo!
>No sé que hiciera por *verla*.
>
>(*El alcalde de Zalamea*, I, 551)

Es, lo que se dice, "amor a primera vista," a pesar de las diferencias sociales. Toda esta escena gira alrededor del impacto *visual* que la belleza de Isabel y el juego de palabras entre "ver" e "inad-ver-tencia." Si Isabel es la protagonista de "la visión plena," su padre, Crespo, es el personaje de "la voz dolorosa," completando así la coordenada teatral.

>Juan.   ¡*Qué triste voz*¡
>(*Dentro.*) Crespo.
>   ¡Ay de mí!
>Juan.   ¡*Mortal gemido*!
>A la entrada de ese monte
>cayó mi rocín conmigo,
>veloz corriendo, y yo ciego
>por la maleza le sigo.
>*Tristes voces* a una parte,
>y a otra *míseros gemidos*
>*escucho* que no conozco.
>
>(*El alcalde de Zalamea*, I, 560)

Crespo, agraviado en su honor, se expresa barrocamente en la voz dolorosa; las voces, actuando como un sujeto abstracto, lo redimen al final y le confieren el poder en el cual radica su mandato. Crespo no es un alcalde cualquiera, es un alcalde del cual *no se habla*, por arriba de toda murmuración, es un personaje calderoniano intachable: *habla* públicamente en su defensa porque está seguro que *nadie habla de él*. Esta hipersensibilidad por la palabra hablada, le da más *status* que títulos o riquezas:

>Crespo.   ....
>Bien pienso que bastará,
>señor, para abono de esto,
>el ser rico, y no haber quien
>me murmure; ser modesto,
>y no haber quien me baldone;
>y mayormente, viviendo
>en un lugar corto, donde

> otra falta no tenemos
> más que decir unos de otros
> las faltas y los defectos...
>
> (*El alcalde de Zalamea*, I, 564)

Fórmula calderoniana invariable: ojos, miradas; oídos, voces. Esta preocupación con los sentidos es característica de este período formativo de la *comedia de teatro*. La representación de estos efectos fónicos y visuales demuestran una sobrevaloración del aspecto sensorial del hombre que se dramatiza en los "efectos" teatrales, en la trama de las tragedias y comedias, y que, sospechamos, es consecuencia de la importancia que se le asigna a los sentidos en la nueva filosofía natural con que se inicia el siglo, evidenciada en el tratado de Tomás Hobbes, *Leviathan*, quien, después de su visita en Italia con Galileo Galilei en 1634, cambia significativamente su posición filosófica, declarando en el párrafo con que abre su *opus magnum* que en la aprehensión sensorial se originan los estímulos que dan origen a las ideas:

> Concerning the thoughts of man, I will consider them first *singly*, and afterwards in *train*, or dependence upon one another. Singly, they are every one a representation or appearance of some quality, or other accident of a body without us, which is commonly called an *object*. Which object worketh on the eyes, ears, and other parts of man's body, and by diversity of working produceth diversity of appearances.
>
> The original of them all is that which we call *sense*, (for there is no conception in a man's mind which hath not at first, totally or by parts, been begotten upon the organs of sense). The rest are derived from that original.[3]

La importancia que Hobbes le asigna a los sentidos en la formación de las ideas es sorprendentemente similar a la que alude Calderón en sus *comedias de teatro*; recordemos, por ejemplo, los versos de *Los tres afectos de amor*:

> Flavio. Yo tu retrato no vi;
> pero a la fama escuché
> tu perfección, con que fue
> tabla el viento para mí.
> Y siendo así
> que el oír me hizo rendir
> al percibir
> tan alto asunto en mi idea,
> ¿quién hay que en mi estrago ni dude ni crea[?]...
>
> (I, 1202)

El personaje experimenta a través del sentido del oído, en la percepción del signo fónico, *la idea* que le causa estrago. Ambos sentidos, ejemplificados en los dos personajes, Flavio y Celio, conducen a la percepción sensorial que les lleva a pensar, a *idear* el asunto en cuestión. El origen de las ideas en Hobbes y en Calderón se encuentra en el mundo objetivo, en las cosas que se perciben por los ojos y los oídos. Por ahora baste recordar que Hobbes lleva a Inglaterra una nueva visión del mundo que surge del mismo círculo de artistas y pensadores —Galileo y su padre Vincenzo, Peri y Rinuccini, Caccini, Parigi y su discípulo Cosimo Lotti, Guidobaldo, y otros allegados a la Accademia del Disegno de Florencia. Todos ellos y de distinta manera contribuyen con estudios de percusión y de óptica, de perspectiva y de geometría euclidiana aplicada, de la voz teatral y trágica a una revolución sensorial que caracterizará el arte barroco, desde el naciente *dramma per musica* hasta la *comedia de teatro* de Calderón.

La obra de Calderón comienza después de *La gloria de Niquea* del conde de Villamediana y va evolucionando juntamente con la incorporación de técnicas modernas que trae Cosimo Lotti. Estos son los años formativos de la *comedia de teatro* española. El "género imaginativo" de la comedia renacentista de Lope va eclipsándose ante la fuerza expresiva y espectacular del nuevo teatro que utiliza los medios sensibles: el canto, las voces, los instrumentos, las pinturas, las bambalinas, las miradas intensas, las perspectivas y los bastidores laterales que duplican al mundo y hacen del teatro su doble.

Lo más singular, y creo que es lo que nos debe dar más materia para reflexionar, es que este teatro es el menos "imaginativo" y el más "real," el más "sensorial" y el menos "evocativo," en la historia de nuestro teatro clásico. Este teatro es también el único medio artístico en su tiempo que puede reproducir o representar *la experiencia directa* del hombre, y proyectarla —sin alteraciones de medio, como sucede por ejemplo en la novela— por vía de los mismos signos directos de la experiencia sensorial, y con muy poco margen de error, siempre y cuando no se altere el punto de vista del espectador, y ésto se garantiza con la inmovilidad de la butaca. El novelista puede *decirnos en su prosa*, usando o no del artificio del perspectivismo, o de distintos narradores, que suena una campana o que un personaje es tuerto, otorgando o no credibilidad a estos datos; en las tablas, *escuchamos* la campana y *vemos* directamente la falta del ojo. El teatro es mucho más inmediato y confiable porque depende de los datos que nos proporcionan nuestros sentidos.

Antes de entrar de lleno al estudio de los efectos propios del teatro calderoniano vamos a señalar, de paso, que el auto sacramental participa también, y muy similarmente en la manera que hemos visto en los ejemplos de la comedia, de la dicotomía ojos/oídos, voz/mirada, música/aparato, y en estos tirantes descansa su estructura básica, pero diferenciándose en la inclusión de un elemento, por necesidad de su mensaje moral y religioso, abstracto. La abstracción necesita un vehículo, *material* también, para su representación: la personificación alegórica.

En la representación de la *comedia de teatro* se adosan al texto poético (dramático) todos los signos visuales y vocales o musicales y se representan las acciones por medio de personas —actores— en tanto que estos re-presentan a seres humanos y al mundo cotidiano. Por otro lado, en el auto, mundo ejemplar de ideas éticas o teológicas, los actores re-presentan materializando en la escena nociones intangibles como "el ingenio," "la discreción," "la hermosura," "la muerte" y "el Autor Divino"; esto es posible por medio del vehículo de la alegoría, o sea el tropo que permite el intercambio entre sistemas intangibles a sistemas tangibles. En el auto, al texto poético se adosan el aparato y la música, bases materiales y sensitivas de su representación, y también otro sistema, anfibológico éste, el de la alegoría *representada,* copartícipe de la idea y de la realidad, puente entre los dos mundos. Estos son los elementos formativos de auto, explicados por Calderón mismo de esta manera. Habla, con su voz resonante, "la Música":

> Dios construyò conmigo
> esta Maquina visible;
> pues Sol, Luzes, Astros, Signos,
> Ayre, Fuego, Tierra y Agua,
> Plumas, Llamas, Montes, Rios,
> en musica puestos
> por su Autor Divino,
> de Clausulas constan,
> de Numero, y Ritmo.[4]

Y también:

> Alegoria, Poësia,
> y Musica, ya es preciso
> que resulte de esta Uniòn
> el numeroso artificio
> de un Auto SACRAMENTAL.[5]

El mundo del auto, réplica del mundo real, es politécnico también, "un numeroso artificio," pero concebido desde el punto de vista del Autor Divino. Integra en su formación los aspectos sensoriales y reales que se presentan en la escena: una representación origina la otra, el paso del teatro al Gran Teatro del Mundo, en su concepción cristiana, es muy breve, meramente una derivación consecuente del primer orden. Así el apuntador teatral —que se origina con la necesidad de la representación

Efectos sonoros del *stile rappresentativo* 57

teatral del texto— va a pasar a ser en el mundo teocéntrico del auto la Ley Divina, la cual, de la misma manera que el apuntador teatral, corrige al Hombre de los errores en la representación alegórica de su vida terrena.

En la *comedia de teatro* el apuntador tiene esta función:

> Como en el teatro suele
> errarse el que representa,
> y otro que los versos sabe,
> decirlos por el que erró;
> así suspendido yo
> a tu enojo hermoso y grave,
> tardé en hablar siendo fiel,
> y enmendóme mi contrario;
> mas cuanto ha dicho Lotario,
> son versos de mi *papel*...[6]
>
> (*Lances de amor y fortuna* [ca. 1625], I, 178)

Esta función inherente a la representación teatral pasa al mundo del auto y no viceversa. Tomará la forma de "la voz" o de "la ley" que va apuntando al hombre, *teatralmente*, su proceder. En *El gran teatro del mundo* vemos esta técnica teatral transpuesta "a lo divino." "El Mundo," viendo representar a "La Discreción" y a "La Hermosura," dice:

> El Mundo.   Una acierta, y otra yerra
>   su papel, de aquestas dos.
> Discrec.   ¿Qué haré yo para emplear
>   bien mi ingenio?
> Hermos.   ¿Qué haré yo
>   para lograr mi hermosura?
> Ley. (Canta.) Obrar bien, que Dios es Dios.
> El Mundo.   Con oirse aquí *el apunto*
>   la Hermosura no le oyó.[7]

El apuntador de textos teatrales se convierte en apuntador de textos divinos, o sea de la ley de Dios; unos *escuchan*, salvándose, y otros *no llegan a escuchar* —y permanecen *sordos* en la representación del auto— condenándose. Es peculiar de Calderón esta participación de los sentidos en el esquema de la salvación eterna. Los ejemplos en los autos abundan. De igual manera, es fácil notar —y esto cae de maduro— que el dramaturgo va a transferir todos los elementos de la representación teatral al auto. Así "el autor" será "el Autor Divino"; "la escena," "la máquina visible," pasa a ser por analogía "el Mundo visible"; "la voz de los actores," "las voces divinas," las que hablan o cantan, aleccionando al Hombre, el representante.

Como lo declarara Calderón, los factores formativos del auto sacramental son aparato, música, poesía y alegoría. De estos cuatro términos, tres tiene en común con la *comedia de teatro* —la alegoría sirve al propósito indicado. El auto es, por lo tanto, en su técnica y estructuración, un género *teatral*, de estilo representativo y musical. Ambos utilizan el estilo recitativo musical florentino, juntamente con otras técnicas escenográficas y teorías representativas de origen italiano, que como veremos más adelante, surgen de la preceptiva que originara el *dramma per musica*, antecedente inmediato.[8] Creo que sería fructífero ver las conexiones entre el auto calderoniano y *Le sacre rappresentazione*, especialmente la *Rappresentazione di anima et di corpo* de Emilio Cavalieri (1600), un antecedente obvio, que no analizamos en esta ocasión para no desviarnos de nuestro tema principal.[9] Es importante notar que la unión de la música, poesía, aparato y alegoría —cosa desconocida en el misterio medieval— se realiza por primera vez en estas representaciones religiosas florentinas, y en estilo recitativo, "cantata al modo antico," el mismo estilo de canto que incorpora Calderón al auto.[10]

La presencia del estilo recitativo ha sido descubierta por algunos musicólogos —y veremos esto en detalle a continuación— en varios manuscritos musicales pertenecientes a los autos, las óperas o zarzuelas y también en algunos de los dramas o comedias. El uso de esta técnica parece ser más abundante en los nombrados primeramente —por lo menos los manuscritos musicales encontrados hasta ahora tienden a comprobar esto— que en las representaciones teatrales catalogadas modernamente como "comedias" o "dramas"; tenemos, sin embargo, algunos ejemplos interesantes pertenecientes a estos últimos.[11]

Como vemos, el recitativo es un común denominador en la obra sacra y en la de teatro, e importante en la teoría representativa de Calderón. Teniendo en cuenta este intercambio de técnicas teatrales y musicales entre el auto y la *comedia de teatro*, utilizaremos algunos ejemplos provenientes de los autos —en la medida que puedan esclarecer el propósito artístico de Calderón— pero manteniendo el énfasis de este estudio en su obra secular.

En la crítica de los musicólogos que se dedican a la obra calderoniana, vemos recientemente una nueva valoración del elemento recitativo. Jack Sage, que estudió con relación al auto el tópico de la música especulativa humanística de origen platónico en el siglo XVI y el reflejo de las controversias entre "música verdadera" o "armónica" (eco de la armonía divina) y la "música falsa" o "sensible" (o sea la música teatral, considerada por los neoplatónicos como "depravada"), rectifica parcialmente su posición para poder acomodar el fenómeno ya bien documentado de la gran producción de música teatral en el siglo XVII.[12] En su revisión de las teorías que afectan a la música teatral, reconoce la presencia en España de varios modos de representar, uno en el corral y otro en el palacio, y que en este último se prefería un modo "más refinado, melancólico y sentimental":

> Sobre todo, había un estilo de representar hablando o cantando que podría denominarse nacional, estilo que se caracterizaba de un dramatismo vehemente, apoyado en la exteriorización de vivos afectos interiores. Los comediantes solicitaban la "admiración" afectiva más que cerebral.

Se contradice un tanto —inhibido, creemos, por una precaución política debida a la hipersensibilidad hispánica en lo que cuenta a todo lo "nacional"— cuando seguidamente trae a colación otro estilo, también "nacional," pero esta vez italiano, que se emplea en el teatro palaciego:

> En la Italia de la época de Calderón había también un estilo teatral que podría denominarse nacional. Me refiero al *stile rappresentativo*, derivación del *stile recitativo*, siendo los dos estilos fundamentales en las óperas de la época, por ejemplo las de Monteverdi o de Cavalli. Es indiscutible que el estilo *recitativo* empezó a emplearse en el teatro palaciego en España a partir de 1652, cuando menos.[13]

Recordemos, con relación a esta fecha que nos proporciona Sage, los datos que fuimos acumulando en el primer capítulo: las festividades de Aranjuez, y la entrada de Cosimo Lotti a España. Evidentemente hay aquí una laguna de casi treinta años. El estilo de representar cantando se inauguró en España con *La gloria de Niquea*; aunque no tengamos el texto musical, la relación de la representación bien lo indica. No se trata, pues, de una "generación espontánea" de dos estilos nacionales.

Nosotros creemos —así lo muestran los datos históricos, textuales y musicales— que no sólo se trata de la implantación en España de técnicas teatrales aisladas de proveniencia italiana, sino de toda una revolución teatral que implica la adopción por parte de Calderón de una nueva manera de hacer teatro y de representar totalmente distinta a la de la comedia nueva. Mostraremos también que este nuevo estilo teatral comienza a manifestarse en el empleo del *recitativo* y el estilo *rappresentativo* en las comedias, dramas o dramas mitológicos, mucho antes que la fecha indicada tentativamente por Sage.

El texto musical es un documento invaluable para la reconstrucción de este estilo de recitar cantando, pero tenemos siempre que tener en cuenta que el estilo *rappresentativo* es un conjunto de texto poético, aparato y música, y que muchas veces, si se ha perdido uno de estos elementos, es posible deducir de la presencia de dos de ellos el tercero. Por ejemplo, el texto musical de *La púrpura de la rosa*, llamada "la primera ópera española," nunca se ha encontrado. Sabemos, sin temor a equivocarnos, que es una ópera porque Calderón dice en la loa:

> Por señas de que ha de ser
> toda música; que intenta
> introducir este estilo,
> porque otras naciones vean
> competidos sus primores...
>
> (I, 1765)[14]

De la misma manera alusiones al aparato o diseños de origen florentino, como los que se usaran en el *melodramma*, acompañado por acotaciones en el texto poético señalando "canto," "recitativo," o el conspicuo "se canta y se representa," nos advierten enseguida que se trata de la práctica del teatro musical italiano.

Con futuros descubrimientos de textos musicales, incluso podemos ver la necesidad de tener que reeditar muchas de las obras de Calderón para incluir, juntamente con el texto poético que ahora tenemos, las partes que iban cantadas con la partitura musical correspondiente. Queda todavía un enorme trabajo de ordenamiento e interpolación de muchos manuscritos musicales diseminados en varias bibliotecas.[15]

Tenemos que mantener presente que a veces carecemos de partes importantes en esta reconstrucción, ya sea la partitura musical, ya sea el aparato escénico, ya sea también un texto pertinente que se ha perdido o que se ha separado arbitrariamente del texto principal, como es el caso de las loas, ricas en material informativo.

Editores posteriores han adulterado los textos, suprimiendo partes cantadas, como en el caso de *La desdicha de la voz*, quizás por no coincidir con el gusto de la época. Ebersole, quien examinara el manuscrito autógrafo que posee la Biblioteca Nacional de Madrid, se encontró con que:

> En el manuscrito, de vez en cuando, falta parte de una página, casi siempre al margen, y en dos ocasiones encontramos unas hojas pegadas. Al leerlo la primera vez descubrimos que al final de la segunda jornada había dos páginas pegadas con algo escrito dentro, que no se había podido descubrir al empezar el estudio con la fotocopia. Al abrirlas al vapor los empleados de la Biblioteca Nacional, gracias a la intervención del buen Padre López de Toro, hallamos que lo que en ellas había era la canción de doña Beatriz, que canta ésta fuera del escenario al final de ese acto, la que le produce "la desdicha de la voz"; pero como esta canción estaba incluida en las ediciones impresas, aunque en distinto orden, nos pareció que, *como ella canta mientras los demás hablan, era difícil establecer dicho orden, ya que la canción no figura en la estructura de los versos*. (Enfasis mío)[16]

Efectos sonoros del *stile rappresentativo* 61

La exclusión de esta canción se debe, creo yo, a que dada la simultaneidad entre el canto y el habla de los personajes, careciendo de la partitura musical correspondiente, los editores posteriores, no sabiendo dónde ubicarla, ni qué fin tenía, —aunque la relación estructural con el título y tema salta a la vista— decidieron suprimirla por no saber qué hacer con ella en la representación. Valbuena reproduce el texto de la canción de Beatriz con la acotación "canta dentro." En el estribillo "Yo quiero bien; / mas no he de decir a quién," aparece ya enunciado el argumento de la obra. El arte de cantar de Beatriz se pondera con el nombre de "la sirena del Manzanares." El canto repite el motivo del paralelismo entre ver y oír, característica inevitable en todas las obras de Calderón; "el canto" equiparado con el "llanto" es otra constante que atribuímos a la práctica del recitativo, a su estilo todo "lamentos" y todo "lágrimas":

> Ya no les pienso pedir
> más lágrimas a mis ojos,
> porque dicen que no pueden
> llorar tanto y ver tan poco.
> (*La desdicha de la voz*, II, 951)

Los personajes que habitan el vasto mundo calderoniano de tragedias, dramas, comedias y autos tienen esto en común: se deshacen en lágrimas, se subliman en ecos, se lamentan y gritan convulsionados de dolor. Cantan también, con letra triste, aquello que las convenciones sociales, los tabúes, no les permiten pronunciar; o se convierten en personajes mitológicos, en la sirena que interpreta en su voz los tonos del lamento perenne. El grito es siempre el mismo, pasa de personaje a personaje. El canto de Pitonisa en *El cordero de Isaías* "¡Ay mísera de mí; ay infelice!" con acotación "Dentro cantando en tono triste, con cadencias de llanto," es el mismo lamento que profiere Segismundo en su monólogo de *La vida es sueño*, que sospechamos fue también cantado en estilo recitativo, como lo fueron más de cincuenta solos, cuya música tenemos ahora, y que en los textos no ha sido señalado como canto.[17]

Patricia J. Connor, musicóloga norteamericana que ha examinado varios de los textos musicales correspondientes a los autos y comedias de Calderón, puestas en música por Juan de Hidalgo, nota en varias oportunidades la discrepancia entre el texto musical y las indicaciones del *libretto*.

Long romance solos as for example, "Yo, bellísima Psíquis," [Valbuena Briones, *OC*, vol. III, 355] and "Y para que vean los Días" [ibid., p. 1845] were usually sung in the new recitative style of the 17th century. *This style is not specifically called for in the annotations accompanying these two solos*, but in many similar passages, Calderón clearly instructs: "cantando recitativo" (singing recitative), and even has players comment, in adjoining dialogue, on the new style of speaking. [Ibid., p. 902] (Enfasis mío)[18]

También, al comparar la música del primer acto de *Celos aún del aire matan*, representada en 1660, vemos que el manuscrito musical suplementa información que no da el texto.

The score contains only the voice and the continuo lines. The short measures of choral writing are all in a capella, with one exception. The two types of solo writing are presented either in *recitative style*, or in melodically organized strophic arias or short arioso sections.... *The texts do not follow a sequence, nor does Calderón's libretto indicate that they were to be sung together*. But musically speaking, the chorus lends unity to the whole act. Some of the protagonists have characteristic melodies, such as Céfalo's dotted rhythms and Aura's lyrical lament, and subsequent love theme. (Enfasis mío)[19]

Asimismo en el drama *Los tres afectos de amor*, impreso en 1660, la acotación de la jornada I, escena 1, dice simplemente: "Salen cantando Cloris, Laura y Nise, cada una por su puerta, su copla, vestidas en traje de monte, y después Rosarda, Infanta de Chipre." Cloris, indica el texto, "canta" los versos "Sobre el regazo de Venus...," y, en efecto, como lo indica la partitura, canta un solo (Connor, II, Novena Ms. 95). La parte en que las tres responden (en el texto "Las Tres - [Id.]," "Ya madre del ciego dios," etc.) corresponde al texto musical de un trío; la copla que se repite ("Sobre el regazo de Venus...") también aparece en el manuscrito musical como un trío, específicamente marcado "Cloris, Laura, Nise con acompañamiento de continuo" (Connor, II, 30). Otras partes cantadas de este drama son: "A la madre del amor," coro; "Quién, amor, sabrá decir," solo; "Pues que hay que dudar," duo, y el mismo estribillo repetido en coro; "Cuando amor de los sentidos," solo; "Si el dar vida es compasiva acción," solo; "La gala de Venus, ¡viva!," coro; y el final "¿Qué pretenden? Pues, ¿qué afectos son?," en coro. Este es un buen ejemplo de la alternancia de partes cantadas con partes habladas en un drama en tres actos. Detengámonos aquí un momento para ver el intercambio entre estas dos técnicas. En la jornada primera el trío introduce el estribillo característico:

> Ya, madre del ciego dios,
> me es tu favor importuno;
> que no es dicha para uno
> hermosura para dos.

Efectos sonoros del *stile rappresentativo*

Este estribillo lo repite seguidamente Rosarda, la Infanta de Chipre —y el compositor proveyó en la partitura musical un arreglo "a cuatro"— lo cual indicaría que se une al trío anterior. Terminado el estribillo, Rosarda prosigue sola:

> Callad, callad; que pensáis
> que dais alivio a mi pena,
> y es la voz de la sirena
> cualquiera que articuláis:
> cuyo encanto de horror lleno,
> herir y halagar procura,
> pues llama con la dulzura
> y mata con el veneno.
> Y más al oír, ¡ay Dios!,
> (porque no hallé alivio alguno)
> que no es dicha para uno
> hermosura para dos.
> Sin saber por qué ¡ay de mí!,
> oírlo siento, cuando estoy...
> Mas ¿qué digo?, ¿dónde voy?,
> que aquesto no es para aquí.
> Volved a cantar. Mas no,
> no cantéis....
>
> (I, 1185)

El estribillo "Que no es dicha para uno" lleva un mensaje que Rosarda recibe con dolor y quiere acallar; mensaje de doble filo como la voz de la sirena. Este estribillo es lo que causa la perturbación en la protagonista "al oír," expresado en la pena y dolor del "¡ay de mí!" "¡ay de mí!" "¡ay Dios!" No hay duda del *efecto* de la canción en el personaje que súbitamente se muestra confundido: "¿qué digo?, ¿dónde voy?" y la ambigua reacción "Volved a cantar...," "Mas no, no cantéis...." Canto, efecto del canto en el personaje, y reacción lastimera del mismo, fórmula calderoniana que veremos repetida *ad infinitum*. Y esto sólo para empezar, que allí no para la cadena de efectos auditivos. La queja de Rosarda la oye Seleuco quien permanece entre telones, "a la puerta," o sea, eclipsado a la vista de Rosarda quien prosigue en un monólogo parecido al tan conocido de Segismundo en *La vida es sueño*, donde revela haber sido abandonada por su padre por motivo de un horóscopo desfavorable. Seleuco expresa su dolor con un sinfín de quejas y de ayes, suponemos vocalizados con estilo trágico y lastimero, hasta decidir, en un rapto de dolor, arrojarse al mar, en un gesto prerománticamente suicida. Si en la cadena de efectos románticos este sería el momento culminante de desesperación y por ende el fin de la tragedia, en el Barroco los efectos sonoros se siguen repitiendo. Seleuco, que permanecía escondido, *oye* la queja de su hija y sale atormentado, dolorido, a confesar su culpa, con palabras balbucientes, con los labios temblando:

> ...Al pronunciarlo, el labio
> se turba, el aliento falta,
> balbuciente titubea
> la lengua, y perdida el habla
> el corazón en el pecho
> despavorido se arranca.

Seleuco habla de un horóscopo donde la hermosura de Rosarda podía causarle peligro de muerte:

> Hallé, digo, que teniendo
> en tu horóscopo contraria
> influencia tu hermosura,
> peligro te amenazaba....

(I, 1187-88)

Y aquí vemos como el estribillo inicial cantado en trío ("Ya, madre del ciego dios," Venus en el horóscopo de Rosarda, a quien se atribuye su hermosura) está temáticamente relacionado con esta protagonista ("y retrógrado en la casa / de Venus, Saturno, con / malévolo aspecto" [I, 1187], según había explicado Seleuco) y su belleza superlativa que le ocasiona tantas desdichas ("me es tu favor importuno," refiriéndose a Venus, en astrología el planeta asociado con la belleza y el erotismo femenino), revelándose así el significado enigmático del canto ("que no es dicha para uno / hermosura para dos").

Este ejemplo nos muestra la íntima relación que hay en los dramas, mejor dicho tragedias, calderonianas entre el canto, en su utilización escénica en coros, tríos y cuartetos, y los efectos de la música en los personajes, su reacción atormentada, trágica, realizada en *voces acordes* a la pasión expresada, lo que el personaje *oye* y *dice* cuando sabe que oyen los demás o sin saber que alguien escucha. Esta alternancia entre canto, llanto, grito, voces, coros alegres y tristes, voces temblorosas y culpables, graciosos que toman ruidos y voces con sorna, todo esto y mucho más, forma, conforma, y estructura fónicamente el teatro calderoniano. El gracioso calderoniano siempre parodia estos mismos efectos sonoros, permitiéndole al dramaturgo poner una distancia metateatral entre lo que pasa en escena y los efectos sonoros que su teatro utiliza tan profusamente. Una de las instancias más cómicas de este uso se encuentra en *La vida es sueño* donde Clarín —voz clara y sonora— y Rosaura escuchan escondidos las superlativas quejas de Segismundo, quien se percata, al fin del

Efectos sonoros del *stile rappresentativo*

monólogo, de que lo están escuchando. Segismundo, en este momento cargado de efectos barrocos trágicos, se siente *expuesto* por haber expresado en *su voz* su angustia íntima, y reacciona con una violencia propia del héroe barroco —sensible hasta la paranoia en lo que cuenta a las voces— amenazando de muerte a Rosaura:

>Segismundo.   Sólo porque me has oído,
>entre mis membrudos brazos
>te tengo de hacer pedazos.

Y el escape cómico de Clarín:

>Yo soy sordo, y no he podido
>escucharte.
>   (*La vida es sueño*, I, 503)

Pero como buen gracioso calderoniano ni es sordo ni es mudo. Es más bien la indiscreción personificada. De allí su nombre: Clarín. Esta relación entre el instrumento musical y su nombre se recalca en una parodia del monólogo de Segismundo:

>Clarín.   En una encantada torre,
>por lo que sé, vivo preso.
>¿Qué me harán por lo que ignoro
>si por lo que sé me han muerto?
>¡Que un hombre con tanta hambre
>viniese a morir viviendo!
>Lástima tengo de mí.
>Todos dirán: "Bien lo creo";
>y bien se puede creer,
>pues para mí este silencio
>no conforma con el nombre
>Clarín, y callar no puedo.
>   (I, 522)

Calderón juega también con el significado de este nombre tan sonoro, introduciendo a Clarín a escena con el sonido real del instrumento homónimo. Véase la acotación en el tercer acto, "Dentro un clarín." Y, también, Clarín "canta" un estribillo demostrando su virtuosismo vocal en una "queja parodiada" que dirige a Clotaldo:

>............................
>estoy yo muriendo de hambre
>y nadie de mí se acuerda,
>sin mirar que soy Clarín,

> y que si el tal Clarín suena,
> podrá decir cuanto pasa
> al Rey, a Astolfo y Estrella;
> porque Clarín y criado
> son dos cosas que se llevan
> con el secreto muy mal;
> y podrá ser, si me deja
> el silencio de su mano,
> se cante por mí esta letra:
> Clarín que rompe el albor,
> no suena mejor.
>
> (I, 512)

Los efectos vocales y los visuales, entrelazados, abundan en *Darlo todo y no dar nada*, publicada en 1657. Esta comedia, clasificada como "filosófica," así como *La vida es sueño* —y ambas están lejos de serlo— está basada en la famosa anécdota entre Apeles y Alejandro, quien cede al pintor su favorita, Campaspe. Es de tema pictórico, pero al mismo tiempo está elaborada con efectos sonoros y musicales. La simpatía barroca por la relación entre las artes —pintura, poesía y música— se revela excepcionalmente en esta obra donde Calderón va a integrar sonidos, voces, tonos vocales con pintura y tonos de color. Apeles —y se trata de un Apeles barroco, que no clásico— sumamente sensible a todo ruido y tono (ya sea vocal o pictórico), señala esta afinidad de las artes que venimos señalando como propias del teatro. El sonido de una cadena —y el personaje barroco está siempre atento a todo ruido o voz— inicia la comparación:

> No es novedad en su esquivo
> hado *cantar* el cautivo
> con *el son de la cadena.*
> *Oye;* que la simpatía
> tras si arrastrarme procura,
> que tienen con *la pintura*
> *la música* y *la poesía.*
>
> (I, 1029)

En el segundo acto vemos como Calderón, siguiendo la fórmula enunciada por su personaje, va a realizar en una maravillosa escena la unión del texto poético con los efectos provenientes de las otras dos artes. Veamos este ejemplo de extraordinario virtuosismo barroco. Es la escena donde Apeles se dispone a pintar el retrato de Campaspe de quien está enamorado sin que ella lo sepa, obedeciendo el pedido de Alejandro, su protector. Prepara su paleta y colores y comienza el retrato:

Efectos sonoros del *stile rappresentativo*   67

> Apeles. Pues solo he quedado, atiende:
> que cumpliendo de pintor
> y de crïado las leyes,
> pintaré al olio tus gracias
> y mis desgracias al temple.

Acto seguido la Música comienza —en canto— a retratar también a Campaspe:

> *(Dentro.)* Música.
> Condición y retrato
> teman de Irene;
> que ha de dar muerte a todos
> si le parece.

Este estribillo, que alude a la condición pacífica de la modelo —Irene es la diosa de la paz— se va a repetir al acabar el retrato; indica el principio y el fin del retrato, como un marco. En la estancia siguiente, Apeles habla en tono triste y pinta:

> Apeles. [*Pintando.*]
> Hermosísima deidad,
> que árbitro absoluto eres
> de mi muerte y de mi vida,
> ¿cómo dices que no entiendes
> mi dolor, si mi dolor
> hablando tan claramente
> está en mis mismas acciones,
> cuando hay poder que me fuerce
> a que le lleve tu imagen,
> porque en tu imagen le lleve
> el ídolo de su amor,
> en cuyas aras...?

Campaspe siente el dolor que le causa a Apeles pintar el retrato que irá a manos de su rival en *el tono de la voz,* tono dolorido que se expresaría vehementemente en la representación:

> Campaspe.   Suspende
> la voz; que te entiendo menos
> cuando tu dolor parece
> que se explica más. ¿Qué imagen,
> qué ídolo, que amor es ese?

Y aquí comienza el retrato musical de Campaspe:

(Dentro.) Música.
>Cuando libre el cabello
>no le obedece,
>como a un negro le trata,
>pues que le prende.

(I, 1049)

Esta seguidilla nos muestra, en un instante —pintura en movimiento— el gesto femenino de prenderse el cabello, *negro* como un esclavo. Notas musicales se mezclan con colores. El retrato se realiza en escena doblemente. Apeles, paleta en mano como Velázquez en *Las Meninas*, se muestra visualmente, teatralmente a sí mismo, en el acto de pintar. Pero el retrato que él pinta está siendo *paralelamente* pintado por la Música, en perfecta sincronización. Es más, el retrato al óleo permanece todavía velado a los ojos de los espectadores porque —como en el caso de *Las Meninas*— muestra solo el revés de la tela mientras Apeles prosigue con el retrato; la Música y la Poesía lo preanuncian. La próxima seguidilla pinta otro rasgo, la piel, *blanca* como la nieve:

(Dentro.) Música.
>Quien se abrasa, y no sabe
>dónde hallar nieve,
>sepa dónde ella vive
>que allí está enfrente.

(I, 1049)

Ya está delineada la bella figura blanca de Campaspe, musicalmente. Apeles sigue pintando. La Música prosigue con sus tonos músico-pictóricos esbozando el retrato invisible entre telones:

(Dentro.) Música.
>Arcos son sus dos cejas
>triunfales siempre,
>pues celebran las ruinas
>de los que vencen.

Esta cuarta estrofa de las ocho seguidillas que componen el retrato centra su atención en las cejas, que aparecen, como en la pintura moderna, fragmentadas, aisladas de los demás rasgos, separadas, delineadas con dos firmes arcos, arquitectónicos éstos más que lineales, como los de las ruinas romanas. Aquí vienen los ojos:

(Dentro.) Música.
>Son sus ojos preciados

> tan de valiente,
> que al mirarlos, entre ojos
> traigo la muerte.
>
> (I, 1050)

Los ojos, centro de mayor interés en el retrato barroco, vivaces, resaltantes, que van a la búsqueda de los ojos del observador que a la vez resulta observado, matan aquí, musicalmente, a su observador valiente. Si concebimos cada estancia cantada, cada seguidilla, como un panel pictórico recedente, llevando a sus últimas consecuencias la analogía pintura/música, nos encontramos que en los dos del medio, el cuarto y el quinto —son ocho en total— están los ojos y las cejas, justo en el centro pictórico del cuadro musical. Perfecta sincronización entre las dos artes, otra pauta de la manera de componer de Calderón. La estancia que sigue pinta, sonoramente, otro rasgo: las mejillas, esquematizadas en dos colores:

> (*Dentro.*) Música.
> Un pleito a sus mejillas
> mayo y diciembre
> ponen, porque les hurta
> púrpura y nieve.
>
> (I, 1050)

Esta pintura de Campaspe no es rígida, estática, como la del óleo, es una pintura en movimiento, una pintura temporal, como el arte de la música. Este sonrojarse de la modelo corresponde al diálogo anterior donde Apeles le declara su amor, que la música repite como en una foto instantánea. Vemos, en este momento, en esta seguidilla, un gesto, el rubor de Campaspe, mejor dicho lo recibimos fónicamente en la escena de canto. Pero, al mismo tiempo, tenemos *otro sonrojo*, el histriónico, la reacción de la protagonista en la escena, que a su vez Apeles recibe como signo real de la turbación de Campaspe. A este sonrojo se le suma otro: el que está retratando Apeles en su tela, plásticamente, espacialmente con el arte de la pintura. Tenemos aquí, en un instante, la confluencia de todas las artes, música, pintura, poesía, que se socorren unas a otras, que se suplementan y enriquecen con el intercambio de técnicas para producir un gesto solo —teatro puro: el rubor hiperbólico de Campaspe. En esto consiste el teatro barroco, en el intercambio y superimposición de técnicas provenientes de varias artes para repetir *lo mismo*.

En la próxima estancia, último panel del retrato musical de Campaspe, se añade otro rasgo a su rostro y vemos/oímos el color de labios y dientes, sustituidos, en una *figura* poética, la metonimia, en claveles y jazmines.

> *(Dentro.)* Música.
>> Si se enoja, y sus labios
>> rigores vierten,
>> allá van los jazmines
>> con los claveles.
>
> (I, 1050)

Con esta estrofa se acaba el retrato musical de Campaspe, y *al mismo tiempo*, Apeles acaba la versión pictórica del mismo retrato. Otra vez la coincidencia y desdoblamiento de las artes en una escena intensamente teatral. Campaspe se enfrenta con la tela que reproduce su rostro:

> Campaspe. ¡Qué es lo que miro! ¿Es por dicha
>> lienzo o cristal transparente
>> el que me pones delante?
>> que mí semblante me ofrece
>> tan vivo, que aun en estar
>> mudo también me parece;
>> pues al mirarle, la voz
>> en el labio se suspende
>> tanto, que aun el corazón
>> no sabe cómo la aliente.
>> ¿Soy yo aquella, o soy yo, yo?
>> Torpe la lengua enmudece....
>
> (I, 1050)

La pintura es el arte mudo; la música el arte sonoro. Pero en el teatro barroco las pinturas hablan y la música pinta. El retrato es el signo por el cual Apeles comunica a Campaspe su amor, en calladas palabras. Ella a su vez responde con la turbación de su voz: "Torpe la lengua enmudece...." El mensaje se ha completado, Campaspe sabe que Apeles está enamorado de ella porque recibe el mensaje —el signo específico— de cada una de las artes: palabra triste, recitativo, canto, poesía y pintura.

Hay otro tipo de relaciones además del interartístico, el de la cadena de efectos propios de cada arte. El aspecto sonoro de esta escena parte de *un sonido*, la percusión de la cadena que alerta a Apeles en el primer acto a *oír*, y a ver la interrelación entre las tres artes; cadena que se prolonga en toda la serie de sonidos o negación de éstos: voces, canto, mensaje mudo. De la misma manera, y en correspondencia, hay otra serie de imágenes pictóricas que se van desdoblando: la pintura en la música, con sus *tonos* específicos; la poesía con sus *figuras*; la tela con su imagen aparencial y por fin la re-presentación histriónica de la Campaspe clásica, en su fingimiento *teatral*. Todos los signos convergen para formar la escena teatral, cada arte contribuye el suyo. Pero lo más importante es que cada uno se transforma al recibir formas y esquemas que son propios de la pintura. Esta comunión entre la pintura y las otras artes, a las que influye hasta la médula de sus estructuras básicas, es explorada en el tercer capítulo. Baste decir aquí que el teatro barroco de Calderón descansa en esta estética de intercambio entre las artes, estética diametralmente opuesta a la "imaginativa" del Renacimiento, y que su música, lejos ya de los "sones dulces y acordados" de la polifonía platónica de Fray Luis y de Francisco Salinas, y de las "voces armoniosas" de Lope, es la expresiva, sensorial, resonante, llena de efectos de *teatro*: palabra que encierra en sí, en el Barroco, al arte visual y musical. Este retrato de Campaspe, un retrato musical, en paneles/estrofas y en tonos musicales y pictórico-poéticos, muestra las exquisitas posibilidades creadoras del arte barroco, y lo que puede lograr un artista como Calderón al unificar la música, la palabra, el texto poético y la pintura en la acción teatral. Las tres artes cooperan —a pesar de sus diferencias básicas, en simpatía— la música con sus notas y canto, arte temporal; la poesía, con sus metáforas y metonimias, arte también temporal; y la pintura con sus tonos, figuras, telas aparenciales y perspectivas. Este intercambio entre las artes, y la superabundancia de efectos que crea, es lo que el siglo XVIII condenará por excesivo, retornando puritánicamente a cada musa a su lugar propio y deshaciendo, de paso, la teatralidad barroca. Sin embargo, esta simpatía entre artes tan disimilares es lo que más atrajo al artista barroco, un fenómeno único y distintivo de esta época, nunca logrado hasta entonces. Lessing no lo entendió y razonó siempre en contra de esta transgresión genérica:

> ...si es verdad que la pintura se vale para sus imitaciones de medios o signos del todo diferentes que los de la poesía, puesto que los suyos son formas y colores cuyo dominio es el espacio, y los de la poesía sonidos articulados cuyo dominio es el tiempo; si es indiscutible que los signos deben tener con el objeto la relación conveniente con el significado, es evidente que los signos dispuestos unos al lado de otros en el espacio no pueden sino representar objetos o sus partes que existen unos al lado de otros; y asimismo que los signos que se suceden en el tiempo no pueden expresar sino objetos sucesivos u objetos de partes sucesivas.[20]

Cada género tiene, en efecto, los privilegios que le son propios. La poesía, a igual que la música, opera con signos sucesivos, temporalmente. La pintura, razonaba Lessing, es un arte cuyos signos representa a los cuerpos espacialmente. Pero en el teatro, y hablamos ya del teatro poscameratista, encontramos que por primera vez en la historia de estas artes, los tres signos coinciden y *se modifican los unos a los otros*. El teatro —recordemos la advertencia de Dámaso Alonso— es un arte fónico y espacial a la vez y afecta a los dos sentidos simultáneamente. Este es uno de los problemas con que se enfrentara la *camerata* florentina al poner en escena el texto poético acompañado de música y de pinturas. El texto poético tenía que coincidir, en la experiencia, *en su sonoridad,* con la música; de allí la silabificación de la música recitativa, y de allí la adopción de la voz sola y el consiguiente abandono de la polifonía neoplatónica, para que se escucharan claramente los conceptos poéticos. Jacopo Corsi encontró, precisamente, este justo medio "...che la musica non solamente non impedisse l'intender le parole, ma giovasse ad esprimere maggiormente e più vivamente il senso e il concetto loro."[21] A partir de *La Dafne* podemos decir que la poesía va a transmitir a la música sus conceptos, ya que ésta subraya y recalca con sus efectos el mensaje poético y se hace expresiva. La música recitativa no es música que se intercala en el texto poético, en ciertos pasajes "musicales." Es un estilo vocal-poético e interpreta los conceptos que son propios de la poesía. El *recitativo* es música conceptual, al servicio de la poesía. Veamos cómo la poesía va tomando los efectos sonoros de la música y ésta a su vez, ayuda a transmitir los conceptos poéticos, sincronizando con las palabras los efectos musicales y vocales:

> ...col moderare e crescere la voce forte o piano, assottigliandola o ingrossandola, che secondo che veniva a' tagli, ora con strascinarla, ora smezzarla con l'accompagnamento d'un soave interotto sospiro, ora tirando passaggi lunghi, ora con brevi, et or con passaggi soavi e cantati piano, dalli quali tal volta all'improvviso si sentiva echi rispondere, e principalmente con azione del viso, e dei sguardi e de'gesti che accompagnavano appropiatamente la musica e li concetti, e sopra tutto senza moto della persona e della bocca e delle mani sconcioso, che no fusse indirizzato al fine per il quale si cantava, e con far spiccar bene le parole in guisa tale che si sentisse anche l'ultima sillaba di ciascuna parola, la quale dalli passaggi et altri ornamenti non fusse interrotta o soppressa....[22]

Los textos poéticos se habían acortado, las partes descriptivas resultaban redundantes con la expresión viva, fónica, que la música y vocalización hacían evidente. Cada palabra se escogía por su valor *fónico,* si se prestaba o no a expresarse en voces. La modulación de la palabra poética y no su literalidad es lo que interesa; los efectos sonoros, ecos, suspiros, la voz alta o suave, las posibilidades de canto, eso es lo que el músico busca en la poesía, aunque —y esto es lo más importante— no se olvida que los conceptos propios de la poesía deben percibirse claramente. La música no es, como solía ocurrir con la polifonía renacentista, un mero ornamento, sino parte de la estructura significativa del poema. La música y la poesía se dan la mano, el poema se convierte, como veremos en el

Efectos sonoros del *stile rappresentativo*

Polifemo de Góngora, en un fonopoema conceptual: la fonía añade significados, por encima, por debajo y entre palabras; las largas descripciones resultan superfluas. La "fabula," el habla poética, se hace "canto," "rimas sonoras."[23]

Esto es posible porque los compositores, por primera vez en la historia de la música, durante este período que ahora denominamos barroco, toman conciencia de las convenciones de ese arte: los tonos, las voces, las consonancias, las disonancias, las notas, las modulaciones y estilos de canto. Esto descubrieron los humanistas italianos con sus investigaciones de la música griega, especialmente Vincenzo Galilei en su *Dialogo*, que luego aplican los cameratistas a la música moderna. Jusepe Antonio González de Salas, que había visto este libro, transmite sus ideas a España en 1633, aplicando la teoría musical moderna en su *Nueva idea de la tragedia antigua*, donde como su título lo anuncia, la *Poética* de Aristóteles se renueva.[24] Curiosamente, añade un Suplemento —para dar cabida a los nuevos descubrimientos de proveniencia italiana— que van a alterar considerablemente la poética del siglo XVII. Justifica, cándidamente, la adición de esta manera: "Con Supplemento de las dos partes, que el Philosopho dexó, la Música, i el Apparato." Pero, lo que realmente va a incorporar a la poética antigua —amparándose en el prestigio del reverenciado maestro— son las innovaciones del teatro musical italiano, ya que, como sabemos, ni la música griega ni el aparato llegaron a tiempos modernos.

La música moderna, razona Salas, corresponde a la parte quinta de la tragedia que Aristóteles señalara como "los accesorios que deleitan," o sea, el ritmo, armonía o canción superpuesta al texto trágico. De cómo los toscanos llegaron por prueba y experimento a reconstruir este canto trágico ya hemos hablado. Lo que queremos hacer recalcar ahora es que tanto para los cameratistas como para Salas esta modulación de la voz que se añade al texto es "un son conceptuoso," o sea un *conceptismo vocal* —lo que los italianos llamaron "effetti." La modulación de cada una de las voces, o *Modos* de canto, según la costumbre griega, tiene una propiedad o cualidad que *significa* de por sí; incluso estas significaciones de los *Modos* se hacen cada vez más ricas y variadas en interpretaciones posteriores:

> Al *Lydio*, que Appuleio hace *lastimoso*, Luciano *turbulento*; Al *Phrygio*, que aquel hace *devoto*, este le hace *furioso*; Al *Dorico*, que el uno *belicoso*, el otro *grave*; I al *Iasio*, o *Ionico*, para uno es *vario*, i *suave* para otro. *Sus effectos significaban assi*. (Enfasis último mío)[25]

Pero, advierte Salas, la voz humana no es exclusivamente suave, modulada, o significativa por sus notas musicales, por su sonido, sino también por su contenido, por sus conceptos.

...siendo la voz del hombre mas suave, que otra alguna; quando canta sin palabras, que hagan sentido, no es suave, como se ve en los que Teretizan, *que es lo mismo que si dixera, en los que Solfean. Pues entonces es mas suave la voz de una Flauta, o de una Lyra?* Verdad que de la experiencia ninguno ignora, pues quien no se ha deleitado mas con las variedades de un instrumento, que con el desapacible i repetido canto de aquellas sylabas, Sol, Re, Mi, &c. que ningun sentido contienen? I assi es una de las caussas; que propone de este effecto el Philosopho, *El juzgar la voz de el hombre mas suave, no tanto por si propia; como por los conceptos, que con ella se significan.* (Enfasis de Salas)[26]

He aquí una extraña coincidencia que no había de pasar inadvertida ni a los músicos ni a los poetas: la música y modulación de voces significan, crean un modo, es decir, aportan unos significantes claros e inteligibles con el tono del canto y la modalidad de la voz que significan de por sí, y por lo tanto, el intérprete, en su mente, recibe nuevos conceptos, es decir, concibe ideas precisas acerca del significado del mensaje. Esta feliz coincidencia entre la poesía y la articulación que le añade la voz humana, presenta para el artista barroco toda una gama de efectos y significaciones conceptuales, coincidencias fortuitas que explora demostrando su agudeza. El signo vocal y musical, signo sensible, tiene vida propia en el teatro, transmite ideas inteligibles. La noción de concepto es, en la poética del Barroco, mucho más compleja que la simple que enunciara Saussure con respecto al signo lingüístico. La imagen acústica está ligada al concepto de una manera arbitraria para Saussure, y esto sucede en la lengua escrita. En el teatro y en la lengua hablada hay convenciones fijas que enriquecen esta relación: las modulaciones, los tonos, incluso el silencio, o el mutis que se crea en escena y que añade o sustrae significados, y los puede cambiar totalmente. El teatro también exhibe conceptos visuales, lo que la poética barroca califica de "metáforas representativas," que, también por convenciones, transmiten sus mensajes calladamente. Emmanuele Tesauro en *Il cannocchiale aristotelico* explora posibilidades entre el significante y significado en emblemas, en estatuaria, en el monólogo interior, en el aparato escénico, en el vestido, en el lenguaje poético —diferenciado éste del vocabulario normal— que superan por años luces, a la pobre relación saussuriana. Para Tesauro —y con él habla el gusto del hombre barroco y su ingenio— en el teatro, hasta una piedra habla. Todas estas vertientes de conceptos y significados, tan intensamente explorados durante el Barroco, han sido ignoradas hasta muy reciente con la aparición de la semiótica. Tesauro ha hecho la clasificación más amplia de conceptos, metáforas, significados y signos que pueda imaginar un semiólogo moderno —¡en 1655! De alguna manera —y sospechamos que fue a causa de las polémicas contra la pluralidad del signo teatral en el siglo XVIII— estos significados tan variados dejaron de

Efectos sonoros del *stile rappresentativo* 75

tener valor por más de dos siglos. Tesauro es sin duda uno de los primeros observadores de signos sensibles. Veamos a continuación un trozo de una de sus tantas clasificaciones:

> L'Intelletto humano inguisa di purissimo specchio, sempre l'istesso & sempre vario; esprime in se stesso, le imagini degli Obietti, che dinanzi à lui se presentano: & queste sono i Pensieri. Quinci, sicome il discorso mentale, altro non è che un'ordinato contesto di queste Imagini interiori: così il discorso esteriore altro non è, che un'ordine di *Segni* sensibili, copiati dalle Imagini mentali, come Tipi dall'Archetipo. Ma di questi Segni esteriori, altri son *Parlanti*, altri *Mutoli*, & altri *Compositi* di muta facondia, & di facondo silentio. Segni PARLANTI son quegli iquali, ò con *Vocali*, ò con *iscritte parole* espongono alla luce il concepito pensiero. Segni MUTI sono le Imagini delle Parole: altri espressi col Movimento, quai sono i Cenni: & altri con alcuna imitatione artifitiosa degli Obietti medesimi, come le *Figure pinte*, ò *scolpite*. Finalmente de'Concetti Mentali, e Parlanti, e Mutoli, altre forme di Significationi si vanno ogni dì fabricando dalla industria humana, che quì chiamiamo COMPOSITI... Insomma, tanta è la fecondità del facondo ingegno; che del silentio medesimo si serve per favellare....[27]

Esta comprensión que el poeta barroco tenía de la amplitud y significación de "signos" paralingüísticos es lo que hace tan rica la poesía y el teatro barroco. Recordemos lo dicho por Tesauro, los distintos idiomas, callados, sonoros, mentales que utilizan el poeta y el dramaturgo barroco. Entonces escucharemos los conceptos contenidos detrás de "el mentido retórico silencio que no entiende" de Góngora y quizás encontraremos más arte, más significados en sus "rimas sonoras." Interpretaremos mejor también la "retórica del silencio" del teatro de Calderón:

> Estela. ....
> Harto el silencio con callar responde,
> harto dice la lengua a veces muda;
> pues si el concepto, que en el alma esconde,
> no es posible que igual al labio acuda,
> calla quien ama a extremos semejantes;
> que el silencio es retórica de amantes.
> (*Lances de amor y fortuna* [ca. 1625], II, 184)

El silencio, en la representación teatral, es un *concepto mudo*. La aparición de emblemas en escena tiene el mismo valor, se trata de conceptos pictóricos mudos —o sea que no hablan en tanto que no sean *vistos*: al verse, por supuesto, se prestan a distintas interpretaciones, agudas unas, tontas otras.

[Rugero trae un escudo en el que están pintadas cuatro eses (S.S.S.S.); y en el rostro una banda.]

> Rugero. Guarda, Alejo, ese escudo,
> para que su *concepto quede mudo*,
> donde nadie le vea,
> y por sus señas conocido sea.
>
> (*Lances de amor y fortuna*, II, 188)

En el emblema la relación significado/significante es más que arbitraria, es polivalente: da oportunidad a un juego de interpretación en escena donde cada personaje luce o desluce su ingenio:

> Lotario. (¡Vive Dios que estoy confuso!
> Mas no son precisas leyes
> de las enigmas y cifras,
> decir una cosa siempre.
> Campo abierto es el ingenio;
> decir varias cosas pueden
> cuatro eses. Pues ¿qué dudo?
> todo el ingenio lo vence.)[28]
>
> (*Lances de amor y fortuna*, II, 192)

En *Il cannocchiale* están depositadas todas las variaciones conceptuales de la poética barroca; es realmente un recetario completo de los diversos conceptos que crea nuestro dramaturgo décadas antes. De especial importancia para el esclarecimiento del intercambio entre *conceptos vocales, o musicales* y *conceptos pictóricos* —fórmula barroca vastamente explorada por Calderón— es este pasaje:

> L'ARGUTIA VOCALE è una sensibile Imagine dell'Archetipa: godendo ancora *l'orecchio le sue pitture, che hanno il suono per colori, & per penello la lingua*. Ma Imagine abozzata più tosto che finita; dove l'ingegno intende, più che la lingua non parla, & il concetto supplisce dove manca la voce. Et per contrario, ne'Detti troppo chiari l'Argutia perde il suo lume; sicome le Stelle nella oscurità lampeggiano, si sinorzano con la luce. Et di quì nasce il doppio godimento di chi forma un concetto arguto, & di chi l'ode.... Sotto questo genere adùnque si comprendono primieramente tutte le Argutezze, che con *la voce articolata* si vanno mescendo nelle continuate Orationi, nelle recitationi teatrali, & ne'privati colloquij: ne' quali molti simbolici Detti sogliono udirsi, che così facilmente *si pingerebbono, come si parlano*. (Enfasis mío)[29]

En la recitación teatral el concepto se expresa por una "argucia vocal," los conceptos crecen y se multiplican. Los significados, sofismas falsos, son los que provienen de una coincidencia, "un doble goce" que experimenta el espectador/oyente, entre los medios expresivos de dos artes, la pintura y la recitación teatral. El oído *escucha pinturas* que la lengua/pincel pinta. Los *colores* se expresan por *sonidos*.

¿Cómo es posible esto? Es posible porque el pintor y el compositor barroco descubren, por primera vez, las convenciones y efectos que rigen tanto en la pintura como en la música. Es más, los sistemas que son inherentes al arte pictórico se transfieren a la música. Se entienden no solamente las estructuras y conformación exclusiva de cada una de las artes sino que muchos de sus efectos pueden ser *intercambiables*. En esta nueva posibilidad de interrelación entre las artes, con el predominio de la pintura, descansa toda la estética barroca. La música adoptará prontamente y sin prejuicio conceptos que son propios de la pintura, como "tono," "figuras," "profundidad," "coloratura." Aún más, adoptará la estructuración perspectivista que se evidencia en el arte pictórico del *cinquecento*. Esto es evidente comparando la organización *tonal* —palabra ambivalente en la estética barroca— de la música que sigue en su organización las líneas de la perspectiva:

> The establishment of tonality as the basis for musical organization sets the baroque music off in complete contrast to that of the Renaissance in which the intervalic hormony was dictated by the use of modes. *The idea of harmonic depth is as clearly developed in music as plastic perspective in painting.* (Énfasis mío) [30]

En el teatro de Calderón los "tonos" son vocales y expresivos, como veremos en el próximo ejemplo, pero también se equiparan a los de la pintura. Primeramente veamos los tonos vocales y la modulación de voces, que reflejan la estética cameratista. Ilustramos este punto con una escisión del tercer acto de *Darlo todo y no dar nada*, donde aparecen una serie de efectos vocales:

> Apeles. *Con tristeza.*
>   Si verdad digo,
>   a decir mis sentimientos....
> Alejandro.   No te he entendido.
> Apeles. *Suspira.*
>   Es que saben escucharlos,
>   y es que no saben decirlos. *Suspirando.*

Alejandro le urge a que hable y declare la causa de su pesar; Apeles le contesta:

> Apeles.   No, señor; que fuera alivio,
>   y yo estoy tan bien hallado

con ellos, y ellos conmigo,   *Llorando.*
que ellos y yo no queremos
partir con nadie el sentirlos.

....

Alejandro.   Descansa, Apeles, conmigo.
¿Qué tienes?
Apeles. [*Suspirando.*]
No sé qué tengo.

....

Alejandro.   ¿Necesitas algo?
Apeles. *(Con algún despecho.)*
Solo
de mi muerte necesito.

....

Alejandro.   ¿Pues a mí no te fiaras,
sabiendo lo que te estimo?
Apeles.   ¿A quién pudiera mejor?
Pero humilde te suplico
no conjures mi silencio;   *Con turbación.*
que es mi mal tan exquisito,
tan intratable mi pena,
   Con ansia de no poder hablar.
tan sin uso mi martirio,
que embargando el corazón
acá dentro los suspiros
aunque decirlo quisiera
no puedo.

....

   Cobrándose algo.
Fuera de que si adelanto
el tormento con que vivo,
aunque pudiera decirle,
no lo dijera, si miro   *Con despecho.*
que fuera avivar la llama...
Diógenes. [*Aparte, a Alejandro.*]
Todo esto parece hechizo.
Apeles.   ...al incendio de que muero;
si viera...   *A voces.*
Diógenes.   Ya esto es delirio.
Apeles.   ...que nadie piadoso hacía
tan grande crueldad conmigo,
como quitarme el dolor.   *Con ira.*
Diógenes. [*Aparte, a Alejandro.*]
Ya esto es rabia.
Apeles.   Pues le admito
como conveniente, tanto   *Con inquietud.*
que a faltarme él, imagino...

Efectos sonoros del *stile rappresentativo* 79

Diógenes. [*Aparte, a Alejandro.*]
Ya esto es desesperación.

Y más adelante, cuando Alejandro le pregunta si el amor es la causa de su desesperación, la voz de Apeles se transforma:

Apeles. Y así, esta vez y otras mil
humilde, señor, te pido   *Con terneza.*
no apures mis sentimientos;
porque el mal que lloro y gimo
no tiene definición.
....
(*Canta dentro.*) Una Voz.
Solo el silencio testigo
ha de ser de mi tormento.

Apeles explica el significado del estribillo cantado anónimamente y canta él también uniéndose a una segunda voz, en dúo:

El y Otra Voz, *que canta dentro.*
Aun no cabe lo que siento
en todo lo que no digo.
(Enfasis no es mío; I, 1053-54)

Tonos que expresan sentimientos diversos, despecho, turbación, ansiedad, suspiros, ira, gritos, tristeza, lloros, terneza. Todas las variedades vocales expresivas de la voz humana, y, por fin la voz más artísticamente expresiva, el canto. Esto es lo que Calderón añade al texto poético, los valores fónicos estructurados en el diálogo dramático, en la acción, y expresados sonoramente en la realización.[31] No sólo lo logra sino que también hace alardeos de su virtuosismo barroco. Al finalizar esta escena Diógenes vuelve a reafirmar sus sospechas y le dice a Alejandro: "este hombre está enamorado," a lo que contrapunta Apeles con ironía: "No disuenan los indicios,"[32] subrayando una vez más la sonoridad del texto y los signos vocales que revelaron la causa de su sentir, sin haberlo *relatado* él. Los efectos vocales hablan de por sí y son inteligibles como el concepto más claro, porque la voz humana, en sus variaciones de tono, también es un signo conceptual. Estamos aquí delante de uno de los descubrimientos más trascendentales para la historia del teatro y de la poesía. La relación significante (o sonido exterior de las voces) y significado (o sentido que contienen) se altera; el significante vive y opera por sí sólo, como un metalenguaje fónico, desprendido de su función con el significado —atadura inescapable en la palabra escrita— y va creando significados extratextuales, efectos fónicos, musicales, que generan, en otro nivel, otros significados. Todos los artistas barrocos capitalizaron en esta nueva relación sonora que se añade al texto, Góngora mejor que ningún otro en el verso lírico, donde oimos que suenan consonantes y vocales.

Sigamos hablando, por el momento, de esa extraña comunión que existe entre los tonos —por naturaleza anfibológicos para el artista barroco— musicales sí, pero de ascendencia pictórica. Calderón siempre tiene esta dualidad presente, incluso contrasta la música con los colores con gran ingenio, y suponemos, con gran deleite del espectador de sensibilidad artística. Este ejemplo es de *La púrpura de la rosa;* como es habitual en las obras de Calderón los graciosos son los portavoces de la técnica que el autor ensaya:

> Chato. Celfa, ven
> a hacer unos ramilletes
> para el nuevo amo.
> Celfa. Veamos
> cómo *una música puede*
> *parecer entre otra.*
> Chato. Como
> entre lo rojo lo verde.
> Coro 1.° de Ninfas. No puede Amor
> hacer mi dicha mayor.
> Coro 2.° de Ninfas. Sí puede Amor.
> Coro 1.° No puede Amor
> ni mi deseo
> pasar del bien que poseo;
> porque crecer el empleo
> de tan divino favor
> no puede Amor.
> Coro 2.° Sí puede Amor...
> Los Dos. ...hacer mi dicha mayor.
> Adonis. Aunque la letra que oí
> en lo primero ofrece,
> que habla conmigo parece....
> (*La púrpura de la rosa*, I, 1777)

Según afirma Calderón en la loa, esta "fiesta cantada" fue ejecutada en "toda música," o sea enteramente cantada en estilo operístico. El diálogo entre los graciosos con la alusión "como una música puede parecer entre otra," indica la aparición de la canción popular en contraste con el recitativo anterior, "como entre lo rojo lo verde," dos tonos distintos, en oposición. Los dos coros glosan esta canción popular ofreciendo variaciones negativas y positivas, formando el "ramillete" musical que se ofrece a Adonis, con los tonos populares en contraste con los del *bel canto.*

Efectos sonoros del *stile rappresentativo* 81

El contraste dual se repite en los coros diferenciados, primero y segundo, dos voces que al final unen sus voces disimilares.

Pero quizás el estudio más fino y revelador es el de Robert Stevenson. Este renombrado musicólogo y experto en música española hace hincapié en un juego interesantísimo entre la poesía y el texto musical de *Celos aun del aire matan*. Stevenson observa la sincronización entre los pasajes musicales del manuscrito de Evora y el trío de la tercera jornada donde Céfalo llama con el estribillo simétrico "Ven, Aura, ven," notando un juego entre la música y las palabras del texto poético en el pasaje que comienza:

> Céfalo. Ven, Aura, ven,
> ven y en cromáticos tales,
> den alivio a mis congojas
> los pasajes de las hojas,
> las pausas de los cristales
> que sostenidos mis males
> haciendo pausas estén.
> Ven, Aura, ven.
> ....
> Céfalo. Ven, Aura, ven:
> ven, y con cláusulas sumas
> muevan trinados primores
> inquietos golfos de flores,
> blandos embates de plumas.
> Tus penachos las espumas
> sean y el ámbar también.
> Ven, Aura, ven.
>
> (*Celos aun del aire matan*, I, 1810-11)

Stevenson nota que Calderón hace eco aquí y en el pasaje que sigue a la partitura musical de Juan de Hidalgo, sincronizando pasajes musicales al texto poético en "cromáticos," "pausas," "fugas," "agudos" y "trinos." Este juego entre la música y la poesía es evidente en la respuesta del compositor Juan de Hidalgo al texto, ya que yuxtapone las cuerdas de C mayor y A bemol mayor cuando Céfalo canta "cromáticos," e inserta —nos dice Stevenson— un doloroso punto imitativo utilizando cuartos en las "fugas," trinos en "trinados primores," descansos por "pausas," C natural seguido por C sostenido por "sostenidos."[33] Lo que Stevenson llama "un juego de palabras" con la música es precisamente un ejemplo de agudeza poético-musical, lo que Baltasar Gracián denominaba un "concento poético." Demás está decir que la agudeza y juegos se multiplican si consideramos también la parte pictórica y escénica de la representación, seguramente con "flores" en sincronía cromática de tonos de color y fugas perspectivistas en el diseño escenográfico, posiblemente mostrando una típica vista marina con las ondas en movimiento, a las que responden —¡qué efecto!— las magníficas metáforas a nivel poético, "golfos de flores," "embates de plumas" y "penachos las espumas sean." Añádasele la música y el canto repetitivo del estribillo "Ven, Aura, ven," y tenemos en este pasaje uno de los mejores ejemplos del exceso sensorial a que puede llegar el mensaje múltiple escénico que emana de la politécnia barroca.

En los autos sacramentales abundan también los ejemplos de esta estética pictórica aplicada a lo musical, interpenetración característica del arte barroco. La perspectiva, elemento del arte visual, domina en la organización musical. En *Los alimentos del hombre* tenemos una escena que ilustra este punto. Adán escucha maravillado los tonos de una "nueva música" —la música del *stile moderno* o *seconda prattica* que emana de Italia— y exclama: "¿Qué nueva música es ésta / que entre sombras y lejos / de iluminados reflejos / a todo el orbe de fiesta ha puesto?" (III, 1620). El vocabulario exclusivo de la perspectiva, la gradación "sombras y lejos," se aplica a esta nueva música, caracterizada por una gradación tonal en profundidad, de la misma manera que vimos en la *cantata* de Bach mencionada anteriormente.[34] Esta música teatral está también gobernada por los preceptos espaciales de la pintura, toma profundidad y atenta a la simetría y correspondencias del arte visual, se organiza en cláusulas paralelas. Aún más, la isocronización de los personajes, la bimembración o trimembración del tema, reflejan la rígida distribución espacial característica de la simetría pictórica y su aplicación a los tonos musicales. Todas las correlaciones que identificara Dámaso Alonso, la bimembración y las pluralidades de a cuatro y de a tres, van matizando teatralmente, en parlamentos, en diferenciaciones fonéticas, o musicales, esta organización pictórica y tonal. La "correlación bimembre" es en efecto un dúo cantado en dos tonos, o a veces, dos coros yuxtapuestos. La "correlación cuatrimembre," es sencillamente la interpretación musical coral de "el cuatro a empezar" o el "cuatro a cabo," número coral con que se inician o acaban los dramas musicales.[35] Veamos la distribución tonal de esta "correlación" que, como notara Dámaso Alonso oportunamente, se produce *cantando*, y en estilo recitativo, como todas las otras agrupaciones corales. Se trata de una escena de *La púrpura de la rosa*, con voces que cantan "dentro," o sea eclipsadas a la vista del espectador; se inicia la correlación con dúo entre Música y Marte:

> Música, *en tono triste.* [*Dentro.*]
> ¡Ay de aquel que en principio de celos,
> huyendo el Amor, no le deja que huya!

Marte repite, en escena, la misma frase, sincronizándose palabra por palabra, en una variación interrogativa, y añadiendo una comparación entre "mía" y "tuya," reflejando, otra vez, como en un espejo, lo que dice la Música dentro:

>Marte.   ¿Ay de aquel que en principio de celos,
>huyendo el Amor, no le deja que huya?
>¿Quién eres, oh tú, que la ajena desdicha,
>mirándola mía, la tienes por tuya?

A continuación las dos voces paralelas, se duplican otra vez, en progresión geométrica, dando entrada a "el cuatro"; notemos la organización perspectivista de estas voces:

>(*Dentro.*) Temor.   Quien pena...
>(Id.) Sospecha.   Quien siente...
>(Id.) Envidia.   Quien gime...
>(Id.) Ira.   Quien llora...
>   (I, 1775)

Cuatro tonos musicales distintos, que se abren como paneles en progresión geométrica, incluso visibles en la organización poética de estas líneas, que para más exactitud tendrían que transcribirse convergentemente ya que más adelante se encuentran. Sigamos la trayectoria de estas líneas —y los versos poéticos toman aquí el sentido ambivalente de "línea," de dibujo y de escritura, que todavía se conserva en nuestra lengua en el sentido "figurado" de "escribir unas líneas," frase de indudable acuño barroco. Veamos a continuación la proyección de estas líneas y cómo se remiten, unidas ya, a su punto de vista central, en una frase que pronuncia Marte en escena. La dirección de las líneas fónicas es de "dentro" hacia "fuera."

>Temor.   ...tu asombro.
>Sospecha.   ...tu queja.
>Envidia.   ...tu pena.
>Ira.   ...tu angustia.
>Marte.   Mi angustia, mi queja, mi pena, mi asombro.
>¿hay quien las lamente?
>   (I, 1775)

Las líneas fónicas de este dibujo organizado geométricamente iban dirigidas a Marte, y hacia él convergen, como las líneas de un abanico. Son líneas-versos musicales los que, imitando a "las sombras y lejos" de la perspectiva lineal, se dirigen al *oído* de Marte, quien las recoge en una sola frase. De la misma manera el espectador-oyente las recibe, fragmentadas primero, unidas después. Se trata de un efecto fónico-musical escenificado, tridimensionalmente abierto en la escena, lo que hoy llamaríamos un efecto estereofónico.

Extraña relación es ésta que tiene la perspectiva y la música, la organización matemática de la escena en grupos pares numerados, siempre geométricos. Una mirada a la "Deposición a favor de los profesores de pintura" nos va a aclarar la razón de esta estética un tanto rígida, casi diría esquemática, de la puesta en escena. La "Deposición" —un cuestionario al que se sometiera nuestro dramaturgo en el que declara que la pintura debía incluirse entre las artes liberales y, por consiguiente, eximirse de impuestos a los pintores por ser éstos artistas y no oficiales artesanales —es, si bien leída, un invaluable documento de estética barroca. Resume las ideas principales que Calderón tenía con respecto a las artes, la predominancia de la pintura sobre las siete artes liberales, a saber: gramática, dialéctica, retórica, aritmética, geometría, música y astronomía, y, sobre todo, de qué manera, para el artista barroco, la pintura acusa su influencia sobre éstas. Calderón explica —para defender la importancia de la pintura— la interacción y dominio que ejerce el arte plástico sobre los demás. La influencia es radical. La pintura "es tan arte de los artes que a todos domina, sirviéndose de todos."

Con respecto a la música, tema que nos ocupa ahora, el poeta señala cómo se efectúa esta influencia del arte espacial al arte temporal, clave de la estética barroca. Para Calderón, la perspectiva, las concordancias geométricas que revela esta ciencia —y en este período era una ciencia— son las misma concordancias que se encuentran en la música:

> Estos dos contrarios extremos [lo mirado de cerca y lo mirado de lejos] pone en razón la Prespectiva [sic], pues se ve que en un mismo cuadro proporciona cercanías y distancias, cuando en el primero término demuestra el real frontispicio de suntuoso alcázar, tan regularmente ejecutadas arquitectura y escultura que, desprendidas del lienzo estatuas y colunas [sic], dan a entender en sus resaltos que por detrás de ellas se pasa al término segundo; en cuyo espacio, ejecutando la Obtica [sic] sus grados, se van disminuyendo su fábrica y la vista hasta tocar en el tercero, que, apenas percibtible [sic], le ofrece tan cabal como primero, con tanta consonancia templados sus diseños que, unísonos, no dejan de carearse con la Música; pues si ella tiene por objeto [sic] suspender el espíritu a cláusulas sonoras, a no menos acordes cláusulas le suspende la Pintura con las ventajas que lleva el sentido de la vista al del oído....[36]

Los diseños, en la estética barroca, se "tiemplan" como si fueran instrumentos musicales. Es decir, el pintor conocedor de las reglas de la perspectiva, de la simetría y de la geometría —estas últimas dos siendo "lo mismo" en el vocabulario artístico de Calderón— busca en la

Efectos sonoros del *stile rappresentativo*

organización del cuadro la misma concordancia, en sus colores y gradación, que existe entre dos cuerdas en un instrumento musical. Calderón alude a esta técnica de consonancias más de una vez en sus obras, por ejemplo, en el auto *La cena del rey Baltasar* (ca. 1634):

> Daniel. Bien podemos hoy un poco
> hablar los dos con acuerdo,
> tú subiéndote a ser cuerdo
> sin bajarme yo a ser loco;
> que aunque es tanta la distancia
> de acciones locas y cuerdas,
> tomando el punto a dos cuerdas,
> hacer una consonancia.[37]

Valbuena Prat explica esta terminología musical, a la que debemos estar muy atentos en nuestra interpretación, señalando que *tomar el punto* significa "templar": "Y porque una cuerda con otra se tiempla en consonancias se llamó acordar el concertarse unos con otros." Y *punto* es "en los instrumentos músicos el tono determinado de consonancia, para que estén acordes."[38] No olvidemos tampoco que *punto* es en español una palabra multivalente, punto en sentido gramatical, en sentido retórico, y también en sentido geométrico ("los puntos que forman una línea"), y el punto de vista de la perspectiva. Con todos estos sentidos intercambiables juega Calderón, fijando usos en el idioma, creando moldes lingüísticos nuevos con los cuales se han enriquecido nuestras posibilidades de expresión, especialmente las figuradas.[39] Calderón encontró la veta más rica de nuestro idioma cuando descubrió esa secreta concordancia entre las artes, cuando al darle primacía a la pintura descubrió las insospechadas posibilidades de comparación que tiene con la música y con las letras. Veamos estos casos en los cuales la comparación que hace Calderón no podía haber sido hecha por ningún otro escritor que no haya visto esa especial concordancia. Tomemos por ejemplo la palabra *punto*, en su sentido musical, en concordancia con lo escrito:

> Palas. Canta recitativo a tonada corriente,
> *punto por letra.*
> ¿Cúya ha de ser, sino de quien inspira
> al valor, puesta en música la ira?
> (*La estatua de Prometeo*, I, 2074)

Donde el estilo silábico del recitativo, sus tonos acordados están en consonancia con la letra: *punto*, "acorde entre instrumentos," y a la vez "acorde a la letra." Este es el significado de esta acotación. Veamos otro ejemplo donde el poeta utiliza toda una constelación de palabras que provienen de la nueva música, relacionadas en la poesía teatral con los ojos, parte del mundo visual.

> Astolfo. Aunque más esfuerzos hagas,
> ¡oh, qué mal, Rosaura, puedes
> disimular! *Di a los ojos*
> *que su música concierten*
> *con la voz;* porque es forzoso
> que desdiga y que disuene
> tan destemplado instrumento,
> que ajustar y medir quiere
> la falsedad de quien dice,
> con la verdad de quien siente.
>
> (*La vida es sueño*, I, 518)

Vayamos, punto por punto, dicho sea con intención barroca, descifrando este concierto entre ojos y voz, recordando que en el teatro de Calderón los ojos hablan y las voces pintan. En esta escena Rosaura pretende pasar por Astrea. Es muy posible que en la representación cambiase el tono de la voz para mejor lograr el engaño, de allí que su voz *suene* como destemplado instrumento que habla con notas "falsas" —en música correspondería a la "cadencia falsa," o "cadencia deceptiva."[40] Aquí simplemente diríamos que Rosaura cambia la entonación de sus cuerdas vocales para engañar a Astolfo. Pero Astolfo, que ve los ojos emocionados de Rosaura, le pide, iniciando la comparación musical, que concierte su voz con sus ojos, o sea que los dos expresen los mismos sentimientos. La voz escénica poscameratista es la voz sentimental por excelencia, reveladora del sentir íntimo del personaje; por eso, Rosaura tiene que adoptar una voz falsa, y así como se disfraza de hombre, disfraza también su voz. Astolfo le urge a usar su voz verdadera —lo que en música se denomina "auténtica cadencia." El instrumento musical de Rosaura es su voz; este instrumento es el que debe "templar," o "tomar el punto," o sea encontrar la debida consonancia entre las cuerdas —las vocales, aquí— que disuenan. El verbo *templar* y su sustantivo *temple* tienen en la obra de Calderón toda una gama de significados que se generan por esta coincidencia particular entre la pintura y la expresión de sentimientos del recitativo. Vimos ya, en la escena pictórico-musical de *Darlo todo y no dar nada*, el uso de esta palabra de proveniencia pictórica, cuando Apeles, preparándose a pintar el retrato de Campaspe, apresta sus colores y dice en un escape de bravura:

Efectos sonoros del *stile rappresentativo*

...pintaré al olio tus gracias
y mis desgracias al temple.

(I, 1049)

No es pura coincidencia que el diccionario hoy todavía conserve todos estos sentidos latentes en la pluma de Calderón; *temple* no es solamente la pintura que se ejecuta con colores desleídos en clara o yema de huevo, miel o cola, sino también la disposición y acuerdo armónico entre instrumentos, y también en su *sentido figurado*, el temple significa una especial valentía y arrojo, dureza ante la adversidad, como el que demuestra Apeles durante esta tragedia personal. Cuando una palabra tiene acepciones múltiples, donde el signo se sincroniza simultáneamente en sentidos pictórico, musical, poético y sentimental, y estos *sentidos* coexisten separadamente, sospechamos un concepto que surge de la matriz sensorial barroca que los genera, como vemos en el caso de *temple*.

El estilo barroco se distingue prontamente al identificar, en simultaneidad con la lengua escrita, los tecnicismos musicales que, en sincronía con los tecnicismos pictóricos, crean una nueva relación que genera el *lenguaje figurado*. Como ejemplo podemos referirnos al *Quijote*, vol. II, cap. 26, donde Cervantes explora la unión de las técnicas propias del dibujo con técnicas musicales, creando así nuevas posibilidades para el discurso escrito:

—Niño, niño —dijo a esta sazón don Quijote—, seguid vuestra historia *línea recta*, y no os metáis en *las curvas o transversales*, que para sacar una verdad en limpio menester son muchas pruebas y repruebas.
También dijo maese Pedro desde dentro:
—Muchacho, no te metas en *dibujos*, sino haz lo que este señor te manda, que será lo más acertado; sigue tu *canto llano* y no te metas en *contrapuntos*, que se pueden quebrar de sotiles. (Enfasis mío; II, 621-22)

Es patente que no se puede hablar de arte barroco sin dejar de aludir a esta interacción entre las artes. Como bien lo dijera Don Quijote, para el artista del siglo XVII la verdad se encuentra después de hacer muchas pruebas y repruebas —pictóricas y musicales— sin duda. Laurence Sterne, en *Tristam Shandy*, siguiendo esta pauta cervantina, irá un paso más allá, *dibujando líneas* que se inscriben en el texto de su novela, mostrando con trazos rectos o curvos en el papel, como signo o notación de probables recorridos o desvíos del personaje, los posibles desenlaces de la acción novelesca. Una vez más, notamos la fructífera relación que el arte del diseño tiene en la gestación del género novelístico cervantino.[41] No es coincidencia tampoco que esta escena de teatro en pequeña escala acabe con la queja de Maese Pedro que resume la dialéctica teatral que deja pendiente Cervantes, es decir, la lucha entre las figuras, las escritas y las de pasta: "En fin, el Caballero de la Triste Figura había de ser aquel que había de desfigurar las mías" (II, 626). La escritura, figura escrita, se confronta con las figuras de pasta, los signos icónicos representativos del teatro, y por supuesto, en la novela gana aquélla. En el teatro de verdad se realiza otro tipo de confrontación: la representación visual se impone al texto escrito. No olvidemos que Calderón escribió una obra teatral *Don Quijote*, hoy desafortunadamente perdida, pieza esencial en el desarrollo de la dialéctica entre Cervantes y Calderón, entre la novela y el teatro perspectivista.

Esta incursión de los patrones de la pintura en el texto escrito de la comedia fue una cuestión candente de estética en su momento. Fue tema de consideración crítica también para Tirso de Molina, quien, como buen discípulo de Lope de Vega, se declara en el Epílogo a *El vergonzoso en palacio* a favor de la lengua poética como vehículo superior de comunicación, poniendo en menosprecio el valor expresivo de los signos visuales:

> ...que no en vano se llamó la Poesía *pintura viva*; pues imitando a la muert[a], ésta, en el breve espacio de vara y media de lienzo, pinta lejos y distancias que persuaden a la vista a lo que significan, y no es justo que se niegue la licencia que conceden al pincel, a la pluma, siendo ésta tanto más significativa que esotro, cuanto se deja mejor entender el que habla, articulando sílabas en nuestro idioma, que el que, siendo mudo, explica por señas sus conceptos.[42]

Tirso no captó las posibilidades que ofrecía la interrelación entre las artes. Contrariamente a lo expresado por él, el arte tomaría otro derrotero. El diálogo crítico que entrevemos en los escritos de las grandes figuras del Siglo de Oro español, especialmente Cervantes, Calderón y Góngora, demuestra una sensibilidad abierta a la intervención de signos no textuales en la creación artística, y que incluso, su gran éxito como creadores de nuevos géneros depende de haber sabido, genial y fructíferamente, injertar técnicas y artes extralingüísticas al idioma poético español. Estos grandes innovadores se plantearon la misma cuestión de estética que nutre a todos los movimientos artísticos desde esa época hasta la nuestra: la fecundación posible entre las artes. De la misma manera, los efectos gráficos de la poesía y la pintura moderna —pensemos en los caligramas de Guillaume Apollinaire, o los cuadros de René Magritte— donde la letra y la figura compiten por el mismo espacio, se remontan a estas innovaciones barrocas, a esta afinidad que el artista del siglo XVII encontró entre la pintura y la escritura: el poema desde Giambattista Marino y Luis de Góngora está escrito para los ojos tanto como para los oídos.[43]

Efectos sonoros del *stile rappresentativo* 89

El poema barroco se torna trifacético y tridimensional; coexisten en él el substrato poético del Renacimiento, al que se le superpone el estrato musical, juntamente con la reorganización espacial que imponen la perspectiva, el dibujo, las líneas, las figuras. Coexiste también con el poema escrito un nivel puramente musical, instrumental, vocal —especialmente en alusiones a ecos, aliteraciones, tonos de voces y otros efectos sonoros. El nivel visual que conforma la poesía barroca se puede apreciar en las "rimas oculares" del *Polifemo* de Góngora, en la distinta calidad e intensidad de visión en los personajes: un Polifemo ciclópeo, un Glauco cegato, una Galatea con ojos como estrellas, alusiones a fenómenos ópticos, coloridos, tonos de pintura y mucho más. Pero sobre todo —y en esto sobrepasa a cualquier otro poeta— Góngora tuvo la idea genial de modelar su famoso poema siguiendo la organización simétrica de la perspectiva de haz central, organización fundamental de la estética teatral de la época (rasgo ultraconceptista que creo ha pasado desapercibido), colocando a su nueva creación genéricamente a medio camino entre la lírica y la pintura perspectivista: una poesía escenificada. Las tres primeras octavas son introductorias a manera de loa o prólogo —el poeta allí afina sus instrumentos y pide silencio a los animales de caza. El poema sinfónico-pictórico se inicia con la cuarta octava y termina con la sesenta y tres, un total de sesenta octavas. El centro pictórico se encuentra en las tres octavas del medio, la 33, 34 y 35, las únicas que aparecen enlazadas en toda la composición. El poema es simétrico, las tres estrofas *unidas en el centro* dividen la composición en dos alas, siendo cada estrofa como un panel pictórico, un bastidor teatral lateral que converge hacia el foro, las estrofas centrales. Aquí es donde está el punto de vista del poema y también su centro fónico, un descanso musical, un silencio total: "el retórico silencio que no entiende." Se acallan todas las voces, y también los ruidos naturales, "el dulce estruendo / del lento arroyo enmudecer querría." El centro pictórico se esboza en tres momentos de agudeza visual. El primero "un bulto vio," estrofa 33, es una figura confusa. En la octava central, la 34, Galatea ve "colorido el bosquejo que ya había / en su imaginación Cupido hecho / con el pincel que le clavó en su pecho," pasando así el ojo del bulto nebuloso al retrato puesto en foco, que constituye el centro pictórico del poema colocado exactamente en el *punto de fuga* de la perspectiva. Galatea pasa de la imaginación a la visión plena en la estrofa 35; la imagen anterior imprecisa, el "bulto," se pone en foco, en perspectiva correcta con un ligero cambio de posición de la ninfa ("de sitio mejorada, atenta mira"), observando el detalle del cabello, el bozo, los colores, la belleza del joven Acis.[44] El poeta pasa por *medios ópticos* del plano de la visión confusa al de la visión directa y clara en el centro mismo del poema.

El *Polifemo* es un experimento que acerca la poesía lírica al teatro, una lírica teatralizada o un poema trágico. Este cambio de estilo se muestra también *sonoramente* con el paso del cuerno a la cítara, instrumento trágico, que señala la iniciación de una nueva sensibilidad musical. Quizás las palabras de Jorge Guillén en su evaluación del *Polifemo* son las más apropiadas para describir este fenómeno cuando dice: "La finura de los sentidos funciona con la finura de la inteligencia."[45]

En la *comedia de teatro* de Calderón se completa el tránsito de la comedia renacentista de base imaginativa, sinestética, a la comedia de base sensorial, politécnica, típica del Barroco. En el teatro cortesano, género donde confluyen técnicas y medios más versátiles para la expresión sensorial, los escenográficos y los musicales, encontramos la apoteosis de todos estos recursos ensayados primeramente en la lírica, multiplicados y espacializados en la escena: el *non plus ultra* del arte barroco. Es muy posible, y nos inclinamos muy a favor de esta suposición, que la lírica teatral de Marino y de Góngora haya tomado sus bases estéticas del nuevo teatro italiano, de los "effetti" que ellos aplicaran a las tablas, y que —por razones técnicas— no se incorporan a la escena española hasta la entrada de expertos como Lotti y Fontana. En cierta manera, podemos decir que el teatro calderoniano está latente en la lírica gongorina, así también como en el *Quijote*, donde Cervantes explorara, dentro de los límites de los sistemas *literales*, las variaciones del punto de vista, el perspectivismo, y los significados de los signos auditivos; en la primera parte en *imágenes* platónicas, en la segunda parte en *audibles y claros signos sonoros*. Exploremos, por un momento, esta "migración del signo," como diría Roland Barthes, desde la primera parte del *Quijote* a la segunda, y veremos cómo el héroe cervantino cambia en lo que cuenta a la percepción de los sonidos. El primer sonido que percibe Don Quijote ocurre (vol. I, cap. 2) en la venta:

> ...llegó acaso a la venta un castrador de puercos, y así como llegó, sonó su silbato de cañas cuatro o cinco veces, con lo cual acabó de confirmar don Quijote que estaba en algún famoso castillo, y que le servían con música, y que el abadejo eran truchas, el pan candeal, y las rameras damas, y el ventero castellano del castillo, y con esto daba por bien empleada su determinación y salida. (I, 32)

El sonido del silbato inicia toda la serie de comparaciones erróneas porque Don Quijote *no escucha* el sonido *real* del instrumento sino la imagen, la proyección mental que proviene de sus lecturas fantásticas, de sus quimeras musicales. El mundo renacentista, las novelas de caballerías, las imágenes mentales tienen más valor para la interpretación del mundo que lo que se experimenta *sensorialmente*. En diez años Don

Efectos sonoros del *stile rappresentativo*

Quijote cambia radicalmente, da el paso crucial hacia su cordura, es decir, pasa del mundo nebuloso e impreciso del Renacimiento, de sus imágenes auditivas equívocas, al mundo sensorial preciso, musical, teatral, del Barroco. En la aventura del titerero (vol. II, cap. 26), frente al minimundo de la escena del teatro de títeres, Don Quijote *escucha perfectamente,* con detalle y distinción, a cada uno de los sonidos de la representación. Para Don Quijote aquí un atabal *es* un atabal, una trompeta *es* una trompeta. Es más, escucha los sonidos correctamente, a tal punto que se enerva y corrige enérgicamente a Maese Pedro:

> ...y miren con qué priesa, que ya la ciudad se hunde con el son de las campanas que en todas las torres de las mezquitas suenan.
> —¡Eso no! —dijo a esta sazón don Quijote—. En esto de las campanas anda muy impropio maese Pedro, porque entre moros no se usan campanas, sino atabales y un género de dulzainas que parecen nuestras chirimías; y esto de sonar campanas en Sansueña sin duda que es un gran disparate.
> Lo cual oído por maese Pedro, cesó el tocar, y dijo:
> —No mire vuesa merced en niñerías, señor don Quijote, ni quiera llevar las cosas tan por el cabo, que no le halle. ¿No se representan por ahí, casi de ordinario, mil comedias llenas de mil impropiedades y disparates y, con todo eso, corren felicísimamente su carrera, y se escuchan, no sólo con aplauso, sino con admiración y todo? (II, 622-23)

Don Quijote recupera su lucidez con la recuperación de los sentidos; en la segunda parte tenemos a un caballero diametralmente opuesto al de la primera parte porque ya *ve y escucha,* sigue con atención los signos de la experiencia directa, no sus ensoñaciones librescas —en otras palabras, entra en el dintel del Barroco y deja pendiente la dialéctica de la realidad que luego Calderón desarrolla con su teatro. Calderón entendió mejor que nadie los límites que el signo lingüístico le había impuesto a Cervantes en su odisea hacia la realidad. Es la dialéctica que Cervantes deja enunciada entre líneas, su búsqueda de un punto de orientación —la perspectiva— los signos que conforman al mundo sensible, los auditivos y los visuales, la columna vertebral del teatro de Calderón. El ya podrá explorar con medios visibles y fónicos, asequibles ya gracias a las técnicas nuevas del teatro musical italiano, los interrogativos que Cervantes no pudo contestar: ¿Qué cosa es la realidad? ¿Qué relación hay entre los signos y el mundo? El teatro de Calderón con medios *representativos* irá a la búsqueda de estos enigmas en un momento de crisis para el mundo artístico donde la *palabra escrita,* fuente de verdad para el hombre del Renacimiento, se cuestiona. Recordemos las proféticas líneas de Shakespeare:

King.	Is there no exorcist
	Beguiles the truer office of mine eyes?
	Is it real that I see?
Helena.	No, my good lord;
	'Tis but the shadow of a wife you see.
	The name and not the thing.
	(*All's Well That Ends Well*, Fraser, ed., 5.3.294-99)

El artista del Barroco descubre que los medios para llegar a la realidad tienen que ser los de la percepción directa, no los de la palabra —¿y qué medio más directo para la aprehensión de las cosas que el teatro representativo? En la *comedia de teatro* de Calderón vemos y escuchamos, experimentamos "la cosa" que Shakespeare buscaba y no la palabra vacía de significados. El gran significante del teatro de Calderón es el actor mismo, despersonalizado de su investidura cotidiana, *un medio* por el cual el dramaturgo expresa *significados*. El actor representa como la palabra para el poeta, como los dibujos para el pintor, como el leño para el escultor. Calderón así lo explica, el hombre es el representante máximo, incluso puede representar a Dios:

Apostasía.	Y las formas sagradas,
	¿es lícito que se empleen
	en personas que...?
España.	No más.
	Dios no puede comprenderse,
	y es fuerza para nosotros
	que a nuestro modo se deje
	concebir en formas que
	más su grandeza revelen:
	todas son para explicarle
	a su Deidad indecentes
	igualmente. Pues si en troncos
	permite que le veneren
	y a un leño que signifique
	su Majestad le consiente,
	¿qué criatura hay más noble
	que el hombre?
	(Loa del *Gran teatro del mundo*, I, 137-38)

El hombre, el actor, es en la *comedia de teatro* como en el auto, un signo, una representación, de la misma manera que la grafía es un signo lingüístico. El teatro, a partir de Calderón, es un teatro *representativo*, así como la creación del Fénix es poesía dramática imaginativa. El teatro representativo tiene su vocabulario propio, su grafía exclusiva, su esceno-grafía, habla idiomas paralingüísticos: gestos, vestidos, iconos, emblemas, colores, luces. En el teatro una flor puede estar cargada de significado, como por ejemplo la rosa *mutabilis* en *Doña Rosita la soltera* de García Lorca. Cada flor tiene en esta representación un valor singular, definido, asignado por convenciones culturales, que conforman un nuevo lenguaje: el lenguaje de las flores. El espectador recibe directamente, con la presentación de la flor en escena, su mensaje callado, representativo e inteligible.

Se debe distinguir, pues, en lo que concierne al estilo o modo teatral, esta manera peculiar de representar y su sentido y valor específico. El término "representación," y sus equivalentes en las lenguas romances, acusa la existencia de elementos que le son privativos, diferentes éstos de los de la poesía dramática renacentista de Lope o de Shakespeare, donde este concepto escénico todavía no es operante. El término "representación" denota una relación directa con el signo; mejor dicho, es el mismo que se utiliza para otras maneras de representar, incluso la representación gráfica del signo escrito y el icónico. Es posible, entonces, deducir de la nomenclatura exclusiva de cada manera de hacer teatro un origen distinto y a la vez una corriente o modo diferenciador en la manera de emitir mensajes:

> Llamar a una representación teatral "show" acentúa sólo sus características de ostentación de una determinada realidad; llamarla "play" acentúa sus características lúdicas y ficticias; llamarla "performance" acentúa sus características ejecutivas; pero llamarla "representación" acentúa el carácter sígnico de toda acción teatral, en la que algo, ficticio o no, se ostenta, a través de alguna forma de ejecución, con fines lúdicos, *pero sobre todo para que esté en el puesto de otro. El teatro es también ficción sólo porque es sobre todo signo.* (Énfasis mío)[46]

Tenemos ya una respuesta a la pregunta con que iniciáramos nuestro estudio de Calderón: el modo de hacer teatro de este dramaturgo es representativo, es decir, basado en el signo, un signo multifacético que va más allá del puramente lingüístico, cuyo significante puede ser una voz, un objeto físico, o una persona que está en el puesto de otro, cada uno emitiendo de por sí un significado propio e inteligible para el espectador. La gran diferencia entre el drama poético del Renacimiento y la representación barroca es que el primero depende de los significados que transmite la palabra poética y el segundo de los significados que transmite el significante máximo, el actor, el vocalizador, el cual ostentando en la escena su persona visualmente y fónicamente, asume él mismo características ficticias, pasa por otra cosa, creando con su cuerpo, con su voz, con sus gestos, con su vestimenta, incluso con su desplazamiento espacial en la escena, significados nuevos.

Calderón específicamente y desde sus producciones más tempranas señala en el texto, en las acotaciones, que sus actores "representan." En *La gran Cenobia* de 1625 nombra y ejemplifica claramente este estilo. Cenobia, la protagonista de este drama, está en esta escena escribiendo, sentada frente a un bufete, pluma en mano, un libro:

> *Historia del Oriente*
> la llamo; así prosigue:　　*Escribe.*
> "retiróse a este tiempo
> Aureliano, y humilde
> socorros poderosos
> a Egipto y Persia pide.
> En este tiempo Librio..."
> El *Libio* (¡ay de mí, triste!)
> escrito está con sangre
> y al ir a repetirle,
> sangre brotó la herida,
> y mesa y papel tiñen
> deshojados claveles
> o líquidos rubíes.
> ¡Oh sangriento prodigio!
> Mas, ¡ay suerte infelice!,
> Abdenato, ¿qué quieres,
> que muerto me persigues?
> 　　　　　*Representando.*
> Señor, esposo, tente,
> no ofendas, no castigues
> a quien... Pero ¿qué es esto?
> Resuelta en humo finge
> una nube la sombra,
> dejando el aire libre.
> 　　*Quédase como desmayada.*
>
> 　　　　　　　　　　(I, 90)

En la representación escénica, el "¡ay de mí!," el grito lastimero de Cenobia, expresado en su voz, está acompañado por el derrame de sangre que tiñe la mesa y el papel; el color rojo de la tinta es un signo visual de inminente desgracia más potente que las metáforas que lo acompañan: "deshojados claveles o líquidos rubíes." Cenobia, al representar, muestra de la misma manera, con su cuerpo, la ansiedad que le causa la presencia de una nube de humo, real en la escena, que ella toma por el espíritu de Abdenato que vuelve a vengarse. Todos estos signos materiales de la representación causan su desasosiego y su desmayo final, donde ya su cuerpo inerte es señal y signo en la escena de su sufrimiento, de su aprehensión. Según los indicios dados, sangre, desmayo,

Efectos sonoros del *stile rappresentativo* 95

voz dolorida, aparición de un espíritu en la escena, el espectador ya teme que algo le va a ocurrir a la protagonista. Y así es, llega Libio, preanunciado por el derrame de sangre, y rapta a Cenobia. Los signos representativos del rapto son la mordaza que acalla su voz, y una banda en los ojos que la ciega: su temor expresado en los signos representativos se justifica, incluso se refuerzan con los nuevos. El espectador escucha los versos citados pero simultáneamente está viendo los signos representativos, especialmente la representación histriónica de Cenobia, un signo más, que lo alerta a lo que va a pasar y le suministra indicios extratextuales.

La idea del mundo como teatro, donde los seres humanos adoptan un carácter representativo haciendo cada uno su papel, que se haría tan famosa en el auto calderoniano, es una idea presente anteriormente en la *comedia de teatro*. Nótese por ejemplo este pasaje de *Saber del mal y del bien*, representada en marzo de 1628, obra de su juventud, escrita dos años después de la llegada a Madrid de Cosimo Lotti.

> Don Alvaro. Yo soy ilustre Don Pedro
> de Lara, español Atlante,
> en cuyos hombros se asienta
> la quinta esfera de Marte;
> yo soy (el aliento aquí
> turbado, la voz cobarde,
> torpe la lengua, y helado
> el pecho, quieren que falte
> valor para pronunciar
> mi nombre, y mis ojos hacen
> con lágrimas y suspiros
> competencia al mar y al aire)
> Don Alvaro de Viseo.
> Ya lo dije; no os espante,
> sabiendo quien soy, el verme
> tan pobre y tan miserable;
> que representar tragedias
> así la fortuna sabe,
> y en el teatro del mundo
> todo(s) son representantes.
> Cuál hace un Rey soberano,
> cuál un Príncipe o un Grande
> a quien obedecen todos;
> y aquel punto, aquel instante
> que dura el papel, es dueño
> de todas las voluntades.
> Acabóse la comedia,
> y como el papel se acabe,

> la muerte en el vestuario
> a todos los deja iguales.
>
> (I, 222)

Dos corrientes se unen en la expresión teatral de este pasaje; una proviene de la teoría representativa italiana, la modulación de la voz trágica, de la voz diastemática, contenida entre los paréntesis "el aliento aquí turbado, la voz cobarde...," y la idea del mundo como teatro que reelabora Cervantes, sentida quizás más agudamente por el dramaturgo de la corte. He aquí el pasaje cervantino en que Don Quijote señala las coincidencias entre vida y representación a su escudero:

> ...ninguna comparación hay que más al vivo nos represente lo que somos y lo que habemos de ser como la comedia y los comediantes. Si no, dime: ¿no has visto tú representar alguna comedia adonde se introducen reyes, emperadores y pontífices, caballeros, damas y otros diversos personajes? Uno hace el rufián, otro el embustero, éste el mercader, aquél el soldado, otro el simple discreto, otro el enamorado simple; y acabada la comedia y desnudándose de los vestidos della, quedan todos los recitantes iguales.
> —Sí he visto —respondió Sancho.
> —Pues lo mesmo —dijo don Quijote— acontece en la comedia y trato de este mundo, donde unos hacen los emperadores, otros los pontífices y, finalmente, todas cuantas figuras se pueden introducir en una comedia; pero en llegando al fin, que es cuando se acaba la vida, a todos les quita la muerte las ropas que los diferenciaban, y quedan iguales en la sepultura. (*Don Quijote*, II, 521-22)

Esa respuesta afirmativa de Sancho "Sí he visto" —así a secas— está cargada de significado irónico, e indica, por parte de Cervantes, una falta de satisfacción con el topos clásico tal como lo representaban los comediantes —suponemos muy burdamente— en esa época. Queda, sin embargo, abierta la posibilidad, no despreciada por Calderón, de una revitalización del mismo topos, utilizando las técnicas del nuevo teatro. Como hemos visto, las técnicas del *melodramma* florentino amplían las posibilidades imaginativas del drama, antes a cargo de "los recitantes," con una profusión de valores sígnicos, representativos que emanan de la escena y del actor, especialmente de su voz y de su gesto, antes ausentes. Ya en el pasaje de *Saber del mal y del bien* aludido arriba, es evidente la utilización de la voz y el *concetto lagrimevole* cameratista en Don Alvaro de Viseo: "turbado, la voz cobarde, torpe la lengua, helado el pecho," y "mis ojos hacen con lágrimas y suspiros competencia al mar y al aire" (I, 222), expresiones que incrementan los valores significativos del antiguo topos.

Además, en lo que respecta al significado de la palabra *theatro* y el uso que le da Calderón, tenemos que tener presente que aludía en el siglo XVI específicamente a una escena de planta circular, —y con esta forma aparece, por ejemplo, en los "teatros del mundo" flotantes en las fiestas del Canal Grande de Venecia.[47] En el siglo XVII va a cambiar de configuración y, por lo tanto, de significado. La forma circular, eco de la armonía platónica y constante en el arte renacentista, es una readaptación de la escena griega que hace Vitruvio y que repiten Palladio y Scamozzi en el teatro Olímpico de Vicenza. Pero, significativamente, la idea del "teatro" —y en este contexto no se debe confundir con su acepción moderna de "edificio," sino en su significado específico de "escena"—, al transferirse a la *comedia de teatro*, y en su transposición al auto *El gran teatro del mundo*, cambia de característica: la escena palaciega y la del auto, es cuadrangular e incluye, entre otros *effetti*, a las "apariencias" mutables y a los bastidores con "perspectivas" pintadas:

> En la primera jornada
> sencillo y cándido nudo
> de la gran ley natural,
> allá en los primeros lustros
> aparecerá un jardín
> con bellísimos dibujos,
> ingeniosas perspectivas,
> que se dude cómo supo
> la naturaleza hacer
> tan gran lienzo sin estudio.
>
> (*El gran teatro del mundo*, ed. Valbuena Prat, I, 73-74)

En esta representación, el *theatrum mundi* no es ni tema retórico, ni se representa en la escena circular, entorno perfecto y sin fallas visuales, metáfora del mundo renacentista afincado en la tierra como centro. Con Calderón adquiere otro cariz: la meditación de antigua estirpe ascética se vierte en nuevos receptáculos representativos que incluyen juegos de ingenio y de agudez sensorial con la pintura, la utilización de la voz escénica y la música, todo ello teñido de tonalidades falsas y deceptivas que las técnicas anteriores no podían suministrar. Calderón, al readaptar el antiguo topos, le da el toque inconfundible de su siglo y de su arte: la duda sensorial. El "theatro" refleja en los "bellísimos dibujos" e "ingeniosas perspectivas" a un mundo engañoso y deceptivo.

La herencia que recibe el auto de la técnica italiana es crucial para entender el pasaje del "concepto imaginado" al "práctico concepto" al que alude Alexander A. Parker, para poder interpretar tecnicismos como "el medio visible" y la idea que se "ve" tanto como se "oye." El concepto prevalente en el arte barroco es precisamente esa materialización o teatralización de lo antes imaginado; su ejecución consiste en saber transformarlo en "medio visible." En este sentido, Parker correctamente separa la obra de Calderón de la clasificación hecha por Huarte de San Juan en *Examen de Ingenios* (1575), donde la poesía y la retórica son consideradas facultades *imaginativas*. Según Parker, las ideas de Huarte constituyen una refutación *a priori* de la teoría básica de componer de Calderón, con lo cual está de acuerdo nuestro análisis.[48]

Como venimos indicando, llega un momento en la última década del siglo XVI en que el texto poético dramático no coincide con su representación visual, o mejor dicho, las exigencias que ponía el poeta dramático en los "oyentes" para "imaginar" el lugar, el vestido, o las circunstancias de la acción —como hemos visto en el caso de la comedia lopesca— son totalmente superfluas ante la presencia inconfundible de los signos escénicos. La práctica escénica, el teatro espectacular, así como se empezó a aplicar en los intermedios florentinos y con el *melodramma*, lleva a una revisión de los preceptos aristotélicos de la *Poética*. El precepto de la verosimilitud poética en la poesía dramática como reflejo retórico de la verdad, la noción de la "imagen de la vida," va a ser reemplazado por la verosimilitud de aquello que el espectador ve y escucha y estará sujeto a la crítica de sus ojos y oídos. El paso de la imagen de las cosas en las palabras a la representación de las cosas mismas en la escena implica un considerable cambio en la preceptiva. Francesco Buonamici en sus *Discorsi poetici nella Accademia Fiorentina in difesa d'Aristotile* (Florencia, 1597) indica la aparición de las convenciones teatrales tal como las conocemos hoy, y especialmente subraya el valor fictiticio, sígnico, convencional que se le asigna a la representación teatral y que va, por necesidad, más allá del simple vero-símil:

> Et perche sono due parti distine della rappresentazione, & della cosa rappresentata, nascono ancora nella dramatica due verisimile, uno del rappresentante, che è l'essere simile alla cosa rappresentata, l'altro nella cosa rappresentata, che è l'attione, l'essere ò il mostrarsi simile alla cosa rappresentata, parte è nelli histrioni, parte è nel poeta, nel poeta è il costume, la sentenza, li habite, i gesti sono nell' histrione, & esterni al poeta, nelle cose rappresentate stà la verosimilitudine, che le parti dell'attione sieno cõnesse, che l'inclinino l'animo dello spettatore à credere che sia stato così; ne giamai può tãto l'opera del verisimile nello spettatore, se egli no è un balordo, che c'pigli la cosa rappresentante per la rappresentata, come fanno le donnucce qualque volta il venerdì Santo. Et sappiamo noi benissimo, che noi siamo alla commedia, & che quello è il prologo, il quale ha imparata la cõmedia, & come da una breve informatione, & quell'è Roscio, quell'altro Calliopio, non il Re Agamẽnone, ò lo Stradino; & riconosciamo la prospettiva il palco, le tende, il coro, &

Efectos sonoros del *stile rappresentativo* 99

> vedendo quel giovane vestito di bianco con un torchio acceso in mano, sappiamo che egli è quel Panfilo innamorato, che si hà à maritare, & quando ben' sentiamo cantare, prendiamo quel canto per dimostratore del concetto, come le parole ordinarie in bocca nostra, & sentiamo il canto, & pure lo prendiamo come parlare familiare; & à chi parrebbe questo verisimile, che si trattasse de'fatti suoi domesticamẽte cantando?[49]

La representación visible y audible del texto poético tiene como consecuencia en la preceptiva poética de fines de siglo el reconocimiento de dos formas distintas de concebir el verosímil aristotélico; el verosímil permanece en la acción, que es inteligible en cuanto es verosímil. La manera de representar, los objetos que van a efectuar esa representación (el actor, el canto, el coro, los bastidores en perspectiva, la vestimenta) no tienen una relación de verosimilitud con lo que es en sí sino que, a diferencia de su interpretación cotidiana, asumen un valor de *aliquid stat pro alio: representan* otra cosa.

La comedia lopesca, comedia renacentista, permanece dentro de los límites de la palabra poética, del sistema de la lengua, aludiendo *indirectamente* a las cosas. La *comedia de teatro* de Calderón, comedia representativa, pone directamente delante del espectador los signos representativos —iconos, emblemas, estatuas, canto, coro, perspectivas, retratos— aceptando ya éste la sustitución de una cosa en concepto de otra. La dificultad de aceptación de los signos representativos, con que se inicia la revolución teatral del siglo XVII en Europa, a que alude Buonamici en su referencia al "balordo" que no entiende todavía esa sustitución que toma lugar en la representación y que toma las cosas por lo que realmente son, fue recalcada también por Cervantes, el más atento de todos los escritores europeos a la significación de las cosas, el valor del signo, y la relación entre palabra escrita/realidad. En la aventura del titerero (*Don Quijote*, vol. II, cap. 26), Cervantes explora la relación representante/representado cuando Maese Pedro le aclara a Don Quijote que las figuras de pasta no *son* moros, que lo representado, verosímil para el caballero, no se extiende a las figuras que representan la acción. Este episodio, como otros, señala el fin de una época, el pasaje de la interpretación textual de las cosas, donde las cosas son lo que la palabra indica, al mundo de las representaciones donde la relación no es contingente y necesaria. Don Quijote reconoce que las figuras de pasta *no son* lo que él creía "al pie de la letra," sino que constituyen otro sistema comunicativo, distinto al literal: el sistema representativo. Este sistema representativo, más directo, más cerca de la realidad, en cuanto presenta a los sentidos una realidad, ficticia sí, pero similar, es el sistema que va a operar en el teatro calderoniano años después. Cervantes le abre el camino a la representación como nuevo sistema de expresión, distinto y con otras posibilidades del que ofrecía la exégesis textual renacentista de la cual naciera su famoso personaje. Con la aparición de la representación se inicia un cataclismo estético en Europa; las similitudes, el "espejo de la vida," los reflejos de las esferas platónicas como punto de referencia, pierden su virtualidad. Este nuevo orden de las cosas con que se abre la época que hoy denominamos como "barroca," se inaugura, según las palabras de Michel Foucault, con esta nueva percepción del signo que anuncia ya Cervantes:

> With all their twists and turns, Don Quixote's adventures form the boundary: they mark the end of the old interplay between resemblance and signs and contain the beginnings of new relations.... And every episode, every decision, every exploit will be yet another sign that Don Quixote is a true likeness of all the signs that he has traced from his book. But the fact that he wishes to be like them means that he must put them to the test, that the [legible] signs no longer resemble [visible] people.[50]

La estética de la época renacentista estaba gobernada por el sistema de similitudes y semblanzas, evidente en la teoría poética dramática de Lope y en el mundo que oscila entre la "imagen" de las cosas y la "figura" que la novela cervantina trata de destruir; el teatro representativo ofrece un nuevo horizonte estético basándose en la relación representante/representado, siendo éste más inmediato a la aprehensión directa de los sentidos: el teatro representa con medios y personas sensibles. Es más, en las palabras de Buonamici, representa "conceptos cantados," y, como señalamos en el tercer capítulo, por medio de la escenografía "conceptos y metáforas visuales."[51] Véase por ejemplo este pasaje, uno entre muchos, del auto calderoniano que muestra la habilidosa alternancia entre "canto" y "representación" con los signos visuales, las insignias correspondientes al estilo representativo y la utilización de la voz conceptual:

> Abrese otro peñasco, en que ha de verse otro árbol de cuyas ramas han de estar pendientes una corona de laurel, un cetro, un espejo, un libro, una espada, un bastón, una azada, un cayado y una cruz; y al pie del árbol, debajo de cada insignia, dormidos, el PODER, la LABRANZA, la HERMOSURA, la DISCRECIÓN, la MILICIA y la POBREZA; y por detrás del árbol sube en elevación la JUSTICIA DISTRIBUTIVA, con una vara en la mano; y al sacudir las ramas con ella, cuando lo digan los versos, cae sobre cada uno la insignia que le toca.
>
> Justicia[canta].Despertad a la vida, mortales,
>   despertad, despertad a la vida;...
> [representa] Mortales que del no ser
>   al ser habéis de pasar,...
> [canta] Despertad a la vida, mortales,

	despertad, despertad a la vida.
[*representa*]	En los estados que ordeno
	veréis que a todos igualo,
	pues ningún estado es malo
	como el hombre en él sea bueno;...
[*canta*]	*Despertad a la vida, mortales,*
	despertad, despertad a la vida.
[*representa*]	La Justicia soy, y yo,
	sin ser liberal ni corta,
	doy lo que a cada uno importa,
	aunque él presuma que no...
[*canta*]	*Despertad a la vida, mortales,*
	despertad, despertad a la vida;...

Con esta repetición sacude las ramas, y caen las insignias, y desaparece, hallándose cada uno con la insignia que le toca, cayendo sobre el PODER, de galán, cetro y corona, y despierta; y la cruz se queda arrimada al árbol.⁵²

Vemos aquí la perfecta sincronización entre "los versos," el canto y la representación histriónica, añadiéndose a éstos el significado que conlleva cada insignia, completando el mensaje total de la escena; la poesía sola, aislada, dice muy poco, el significada está en la *representación*.⁵³

Este tipo de poesía representativa es llamada también por Buonamici *poesia scenica*; los términos son intercambiables.⁵⁴ Angelo Ingegneri, en su tratado *Della poesia rappresentativa e del modo di rappresentare le favole sceniche* (Ferrara, 1598), habla también de los "poeti scenici di nostra lingua" y cita como precursores a Giraldi, Tasso, Guarnini, Ariosto, y otros. Para Ingegneri este tipo de poesía escénica, o sea una recreación barroca del estilo trágico de Sófocles, presenta problemas técnicos en su escenificación que va apuntando en su tratado sistemáticamente. Uno de estos problemas es que la poesía escénica requiere el mecenaje de cortes o de academias adineradas por el costo de la producción, el vestuario y, sobre todo, el acceso a un teatro, como el Olímpico de Vicenza o el de Venecia. Esta poesía representativa, que tiene como propósito "admirar" por sus efectos a los espectadores, debe cuidar los detalles de la escenificación y la buena acústica que tienden a embellecer lo que el poeta ha contribuido. Ingegneri se detiene a hacer observaciones detalladas y meticulosas del movimiento de los histriones en escena, incluso que sus pasos deben estar marcados en el tablado para evitar encontronazos en el caso de muchedumbres, y señala la función del corega, el prototipo del coreógrafo moderno, la función apropiada del canto y del coro, y otras tantas advertencias que atañen a este nuevo estilo de representar. González de Salas, en su *Nueva idea de la tragedia antigua*, sigue en líneas generales esta preceptiva establecida ya por Ingegneri. Uno de los problemas que más preocupa a éste último es el de la acústica y de la verosimilitud en los efectos fónicos. Uno de los efectos más usados en la poesía representativa, y el que parece dar más agrado al público, es el del eco. Este efecto escénico, uno de los más profusamente utilizados en el teatro calderoniano, requiere un conocimiento bastante sofisticado de acústica ya que debe efectuarse dentro de un recinto cerrado como lo es el teatro, y éste debe por otra parte estar construido de una manera tal que permita su audición clara y definida. En los teatros nuevos italianos ya se habían introducido los elementos vitruvianos de acústica que estaban ausentes en los teatros romanos. Siguiendo las recomendaciones de Vitruvio en el libro V de *De architettura*,[55] el teatro barroco incorpora las técnicas que ayudan a la recepción clara y distinta de la voz escénica; se deben evitar los defectos en la construcción que puedan afectar a la voz. Estas modificaciones acústicas que provienen del teatro mismo, del ámbito espacial que contiene la emisión de la voz son, según Vitruvio:

(a) *El disonante*: el sonido se eleva y se estrella con objetos sólidos en posiciones altas y rebota hacia abajo confundiéndose con el nuevo sonido que se eleva.

(b) *El circunsonante*: la voz se abre en círculos y se pierde en sonidos no claros sin poder entenderse el significado.

(c) *El resonante*: la voz rebota sobre una superficie dura produciendo un eco, y haciendo que las terminaciones de las palabras suenen doble.

(d) *El consonante*: la voz que parte desde abajo aumenta a medida que sube y cuando llega al oído es clara y distinguible en tono.

Para Vitruvio el último método, el del consonante, es apropiado para los propósitos del teatro; los demás se deben evitar. El teatro barroco —e incluso los carros de los autos, estacionarios y con tarimas alrededor— adoptan en su construcción esta disposición, desde abajo hacia arriba, desde la escena hacia las gradas o butacas, para la emisión clara de la voz, práctica que persistió hasta nuestra época con el advenimiento de métodos de repercusión electrónicos. Es un teatro muy distinto en su conformación al primitivo corral abierto, donde la voz se perdía en sonidos no claros —el circunsonante vitruviano— y la percepción del silencio total como efecto escénico era, debido al bullicio de los mosqueteros y vulgo, casi imposible. El advenimiento del recinto cerrado del teatro barroco, perfeccionado acústicamente, permite la profusión de efectos sonoros

Efectos sonoros del *stile rappresentativo* 103

escénicos, como el recitativo acompañado del *basso continuo*, la diferenciación tonal de voces, los efectos musicales y la utilización del eco musical y vocal como medio de intensificación dramática. El efecto del eco en escena exige un conocimiento de las leyes de acústica para la reproducción verosímil de éste. Ingegneri, preocupado por la verosimilitud de los efectos fónicos, prescribe las reglas que los poetas deben seguir para la reproducción natural del eco. En *Della poesia* sugiere primeramente que la misma cantidad de sílabas finales se repitan como en el eco verdadero y no se omita ninguna. Señala también que la sincronización entre la voz y la respuesta del eco, siguiendo al eco naturalmente producido, sea invariable. Cabe al poeta tener este conocimiento de acústica para no cometer errores imperdonables en la representación del poema.

> Ma certi poi, mostrando poca cognizione della natura di questa ripercussione dell'aria, che si dimanda Echo, e stando forse solamente in ciò, che ne dicono i Poeti, e particolarmente Ovidio nelle Trasformazioni, l'han fatta talora rispondere una sola sillaba, talora due, e sovente tre, e quattro ancora, siccome è tornato loro bene, per cavarne la vivacità o il dubbio, che si sono immaginati: e non hanno pensato costoro, che come che diverse Echo in diversi luoghi rispondano diversamente, ed ora più sillabe, e ora meno, secondo la varietà dei siti; nulladimeno non si udì giamai (che io mi creda) una stessa Echo in un medesimo luoco risponder in più di una maniera: ed e gran fallo, per avviso mio, il farla fare in altro modo. Ultimamente vi sono di coloro, che (vaglia a perdonare) s'ingannano nel fare, che l'Echo fornisca il verso lasciato imperfetto dal personaggio parlante. (p. 512)

La presencia del eco en escena muestra una valoración fónica de la palabra en cuanto ésta y la repercusión del eco se escuchan, reproduciéndose el efecto en escena siguiendo las leyes naturales de percusión. Calderón va a utilizar en numerosas ocasiones este efecto fónico con una variación interesante. En el auto, por motivos propios al contenido teológico, aparece el eco angélico o divino, que es el único que contradice las leyes naturales de este fenómeno y toma un carácter sobrenatural al contestar de manera distinta a la primera articulación. Alice Pollin, en su análisis del auto calderoniano, distingue una elaboración mística de la visión y de la audición, donde el contenido teológico del drama sacramental se refleja en una estética del silencio, de las "canciones que no se escuchan," y de "la luz que no se ve," características del mundo sobrenatural. Ese mundo divino, cuyas leyes son distintas a las del mundo natural, altera también las leyes que gobiernan al eco. Por consiguiente, en el auto,

Calderón and his musical collaborators suggested the existence and meaning of cosmic sound in their use of instrumental music, chant, echoes, and, like "luz de luz," non-echoes. The latter, unlike normal echoes, arose in some mysterious, self-generative fashion. First, a proper phonic one, produced by two choirs in echo: "Ola, ahú; Ola ahú / ¿Quién llama? ¿Quién llama?" (*El día mayor de los días* [vv. 1638a-b]). Choral singing is frequently combined with solo voice, as in *El indulto general*, the same chorus later being used for echoing. In a remarkably musical, sixteen-line passage beginning "Pequé, Señor, y aunque infinito ha sido / Por tu infinito objeto mi pecado" (v. 1724a), each of Adam's changed lines is repeated or echoed, as though to underscore man's sinfulness and God's mercy. Later, to the utter astonishment and confusion of the assembled Old Testament and allegorical figures, there is perceptible an angelic echo which, contrary to the ordinary nature of this phenomenon, bursts forth in a joyous independent refrain: "Pax Hominibus in Terris, / et gloria in Excelsis Deo." "Culpa" thereupon exclaims to "Mundo": "¿Qué voces son éstas, Mundo, / tan contra el uso de eco, / que oyendo unas vuelven otras / articuladas del viento?" "Mundo" answers, "No sé, no sé / porque solo / sé que su dulce concento / suena en el aire...." (vv. 1727b-1728a)[56]

De lo que se desprende que en el autor el eco tiene dos maneras de expresarse: una, siguiendo las leyes naturales de este fenómeno cuando se trata de seres humanos; y otra, en la que se rompen las leyes naturales, respondiendo independientemente a la primera fonación con una respuesta de orden divino. Hay otro uso del eco en *No hay más fortuna que Dios*, el uso coral donde el eco no repite las primeras voces, la respuesta contraria emana del carro de la Discreción, lo que supone que Calderón alteraba también el eco para fines didácticos entre sus personajes alegóricos:

<pre>
Hermosura.   Sígueme, pues, porque a un tiempo
             goces los blandos aromas
             de sus flores, los concentos
             de sus fuentes, la armonía
             de sus aves, compitiendo
             las músicas de esas voces,
             pues todo suena, diciendo....
Coro 1.   Alábese la Hermosura
             de que, si en algún concepto
             el hombre es pequeño mundo,
             la mujer pequeño cielo.
</pre>

En el carro de la DISCRECIÓN se oye otro coro de música triste.

Efectos sonoros del *stile rappresentativo* 105

Coro 2. *No la Hermosura se alabe....*
Hermosura. Oíd, que parece que el eco
 nos responde.
Poder. Por si es
 nueva lisonja escuchemos.
Coro 2. *No la Hermosura se alabe,*
 pues de dos veces muriendo,
 una con el dueño yace,
 y otra yace sin el dueño.

(Parker ed., p. 34)

La respuesta no concuerda con el canto del primer coro; el coro de la Discreción está en desacuerdo: la Hermosura y el Poder, por sus intereses creados, no parecen comprender el enigma del mensaje, que el Mal oportunamente desecha como un eco equívoco, mal pronunciado:

Mal. ¿Qué explicación hay en eso
 que dar, si sólo es, señor,
 fantasía que, del eco
 mal pronunciada, nos vuelve
 destroncados los concentos?
 No hagas caso de ella (¡oh, nunca [Aparte.]
 sepan que hay mortal acuerdo!),
 sino prosigue tus gozos,
 pues te hallas feliz en ellos....

(Parker ed., p. 35)

Es interesante notar que el Mal en el aparte admite que el "acuerdo" entre las voces escuchadas es real y audible, y no "fantasía" como él quiere hacer creer; o que también, si traspuesto a un plano doctrinal, el "mortal acuerdo" entre los cantantes —que como cuerdas están entonados todos a un fin mortal (recordemos la expresión "tomar el punto")— le da verdadera significación a la respuesta enigmática del no-eco.

Estas son variantes de la utilización del eco escénico con fines doctrinales, didácticos, o sobrenaturales, "a lo divino." El pensamiento detrás de esta variante que altera el uso del eco natural es que Dios —como ya observara Jack Sage— para Calderón es el Gran Músico, fuente de la armonía Divina, y el diablo se representa con una voz engañadora: "De ahí el problema humano planteado por Calderón: el hombre tiene que distinguir entre la verdadera Voz divina y la del diablo, superficialmente bella pero falsa."[57] De lo que colegimos que dentro del esquema de la salvación del auto calderoniano se salvan aquellos que tienen buen oído musical, los que saben distinguir entre las voces falsas, los falsetes demoníacos, las cuerdas disonantes de Lucifer, y están en "acuerdo" con las consonancias divinas, o también, como vimos en el caso del *Gran teatro del mundo,* aquellos que escuchan al Apuntador Divino, la Ley de Dios. Siempre es un problema de audición o de fonación. Para Calderón el catolicismo se representa auditivamente y también visualmente, es decir, teatralmente.

Como veníamos diciendo, es en el teatro cerrado donde se pueden efectuar mejor estos efectos de acústica. Los efectos de los ecos en las *comedias de teatro* de Calderón (y hablamos de aquellas que se representaron en la Sala de Comedias del Palacio del Buen Retiro y luego en el Coliseo del Buen Retiro o en el Palacio de la Zarzuela) son profusos desde el comienzo de su obra secular. Sage, Shergold y Pollin han notado muy perspicazmente estos efectos en el auto, pero no se ha visto realmente bien el gran alcance que tiene en las comedias. Es uno de los efectos escénicos favoritos de Calderón y se los encuentra desde sus primeras obras hasta sus últimas, incluso en la obra que lleva el significativo título de *Eco y Narciso.*

En el siguiente ejemplo, tomado de *Judas Macabeo,* representada posiblemente en 1623, cuando Calderón era apenas un principiante del teatro, se nota la misma afición al uso de las voces escénicas que vemos en sus producciones de su madurez, las más elaboradas teatralmente:

    Cloriquea. Con lastimosas voces,
    parece que conserva
    en repetidos ecos,
    al viento a Cloriquea.
    Imágenes confusas
    son, que representa
    el amor de Lisías
    en esta triste ausencia.
    Engañarme a mí misma
    amorosa quisiera,
    respondiendo a sus voces.
    ¡Lisías!
    (Dentro.) Lisías.
        ¡Cloriquea!
    Cloriquea. No son vanos fantasmas
    de mi turbada idea;
    que en el aire mi nombre
    articulado suena.
      Tocan cajas destempladas.
    ¿Qué fúnebres rumores,
    o qué voces funestas,

> al pronunciar mi nombre,
> ofenden mis orejas?
>
> (I, 26-27)

Suponemos que al salir a escena Cloriquea escucha el rumor del viento, que ella interpreta como su nombre; un "efecto" de viento creado desde dentro, que ella toma como la representación del amor del ausente Lisías. Responde a este rumor llamándolo, "¡Lisías!" Dentro, la voz de Lisías —y no se le ve hasta la próxima escena— contesta como un eco fantasmal, no real, y por lo tanto, no responde a la fonación del eco natural. El efecto escénico que Calderón desea lograr es sobrenatural, espeluznante casi diríamos, un efecto de "fantasmas," de seres ausentes que se refuerza con el toque de las "cajas destempladas" —recordemos lo dicho sobre *temple*— un efecto sonoro que representa algo fúnebre, que "ofenden las orejas" de Cloriquea. La escena con sus efectos de eco fantasmal está bien lograda ya que preanuncia *vocalmente* y *musicalmente* la escena siguiente, cuya acotación advierte que al son de cajas destempladas entra un ataúd. El eco fantasmal ayuda a crear este ambiente sobrenatural y casi macabro.

Calderón, por lo que vemos, usa este efecto escénico con suma originalidad. Veamos en *La gran Cenobia* (de 1625) su uso de este efecto de eco musical con cajas y trompetas para subrayar lo triste y lo alegre de estos versos donde el cosmos entero se hace voz, lamento o risa:

> Aureliano. A la voz presurosa
> del sol, con dulce salva,
> sale llorando el alba,
> y riendo el aurora,
> que esperan en un día
> efectos de tristeza y alegría.
> Mi honor es el aurora,
> Cenobia el alba bella,
> que entre amalla y vencella
> el uno y otro llora,
> cuando triste y contento
> mi dicha estimo y su desdicha siento.
>   *Tocan dentro cajas y trompetas.*
> Mas ya con ecos graves
> publican dulces fines
> los sonoros clarines,
> las trompetas süaves,
> cuya compás con bajas
> voces repiten las templadas cajas.
>
> (*La gran Cenobia*, I, 91)

Es una escena de intensa musicalidad: el sol mismo tiene voz, el alba y la aurora adoptan el estilo tonal del recitativo; la voz lastimera de la aurora parece repetir la voz de Cenobia. Los efectos vocales expresados en este cosmos se repiten en eco musical, subrayando los momentos patéticos con instrumentos musicales que repiten, y siempre en acorde, sus ecos ya lastimeros, ya alegres, ya suaves, ya bajos. Este es un ejemplo de eco musical efectuado con instrumentos musicales, otra variación del efecto fónico de este fenómeno, con otro propósito.

Todo lo dicho tiende a mostrar la maestría de Calderón componiendo sus dramas o tragedias con un fino oído musical y que su teoría de composición obedece concretamente a la nueva boga italiana del teatro representativo y melodramático. La constante del motivo de los sentidos pone de relieve la adopción de una nueva manera de captar al mundo que creemos corre paralela al nacimiento del teatro representativo, a la evolución de la escenografía, de la coreografía, y de la aparición de todas las convenciones teatrales de carácter visual o auditivo. Diferenciamos, una vez más, el carácter auditivo-imaginario de la comedia renacentista,[58] y por contraste, la manera de hacer teatro calderoniana donde la vista y el oído corren mano a mano, significando directamente al espectador conceptos a través de efectos visuales y sonoros. La originalidad de Calderón se patentiza, más que todo, en la parte visual del espectáculo y de su manejo de la perspectiva escénica, tema que tratamos en el tercer capítulo.

3
El valor de la perspectiva, sus orígenes y aplicación al teatro barroco

> *Al teatro pasad de las verdades,*
> *que este el teatro es de las ficciones.*
> Calderón, *El gran teatro del mundo*

COMO VIMOS al principio del capítulo anterior, Allardyce Nicoll considera que las bases formativas del teatro barroco, las que le darán sus peculiaridades de época y de estilo, diferenciándolo del teatro renacentista, parten de dos innovaciones claras y definidas, una de la aplicación de las teorías cameratistas al texto dramático y la otra debida a la revolución creada en la escenografía por la ciencia perspectivista a partir de la aparición de *Perspectivae*, libri VI, "De Scaenis" (Pesaro, 1600), de Guidobaldo del Monte.

En nuestro acercamiento al teatro barroco de Calderón seguimos en líneas generales la pauta señalada por Nicoll, agregando la tercera e indispensable a este arte politécnico, que es el texto poético que contribuye el dramatista. Tres son las artes que se conjugan en esta confluencia de texto poético, escenografía y música que constituyen el fenómeno del arte teatral barroco. Recordando esta premisa en que se basa nuestro estudio, haremos hincapié en este capítulo en la parte más plástica de la representación, la escenografía y el teatro.

Tratándose en esencia de un acercamiento al arte visual, arte intrínsecamente diferente al arte poético y al musical, establecemos como punto de partida para nuestra investigación el método —por consecuencia diferente al aplicable a las otras artes— basado en lo que el ojo percibe, así como basáramos nuestro estudio de la parte musical en lo que el oído escucha.

El estudio del teatro barroco, en la parte visual, puede adoptar para sí un acercamiento similar al que Jean Paris sugiere y utiliza con maravillosos resultados para su evaluación del espacio pictórico:

> Il est étrange qu'une critique des arts visuels ne se soit pas encore fondée sur le regard, sur tous les modes selon lesquels, comme dans l'existence, il s'impose, s'échange, se refuse. Combien de traités sur la couleur ou la perspective, mais que seraient couleur et perspective sans l'œil que les vit, sans l'intention qui les formule?[1]

El teatro barroco, entendido como fenómeno en parte visual, especialmente debido al desarrollo de la perspectiva en escena, se presta admirablemente a ser apreciado con la mirada, el ojo del espectador que, desde la butaca, ve la profusión de signos que se objetivan en el diseño pictórico de la escena, signos icónicos —que no gráficos— que conllevan un mensaje inteligible y conceptual.

Este método difiere, en este sentido, de otros acercamientos de tipo "estético" que se han utilizado para el análisis de dramas del Siglo de Oro. No buscamos analogías entre "la pintura" y "la literatura," dos artes disimilares, como han hecho por ejemplo Darnell H. Roaten y F. Sánchez y Escribano en *Wölfflin's Principles in Spanish Drama: 1500-1700* (New York, 1952), aplicando al drama principios de color, forma, plano o línea que utilizara Wölfflin para describir las artes plásticas. El teatro entendido como arte politécnico tiene sólo *una* parte visual, a la que nuestro análisis se refiere específicamente.

La inclusión de la perspectiva en la escena —según nos indica Nicoll— es una de las piedras angulares de este teatro pictórico. La evolución de la escenografía en Italia, unida a la evolución de la perspectiva en el arte pictórico, le va a prestar al arte teatral de origen griego —el viejo *theatron*, el lugar donde uno va a ver un espectáculo— características diferenciadoras en el cómo se ve y en el cómo el ojo percibe. Esencialmente la antigua *skene* clásica, con sus pórticos y columnas, réplicas de la arquitectura al uso, va a ser reemplazada en la versión italiana del teatro griego por paneles pintados en perspectiva. En el revivir del teatro griego, preocupación suma de los humanistas del Renacimiento italiano, se cuela un pequeño detalle que puede pasar desapercibido: la escena no es ya arquitectónica, sino pictórica, tridimensional y, sobre todo, perspectivista. Este es un punto sobre el cual debemos detenernos un poco para entender el fenómeno teatral barroco y la importante contribución que hace al teatro de origen griego la pintura italiana.

Los griegos desconocían la perspectiva lineal y los fenómenos de óptica que le son inherentes. Es más, en la época clásica hubiera sido imposible descubrir las reglas de la perspectiva porque se pensaba que la luz iba de los ojos hacia el objeto. Parecerá ridículo, pero por miles de años el hombre desconocía por qué el ojo ve y cómo ve. El hecho fundamental de la percepción de los objetos, unido en nuestra cultura al desarrollo y avance no sólo de las artes plásticas, sino también al crecimiento de la ciencia experimental, no se esclarece hasta cerca del año mil. No fue hasta que Al Hazen, un árabe toledano, quizás la mente más original que la cultura árabe produjo, decubrió que, en efecto, vemos un objeto porque cada punto de él refleja o refracta un rayo de luz *hacia* el ojo. En *Perspectiva* (ca. 1000) describe por primera vez el concepto del cono de visión cuya base se encuentra en el objeto con el ápice en el ojo, anulando la teoría de los griegos, y a la vez, descubriendo una ley de gran utilidad para los pintores del Renacimiento italiano.[2]

Lorenzo Ghiberti, habiendo estudiado a Al Hazen, a quien llama "lo auctore della prospettiva," va a aplicar ese conocimiento óptico por primera vez al arte en las famosas Puertas del Paraíso del *Battistero* de Florencia en el bajorrelieve hecho en bronce, donde ya se evidencia la perspectiva en los planos recedentes, la proporción de las figuras mayores en el primer plano y el paisaje en menor proporción en el fondo.[3] Desde entonces la incorporación de las teorías ópticas de Al Hazen conjuntamente con la geometría euclidiana, utilísima para medir el ángulo visual, darán nueva vida al arte renacentista italiano. Leon Battista Alberti en *De pictura* (1435) sistematiza los problemas de la perspectiva; Piero della Francesca escribe entre 1474 y 1482 un tratado, *De prospectiva pingendi*, siguiendo a Alberti, su mentor. Estos son los pioneros que inician la escuela de los *perspectivi*, cuyo propósito era reproducir las figuras pintadas de la misma manera que el ojo las ve: tridimensionalmente en el espacio.

En la pintura del *quattrocento* comienza a ser evidente, gracias a los estudios de óptica que la nutren teóricamente, una profunda relación entre el espacio y la mirada. El espacio pictórico que durante el período bizantino —según Jean Paris— estaba caracterizado por la visión frontal del rostro divino del Dios Omnividente, en un "primer momento" de la visión, donde "la mirada absoluta corresponde al espacio absoluto," va a ser reemplazado por un "segundo momento," el del "diálogo de las miradas," característico de la pintura sienesa, donde en un espacio plano, bidimensional, se crea el espacio necesario para el diálogo humano de las miradas. El "tercer momento" —el de la época barroca— se inicia con la complicada dialéctica de las miradas humanas, donde la vista divaga de una persona a otra y el rayo de visión toma inesperadas direcciones, terminando, a veces en un espejo como en el caso de la *Allegoría* de Ticiano, o bien invirtiendo los rayos de visión como en *La Venus en el espejo* de Velázquez, donde no vemos el rostro de Venus, sino su tenue reflejo en el espejo.[4] En este tercer momento la pintura, género bidimensional por excelencia, se hace tridimensional, se teatraliza, las miradas se intercambian dramáticamente, envolviendo, a veces, al espectador incauto que cree mirar una escena y termina siendo observado como en *Las meninas* de Velázquez; es un espacio dual que va hacia afuera del mundo aparencial y se desliza, imperceptiblemente, fuera del lienzo, hacia lo real.

De la misma manera, en un desarrollo similar a la apertura del espacio pictórico que nos describe Jean Paris, podemos apreciar un movimiento paralelo en la escena. El punto de vista que parte de la Mirada Divina está presente en la organización espacial de la escena litúrgica medieval, con los dos niveles verticales, de dirección ascendente, la Tierra y el Cielo. Las escenas múltiples del drama litúrgico, en distribución horizontal, como los paneles de los trípticos medievales, utilizando el paisaje real como fondo, muestran, asimismo, que el espacio está concebido desde el punto de vista absoluto, ya que no hay distinción entre la esencia y la apariencia. Un río cualquiera puede ser, simbólicamente, el Jordán; un promontorio, el Monte de los Olivos. Es un espacio absoluto y el punto de vista, absoluto, surge de los ojos de Dios. El creyente que iba a ver la *Assumpció de madona Sta. María* no tenía los ojos puestos en lo "aparente de la escena," sino en la verdad que se representaba simbólicamente y que emanaba del punto de vista Divino.[5] El "segundo momento," el del diálogo de las miradas, correspondería al de la escenografía serliana. Sebastián Serlio, en *Il secondo libro di prospettiva* (París, 1545; Venecia, 1560), introduce por primera vez la pintura perspectivista a la escena, esbozando en telones pintados las tres escenas clásicas que clasificara Vitruvio: la trágica, la cómica y la satírica. Con la introducción de la pintura perspectivista a la escena, ya no podemos hablar más de visiones trascendentes, el punto de vista es terrenal; la escena pintada, aunque todavía limitada a los tres géneros, sirve como fondo al diálogo dramático. El género bidimensional de la pintura, y el truco óptico de la perspectiva, desde entonces, le dará una particularidad única a la escenografía cortesana italiana: es pictórica y perspectivista.

El espacio escénico, desde Serlio, y durante el siglo XVI, va a estar siempre unido al desarrollo de las artes figurativas y especialmente a la evolución de la perspectiva. La escena perspectivista serliana era de carácter genérico, fija y casi se podría decir bidimensional. En este período no se habían afinado suficientemente los conocimientos de óptica para conseguir la apertura del espacio escénico. Las pinturas de las calles y casas que se encontraban montadas sobre un plano agudamente oblicuo, con la línea del horizonte demasiado alta, no permitía a los recitantes desplazarse hacia atrás porque quedaban en desproporción con el achicamiento que requería la perspectiva. El espacio de la recitación, por lo tanto, se limitaba a una pequeña franja *al frente* de la perspectiva, con accesos laterales y no de fondo, limitando así el número de actores a unos pocos dialogantes. El espacio aquí y como en la pintura sienesa del *quattrocento*, carece de profundidad, se limita al diálogo y a las miradas de unos pocos actores que permanecen casi estáticamente al frente de la pintura que esbozaba, genéricamente, un lugar indeterminado. Desde el punto de vista del espectador la función aparencial de la perspectiva escénica es muy limitada: no permite la entrada de los representantes *dentro* del cuadro y, sobre todo, no permite la penetración de la mirada que funde al cuadro con los representantes.[6]

El "tercer momento" de la mirada en el espacio, en superación a la bidimensionalidad pictórica renacentista, se inicia a partir de la aparición de paneles pintados en perspectiva pero dispuestos tridimensionalmente, cuatro hacia los lados y el quinto en el foro, distanciados simétricamente sobre un tablado levemente inclinado, los llamados bastidores laterales.[7] La práctica y teoría perspectivista ha avanzado considerablemente con las aportaciones de Daniele Barbaro, Giacomo da Vignola Barozzi, Lorenzo Stirigatti, hasta culminar con el importante trabajo de Guidobaldo del Monte.[8] Se crea el espacio escénico; se da cabida a los actores, músicos, apariencias y máquinas *dentro* del cuadro pintado entre los bastidores laterales, los cuales convergen perspectivamente hacia el punto de vista, a nivel del horizonte, en el foro.

Esta escena tridimensional, mutable, profunda, simétrica y cóncava, es la que va a dominar en el teatro del período barroco hasta comienzos del siglo XVIII, cuando el espacio escénico, en manos de Ferdinando Galli Bibiena, se hace convexo.

La escena barroca tiene peculiaridades que son únicas en la evolución del espacio escénico. Primeramente, la mutación rápida de bastidores —característica de la escenografía de Bernardo Buontalenti y de Giulio Parigi en los *melodramme* e *intermezzi* florentinos— permite el cambio de escenas, hecho en segundos a la vista de los espectadores, en el lapso de un acto. Se trata, por lo tanto, de una escena de gran flexibilidad de lugares en comparación con la escena serliana —el repertorio usual de los escenógrafos tenía, por ejemplo, escenas marinas, interiores de palacios, murallas con puentes levadizos, jardines, casas particulares. En España el vocabulario escénico que se va creando a través del siglo XVII refleja este aspecto movible de la escena en la palabra *mutación* para indicar "escena"; también en los vocablos *bastidores, perspectivas* y *apariencias*, que son intercambiables, denotando todos ellos su asociación con los paneles movedizos de la escena italiana.[9] El vocablo *apariencia*, además, nos lleva a otra consideración, a otra característica de esta escena perspectivista. El lugar escénico barroco es *ficticio* y *aparencial*, pero *verídico* a los ojos. El engaño de la vista que crea la visión prospéctica, duplicando los lugares del mundo real, hace posible la sustitución necesaria, la representación de uno por otro, que le dará al teatro barroco su base epistemológica como el teatro representativo del "gran teatro del mundo." Y es precisamente el uso extenso de esta palabra *apariencia* la que denota el fondo *ilusionista* de esta escena y que se debe a una relación especial que se crea entre el ojo del espectador y la escena.

Es recién a partir del estudio matemático de Guidobaldo que se logra una alineación perfecta entre la mirada de los espectadores y el punto de vista escénico en el foro. Ferruccio Marotti, trazando la evolución del espacio escénico, nota que

> Serlio ne semble pas comprendre la relation très étroite entre l'"œil" et le point principal du tableau (qui est la projection orthogonale du premier) et il les dispose à des distances différentes: la double fonction du centre optique —paramètre directif du schéma de la perspective et lieu de la vision— n'est pas encore comprise. Après Serlio, pendant tout le XVIe siècle, la technique de la perspective, en précisant toujours d'advantage la position et le rôle du centre optique, mettra sur un plan opératoire le passage de la conception active de l'espace à la conception passive, illusioniste.... Avec Guidubaldo, [l'écart entre l'œil géométrique —paramètre directif de la construction en perspective— et l'œil physique, lieu de l'observation] coïncident pleinement.[10]

Con Guidobaldo, como ya lo señaló Nicoll, se inicia el período barroco en la escenografía. La distinción entre la escenografía renacentista y la barroca está, esencialmente, en que en esta última fase se logra una recreación escénica perfecta, sin distorsiones, de la realidad; el ojo del espectador ve, por primera vez, una escena pintada que se le *aparece* a los ojos en las mismas dimensiones y proporciones que la realidad. El engaño es total, la escena es una ficción, una ilusión, un truco a los ojos. Esta es una de las razones por la cual no se puede estudiar el drama barroco que habita este espacio de una manera *realista*, tomando las cosas por lo que son; es un espacio fundamentalmente *aparencial* y engañoso a la vista.

Lotti es el eslabón entre la escenografía pos-guidobaldiana y Calderón. Después de su llegada a Madrid no nos queda duda que los decorados usados en las comedias cortesanas tienen las características recién descritas. Los personajes calderonianos que habitan este mundo ficticio, mutable y pictórico son ellos mismos criaturas de esa ilusión que, incluso, denuncian al espectador:

> Flérida. Yo lo sé porque sentada
> sobre esta punta, que hace
> corona al mar y a la tierra,
> árbitro de ondas y valles,
> *vi* (como entre oscuros *lejos*
> de unos *pintados celajes*,
> suelen pintarnos las sombras

ya jardines, ya ciudades)
una confusa apariencia,
que era, al perspicaz examen
de la vista, neutral duda,
mezcla de nubes y naves.
(*El mayor encanto amor*, I, 1538)

Hay en estos versos una serie de palabras técnicas y propias de la pintura perspectivista de la escena que le dan a este parlamento un significado muy de época. "Celaje," "lejos" y "apariencia" muestran que los principios perspectivistas de la pintura eran ya parte de la visión escenográfica: el personaje está rodeado de los efectos ilusionistas de este tipo de pintura y tiene que esforzar la vista para distinguir si se trata de telas pintadas o de cielo, nubes y naves de verdad. El mismo personaje alude también, en unas líneas anteriores, al paisaje mutable portátil y corredizo de los bastidores pintados:

Flérida.   ...pues las ondas,
gimiendo del peso grave,
con ambición de peñascos
blasonan, cuando arrogantes
ven por la campaña azul
de sus salobres cristales
vagar un volcán deshecho,
mover un Flegra *portátil,*
correr un Etna *movible,*
e *ir* una Trinacria *errante.*

Este aspecto movible y cambiante de la escenografía, al que tantas veces alude nuestro dramaturgo, se entiende mejor si tenemos en cuenta la conformación de la escena con los cinco paneles o bastidores laterales en perspectiva que introdujera Cosimo Lotti a la manera italiana. Veamos otra alusión a los paneles movedizos, las llamadas "mutaciones":

Rey.   Entre la quinta y el mar
deleitosa vista es esta;
porque mirar tantas quintas,
cuyas plantas lisonjean
ninfas del mar, que obedientes
con tanta quietud las cercan,
es ver un monte portátil,
es ver una errante selva;
pues vistas dentro del mar
parecen que se menean.
(*A secreto agravio, secreta venganza*, I, 452)

El rey se encuentra en una "quinta," es decir, en una casa de campo, situada al borde del mar. En la escenografía perspectivista este paisaje estaba pintado en cinco paneles, cuatro hacia los lados y uno en el foro — lo que los italianos llamaban *quinte piatte*. Estos bastidores pintados estaban montados sobre ruedas y se desplazaban fácilmente para presentar ya una escena como una selva, un monte o un puerto. Es obvio que el personaje aquí alude ingeniosamente —y teniendo en cuenta el sentido doble de "quinta"— a los engañosos y movedizos paneles laterales.[11] La conformación de la escena del Coliseo del Buen Retiro, según las medidas que recogiera don Antonio Palomino Velasco a principios del siglo XVIII, confirma la presencia de "canales" espaciados entre 4 a 8 pies de distancia por donde corrían los bastidores.[12] Las medidas indican también un desnivel del piso del escenario de media vara y dos dedos; no hay duda que Cosimo Lotti al diseñar el plano de este teatro español tomó como prototipo al teatro de Parma con el eje de perspectiva central, con los bastidores laterales mutables y el piso inclinado para completar el efecto de los telones pintados en perspectiva. Con esta escena pos-guidobaldiana, con los trucos ópticos que hace posible el perfeccionamiento de las leyes de perspectiva y su aplicación práctica al teatro, comienza en España la estética del "engaño de los ojos," base perceptual y filosófica del teatro calderoniano.

Guidobaldo del Monte, con la escuela perspectivista que él creó, es clave para seguir los pasos de este tipo de escenografía que se exportará a los nuevos teatros cortesanos europeos, a Inglaterra, a Francia y a España.[13] La Accademia del Disegno de Florencia, fundada por Giulio Parigi, fue uno de los centros más importantes para la aplicación práctica de las teorías perspectivistas, tanto sea en el dominio militar como en el artístico.[14] De esta academia egresaron, entre otros, Pietro Accolti, *Lo inganno degli occhi, prospettiva pratica* (Firenze, 1625); Stefano della Bella, llamado a París para diseñar las perspectivas para una Comedia Real en 1641; Cosimo Lotti, famoso discípulo de Giulio Parigi, el cual se había destacado en su ciudad natal por sus "perspectivas" para los *melodramme* creados por la escuela cameratista, y quien, llegado a España, puso en manos de Calderón lo más avanzado en escenografía perspectivista. Vicente Carducho (Vincencio Carducci), el autor del *Diálogo de la pintura* (Madrid, 1633), egresado él también de esta academia, nos dejó constancia de la sólida preparación en materia de perspectiva que se ofrecía en Florencia:

> Para la perspectiva práctica leí a Guido Baldo, al Viñola, León Bautista Alberto, al Cavalier Sirigati, a Sebastiano Serlio y a otros que pude haber a las manos: enterándome para la teórica del mismo Guido Baldo y del doctísimo y único Euclides, en sus elementos; y en su especularia al

padre Clavio. *Atendiendo bien a los efectos que hacen las cosas que se ven a nuestra vista,* y como vemos debajo de ángulos que hacen los rayos visuales, formando una pirámide todos ellos, cuya punta se determina en el centro del humor cristalino del ojo, y la basis en la superficie del objeto y cosa vista; cuyas causas hacen tanta variedad y transformaciones.... (Enfasis mío)[15]

Pintor y escenógrafo tienen la misma preocupación: "los efectos que hacen las cosas que se ven a nuestra vista," el conocimiento de las leyes ópticas y perspectivistas que pueden ayudarle en la reproducción exacta del objeto o a las "transformaciones" escénicas. La comprensiva bibliografía que nos suministra Carducho nos da una idea de lo avanzado de las enseñanzas de esta academia a la que concurrían de toda Europa. De hecho, se descartan las teorías aristotélicas de la visión y se adoptan las de Al Hazen, "como vemos debajo de ángulos que hacen los rayos visuales, formando una pirámide todos ellos, cuya punta se determina en el centro...del ojo, y la basis en la superficie del objeto." Esta observación hecha por el autor de la perspectiva tendrá insospechadas y profundas consecuencias en el pensamiento occidental. Por un lado la sistematización del espacio con una perspectiva central que coincide con el punto de vista del observador permitirá el desarrollo de la escenografía ilusionista, la *prospettiva di mezzo,* típica de los diseños de Giulio Parigi en los *melodramme* florentinos —como podemos ver en los grabados que reproducen este tipo de escenografía— en los diseños que realizó Baccio del Bianco para *La fiera, el rayo y la piedra* (ilustraciones 7-29, abajo), y *Andrómeda y Perseo* de Calderón, o en las acuarelas que nos dejó Francisco Herrera, el Mozo, de las escenas de *Los celos hacen estrellas* de Juan Vélez de Guevara.[16]

El teatro barroco es fundamentalmente un estilo que está unido al desarrollo de la perspectiva escénica, pero que es parte, a la vez, de todo un proceso sincrónico que implica una nueva percepción espacial y que va a revolucionar, desde entonces, todos los campos del pensamiento. Como lo observara Rudolf Arnheim:

>...But at the same time central perspective is also the result of a completely different procedure. It is what we get when we set up between our eyes and the physical world a vertical plate of glass, on which we trace the exact contours of the objects as we see them through the glass. In this sense central perspective is the product of a mechanical copy of reality.... It was a dangerous moment in the history of Western thought. The discovery suggested that the product of successful human creation was identical with mechanical reproduction and, in consequence, that the truth about reality was to be obtained by transforming the mind into a recording device.[17]

Así como la escena teatral con el haz central de perspectiva *representa* al mundo real, de la misma manera la perspectiva como sistema mecánico, exacto, garantizaba un punto fijo de observación al que se podía referir toda observación. La sistematización final de las leyes ópticas de perspectiva tienen en el siglo XVII una importancia que va más allá del fenómeno teatral; el impacto de la nueva reestructuración del espacio y el énfasis en los fenómenos de percepción van a dar lugar a ese "momento peligroso" del pensamiento europeo al cual tendremos que aludir para comprender plenamente la corriente de ideas en la cual se mueve y es partícipe Calderón.

Notablemente, Galileo Galilei tomará de la "ciencia perspectivista" que aprendiera de su colega y amigo Guidobaldo las nociones fundamentales para la invención del revolucionario telescopio con el cual había de demostrar la validez de las teorías heliocéntricas copernicanas. En una carta fechada el 29 de agosto de 1609 describe cómo esta ciencia de larga filiación pictórica y teatral va a ser la base de su observación experimental:

> You must know, then that it is nearly two months since news was spread here that in Flanders there had been presented to Count Maurice a spyglass, made in such a way that very distant things are made by it to look quite close, so that a man two miles away can be distinctly seen. This seemed to me so marvellous an effect that it gave me occasion for thought; *and as it appeared to me that it must be founded on the science of perspective,* I undertook to think about its fabrication; which I finally found, and so perfectly that one which I made far surpassed the reputation of the Flemish one. (Enfasis mío)[18]

La ciencia perspectivista que se enseñaba en la Accademia del Disegno de Florencia va a tener dos aplicaciones distintas, a niveles y en dominios diferentes, una en la creación del espacio representado en las tablas, la otra en la formulación del espacio cósmico. Tanto en la zona *aparencial de la escena* como en *la real del mundo* la perspectiva será el foco de observación, el ojo la ventana del conocimiento.[19] En este siglo, y especialmente después de la reformulación espacial de Galileo, notamos una especial fascinación en todo artista o pensador por los fenómenos ópticos. Es la época de la "visión aguda." Giambattista Marino en el Canto Décimo del *Adone*, anuncia proféticamente la aparición de esta nueva era de agudeza visual:

> Tempo verrà che senza impedimento
> Queste sue note ancor fien note e chiare
> Mercè d'un ammirabile stromento

La perspectiva y el teatro barroco

> Per cui ciò ch'è lontan vicino appare;
> E con un occhio chiuso e l'altro intento,
> Speculando ciascun l'orbe lunar,
> Scorciar potrà lunghissimi intervalli
> Per un picciol cannone e duo cristalli.
>
> Del telescopio a questa etate ignoto
> Per te sia, Galileo, l'opra composta,
> L'opra ch'al senso altrui, benchè remoto,
> Fatto molto maggior l'oggetto accosta.
> Tu solo osservator d'ogni suo moto,
> E di qualunque ha in lei parte nascosta,
> Potrai senza che vel nulla ne chiuda,
> Novello Endimion, mirarla ignuda.[20]

Ningún pensador o poeta se escapa a esta fascinación óptica con que se abre el siglo. El mundo cambia de configuración porque se lo *ve* de otra manera. El sentido de la vista es el instrumento del conocimiento, y los sentidos cobran una importancia total en el nuevo esquema. René Descartes, que preparara el *Discurso sobre el método* como un prefacio a su gran obra *Dioptrique et Méteores*, obras que se publicaron juntas en 1637, muestra la misma preocupación por los fenómenos de visión que sus contemporáneos:

> *Toute la conduite de nostre vie depend de nos sens, entre lesqueles celuy de la veüe estant le plus universel & le plus noble*, il n'y a point de doute que les inventions qui servent a augmenter sa puissance, ne soyent des plus utiles qui pussent estre. Et il est malaisé d'en trouver aucune qui l'augmente davantage que celle de ces merveilleuses lunettes qui, n'estant en usage que depuis peu, nous ont desia decouvert de nouveaus astres dans le ciel, & d'autres nouveaus obiets dessus la terre, en plus gran nombre que ne sont ceus que nous y avions veus auparavant: en forte que, *portant nostre veüe beaucoup plus loin que n'avoit coustume d'aller l'imagination de nos peres*, elles semblent nous ouvert le chemin, pour parvenir a une connoissance de la Nature beaucoup plus grande & plus parfaite qu'ils ne l'ont eue. (Enfasis mío)[21]

Rápidamente, en el lapso de una generación, gracias al descubrimiento que acentúa la importancia de la visión como fuente de conocimiento, se opera un cambio significativo, lo *imaginado* se descarta por lo *visto*, de lo supuesto se pasa a lo comprobable por los ojos, a la ciencia experimental. La imaginación del artista, libre también de divagar sin límites ni exactitud espacial, que componía con imágenes creadas, digamos, a ojos cerrados, va a encontrar en la pintura perspectivista de la

Naturaleza, una nueva proporción y simetría antes no conocida. Dryden, por ejemplo, en su crítica de Shakespeare, utiliza este paragón:

> If you consider the historical plays of Shakespeare, they are rather so many chronicles of kings, or the business many times of thirty or forty years, cramped into a representation of two hours and a half; which is not to imitate or paint nature, but rather to draw her in miniature, to take her in little; *to look upon her through the wrong end of a perspective, and receive her images not only much less, but infinitely more imperfect than life.* (Enfasis mío)[22]

El antiguo tópico horaciano de *ut pictura poesis* tiene en este período una nueva vitalidad. El dramaturgo debe imitar como el pintor los detalles de la Naturaleza, pero el parámetro de proporciones está aquí dado por la perspectiva, que representa o aparenta representar en *las mismas dimensiones* a la vida. El espejo de la vida, el reflejo impreciso de la estética basada en la similitud, característica del Renacimiento, ha sido reemplazado por una medida eficiente.

La filosofía no se escapa tampoco a la nueva óptica y ciencia perspectivista que domina el siglo. La visita que hiciera Tomás Hobbes a Galileo dejará en el pensamiento del inglés la marca indeleble de la nueva manera de percibir al mundo:

> Concerning the thoughts of man...they are every one a representation or appearance of some quality, or other accident of a body outside us, which is commonly called an *object*. Which object worketh on the eyes, ears, and other parts of man's body, and by diversity of working produceth diversity of appearances.[23]

La sugerencia que se le atribuye a Galileo, de que Hobbes trate de incorporar a la filosofía el método de la geometría —leamos con esta palabra la aplicación euclidiana de la perspectiva y óptica— ha hecho que el filósofo vea el mundo objetivo de otra manera. El objeto se percibe a través de los sentidos, que reciben, como en el teatro, "representaciones" o "apariencias" de las cosas, produciendo los conceptos. Hobbes descarta la antigua creencia aristotélica que los objetos emiten *especies visibles* y adopta el método de la visión de Al Hazen, origen de la visión perspectivista. Al volver a Inglaterra rechaza las enseñanzas vigentes en las universidades, criticando de esta manera:

> But the philosophy schools, through all the universities of Christendom, grounded upon certain texts of Aristotle, teach another doctrine; and say, for the cause of vision, that the thing seen sendeth forth on every

La perspectiva y el teatro barroco 121

side a *visible species*, (in English) a visible show, apparition, or aspect, or a being seen; the receiving whereof into the eye is *seeing*. And for the cause of hearing, that the thing heard sendeth forth an *audible species*, that is, an audible aspect, or an audible being seen [sic]; which, entering the ear, maketh *hearing*. Nay, for the cause of understanding also, they say the thing understood sendeth forth an *intelligible species*, that is, an intelligible being seen; which, coming into the understanding, makes us *understand*. (Énfasis en el original)[24]

En el sistema de Hobbes los sentidos son los medios por los cuales se perciben los objetos, los que transmiten los conceptos: en otras palabras, entendemos porque vemos y escuchamos, la mente recibe *representaciones* de los objetos. Hobbes, indudablemente, aprendió en Florencia una nueva manera de mirar a los objetos; Carducho nos lo dijo: "Atendiendo bien a los efectos que hacen las cosas que se ven a nuestra vista."

La perspectiva escénica, la segmentación del espacio y el punto de vista del observador, servirán también de concepto directivo en el esquema metafísico de Leibnitz. Él también —y un análisis de la correspondencia entre el filósofo alemán y Galileo revelarían los detalles de esta conexión— aplica la noción de la perspectiva a la teoría de las mónadas, donde cada mónada, como cada espectador en el teatro, es un punto de vista único e indispensable en el universo. Ortega y Gasset, al desarrollar modernamente la relación entre verdad y perspectiva, retorna necesariamente al siglo XVII, a Leibnitz. En el tomo I de *El espectador* (1916), ha citado este párrafo sugestivo e inspirador del autor de la *Monadología*:

> Lo mismo que una misma ciudad contemplada desde distintos lados parece otra ciudad completamente distinta y como si estuviese multiplicada *perspectivamente*, así también la multitud infinita de substancias simples da lugar a otros tantos distintos universos, los cuales no son, sin embargo, más que *perspectivas* de un solo universo según los diferentes puntos de vista.

Lo que encontró Ortega en Leibnitz es esa fascinación con la perspectiva y la visión que distingue y le da una característica especial al siglo XVII; él seguirá esa tradición del seiscientos, elaborando la misma idea de origen óptico en su concepto de las generaciones históricas y del individuo: "yuxtaponiendo las visiones parciales de todos se lograría tejer la verdad omnímoda y absoluta."[25] Esta afirmación de Ortega está en línea directa con el pensamiento de artistas y pensadores como Galileo, Descartes, Hobbes, Leibnitz, Carducho, y tantos otros perspectivistas que hemos venido nombrando, hasta llegar al mismo Al Hazen que enseñó por primera vez cómo el ojo ve y cómo se percibe el espacio y ángulo de visión.

Irónicamente, esta *ciencia* sacó sus principios del *arte* pictórico; de allí surge la importancia desmedida que se le asigna en el siglo XVII a este arte. Calderón, en la "Deposición a favor de los profesores de la pintura," pide un puesto sobresaliente para la pintura entre las artes liberales, lugar que le habían negado los griegos, diciendo que merece estar entre la gramática, la retórica, la aritmética, la música, la dialéctica, la astronomía y la geometría.[26] Según Calderón, la pintura es "tan arte de los artes que a todos los domina sirviéndose de todos" (p. 719). Esta interrelación de las artes y ciencias clásicas con la pintura genera una serie de posibilidades artísticas que se deben tener en cuenta en la formulación de una estética barroca y que es parte de esta comunión entre la música y la pintura en la escena calderoniana que hemos examinado en el capítulo anterior. El texto de la "Deposición," único documento en prosa en el cual Calderón habla de sus ideas estéticas, expresa en síntesis los cánones del arte barroco. Brevemente, éstos se pueden condensar en la "dominancia" de los atributos propios de la pintura (forma, color, línea y perspectiva) sobre todas las otras artes y ciencias liberales. Por ejemplo, veamos cómo Calderón razona la interpolación de la pintura con la gramática:

> La Gramática lo diga la primera, como primero fundamento de ellos [de los artes] de las ciencias; *pues la atributa las concordancias con que se advierten sus matices* en la mexclada unión de sus colores; puesto que el día que no distrubuyera lo blanco a la azucena, lo rojo al clavel, y lo verde a sus hojas (así en todo) cometiera solecismos en su callado idioma. (Enfasis mío)[27]

El idioma de la gramática, la sintaxis, debe incorporar para sí las mismas concordancias que los *matices* tienen en la pintura. En otro ejemplo, de los siete que da Calderón, se intercambian atributos la geometría, simetría, perspectiva y música, relación favorita del artista barroco, especialmente de la creación teatral calderoniana. Aquí se enuncian los principios:

> La Geometría, a quien siguien [sic] la Simetría, que es lo mismo, y la Prespectiva [sic], en quien resultan de ambas los efectos, tiene a su cargo la proporción de tamaños y medidas, creciendo o abreviando al compás de la estatura las facciones; y no sólo al compás de la estatura, pero al compás de la distancia en que ha de colocarse; pues tal vez desplace mirado de cerca lo que mirado de lejos no desplace. Estos dos contrarios extremos pone en razón la Prespectiva [sic], pues se ve que en un mismo cuadro proporciona cercanías y distancias, cuando en el primero término demuestra el real frontispicio de suntuoso alcázar, tan

regularmente ejecutadas arquitectura y escultura que, desprendidas del lienzo estatuas y colunas [sic], dan a entender en sus resaltos que por detrás de ellas se pasa al término segundo; en cuyo espacio, ejecutando la Obtica [sic] sus grados, se van disminuyendo su fábrica y la vista hasta tocar en el tercero, que, apenas percibtible [sic], le ofrece tan cabal como primero, *con tanta consonancia templados sus diseños, que, unísonos no dejan de carearse con la Música; pues si ella tiene por objecto [sic] suspender el espíritu a cláusulas sonoras, a no menos acordes cláusulas le suspende la Pintura con las ventajas que lleva el sentido de la vista al del oído*.... (Enfasis mío)[28]

La geometría y simetría —que en lenguaje calderoniano "es lo mismo"— cuyas leyes se incorporan a la perspectiva, dando ésta un patrón de "medidas," "estatura" y "distancias," determinan por *relaciones espaciales* el ideal de belleza o de buen gusto del arte barroco: "...pues tal vez desplace mirado de cerca lo que mirado de lejos no desplace." La perspectiva, la ciencia que ha enseñado a mirar, a observar las gradaciones espaciales, "cercanías" y "distancias," que abre el espacio en "términos" o planos recedentes, gobernados por la óptica, logra crear un diseño "templado" —término que pertenece al vocabulario musical— que pone al arte del diseño a la par, al "unísono," con el arte musical. Las "acordes cláusulas" de la pintura —y otra vez se intercambian los términos entre las artes— o sea, las cláusulas de gradación que se logran por medio de la perspectiva y óptica, son en el esquema artístico calderoniano más importantes, *dominan* a la música por "las ventajas que lleva el sentido de la vista al del oído." Como vemos, Calderón, como tantos de sus contemporáneos, declara a la vista el sentido principal, y además, a la perspectiva como factor dominante en la estética del período. Recordemos, dicho sea de paso, lo visto en el capítulo anterior, que en la música barroca la idea de la profundidad armónica se desarrolla paralelamente a la profundidad prospéctica en las artes plásticas. El arte pictórico tridimensional, perspectivista, el "tercer momento de la mirada en el espacio" del período barroco, se trasluce en todas las artes y las ciencias, acusando igualmente la fascinación con la decantación del espacio, las distancias, el punto de vista, las "vistas," los "términos," las "representaciones," las "apariencias" que se presentan a la vista, el sentido más importante en el siglo XVII.

El Renacimiento fue la edad de lo auditivo, la edad de la *imaginación* y de la palabra hablada; el Barroco comienza con el impacto de la visión perspectivista en todas las artes, el cosmos queda a merced de un ojo que lo observa, en las palabras de Marino, "con un occhio chiuso e l'altro intento...," un ojo de proporciones polifémicas que especula sobre la conformación del espacio, la realidad que se le ofrece a los ojos. El artista y el pensador de la época barroca, como se revela en la pintura, la ciencia y la filosofía, no se encuentran más bajo el haz de la mirada absoluta de Dios, como en el Medioevo; se ha encontrado un foco por donde mirar objetivamente a los fenómenos. Es más, el hombre, por primera vez, puede reproducir con exactitud la verdadera image de la realidad, es tan creador como la Naturaleza. El ojo ya no sabe distinguir entre lo creado y su reproducción pictórica en perspectiva, consecuentemente se crea el *trompe l'œil*. Veamos este ejemplo de la obra calderoniana:

Irene.   ¿Podrá el monarca mayor,
         con poder o con ingenio,
         criar, Señor, una rosa?
Salomón. No; que el clavel más pequeño
         del pincel de Dios es rasgo
         y no hay poder en el suelo
         que crear una flor pueda,
         porque este nombre supremo
         de criar, es de Criador,
         no de criatura.
Irene.   Yo puedo
         haber una flor crïado.
Salomón. No es posible.
Irene.   Yo lo pruebo.
         ¿Qué es más flor, la más hermosa,
         que una burla, engaño y juego
         que hace la Naturaleza
         a los ojos, pues es cierto
         que no tiene más beldad,
         más vida ni más aliento
         que aquella que le dispensa
         la mano, el aire o el fuego,
         como pavesa del prado?
         Luego si yo hacer hoy puedo
         una flor que engañe al sol,
         al hombre al agua y al viento,
         diré que una flor crïé.
         Hable mejor el efecto.
         Unas de este cuadro son
         mi estudio y otras del tiempo.
         Dí cuál es cierta o fingida.
Salomón. Tú, con natural aseo
         podrás haberla imitado
         no podrás haberla hecho.
Sabá.   También la Naturaleza
         se imita, y por flor tenemos
         la que se parece a otra.
         Dí: ¿cuál es cierta?

La perspectiva y el teatro barroco

Salomón. No puedo
distinguirlas desde aquí.
Sabá.   Luego ya una mano ha hecho
lo que la Naturaleza,
si a ti te engaña.

(*La sibila de oriente*, I, 1175)

Calderón en estas líneas, como en tantas otras obras, elabora la idea principal de su visión filosófica y teatral, la de saber discernir visualmente entre lo ficticio y lo verdadero. La *distancia* del espectador es siempre crítica: "no puedo distinguirlas desde aquí," dice Salomón, de lo cual podemos colegir que sus ojos están en alineación correcta con la perspectiva del cuadro y a la distancia necesaria para obtener "el engaño de los ojos." El pincel puede engañar, el artista cree haber asumido las potencias creadoras de Dios, del Deus Pictor; pero todo es un engaño, una ficción. Calderón, cuidadoso de las últimas implicaciones doctrinales de este engaño perspectivista y óptico, señala en una demostración de "ingenio" —facultad por la cual el espectador barroco llega a conocer la diferencia entre lo real y lo artificial— que el engaño no es total. Salomón, que sigue observando la composición de las flores, pronto se da cuenta de cuál flor es "criada" y cuál "creada":

Salomón. Aguárdate un poco, Irene.
Aquella rosa que veo
entre un clavel y un jacinto,
es rosa fingida.
Irene.   Es cierto.
Sabá.   ¿En que lo viste?
Salomón. En que andaba
una abeja haciendo cercos
sobre ella, y nunca llegó
a picarla: de aquí infiero
que es flor fingida, pues no es
de gusto ni de provecho.
Sabá.   No quiero cansarte más
con ignorancias, supuesto
que es ignorancia mi estudio
comparado con *tu ingenio*....

(I, 1176)

Esta facultad de *ingenio*, como vemos en esta demostración, se exhibe en la captación visual, muy aguda, de los detalles que rodean al objeto, revelando pormenores que pasarían, para otro, desapercibidos. Para Tesauro, "L'INGEGNO naturale, è una maravigliosa forza dell'Intelletto, che comprende due naturali talenti, PERSPICACIA, & VERSABILITA. La *Perspicacia*

penetra le più lontane e minute *Circonstanze* di ogni suggetto.... La VERSA-
BILITA, velocemente raffronta tutte queste *Circonstanze* infra loro, o col
Suggetto...."[29] Salomón es "ingenioso" porque es perspicaz —de *perspi-
cere*, "ver"— sabe observar agudamente las más lejanas y minutas circunstancias de un objeto. El *ingenio* es, en un mundo rodeado de apariencias
y *trompe l'œil*, la facultad más valorada para el hombre del siglo XVII. Es
casi una forma especial de conocimiento, de intelecto visual; para
Tesauro, "...il mirar con gli occhi, & el contemplar con l'Intelletto, son
due specie Analoghe di Conoscenza." El hombre ingenioso, capaz de
penetrar el lado aparencial de las cosas, con la "versatilidad" que le es
propia, *crea*, también, nuevas relaciones; el ingenio es una facultad *generadora*, un toque de la Mente Divina, "crea" —como dice Calderón— lo
que engaña a los ojos:

> Non piccola differenza dunque passa fra la *Prudenza* & l'*Ingegno*. Pero-
> che l'Ingegno è più perspicace; la Prudenza è più sensata: quello è più
> veloce; questa è più salda; quello considera le apparenze; questa la ve-
> rità: & dove questa hà per fine la propria utilità; quello ambisce l'ammi-
> ratione & l'applauso de'popolari. Quinci, non senza qualche ragione gli
> Huomini ingegnosi fur chiamati *Divini*. Peroche, sicome Iddio di quel
> che non è, produce quel che è: cosi l'ingegno, di *non Ente*, fa *Ente*: fà che
> il *Leone*, divenga un'*Huomo*; & l'*Aquila* una *Città*. Inesta una Femina
> sopra un Pesce; & fabrica una *Sirena* per Simbolo dell Adulatore. Accop-
> pia una busto di Capra al deretano di un Serpe; & forma la *Chimera* per
> Hieroglifico della Pazzia. Onde fra gli antiqui Filosofi, alcuni chiama-
> rono l'Ingegno, *Particella della Mente Divina*; & altri un regalo mandato
> da Iddio a suoi più cari.[30]

El ingenio, facultad divina, es veloz, perspicaz, versátil, generador de
realidades *ficticias*, "di non Ente, fa Ente"; es agudo, "tanto vale la voce
ARGUTO, quanto INGEGNOSO" —nota Tesauro— y sobre todo, considera las
"apariencias," el mundo recreado más que el real. Este mundo ficticio
está compuesto, particularmente en el teatro barroco, de lo que Tesauro
llama "partos del ingenio," como son las pinturas que "sono Argutezze
simboliche: ...dove la FIGURA significa un SUGGETTO DIFERENTE da quel
ch'ella é...," y también de los elementos figurados de la arquitectura ficticia de la escena "ORNAMENTI METAFORICI dell'ARCHITETTURA...onde meri-
tamente gli Architetti son chiamati *Ingegneri*."[31]

Con las nuevas definiciones de Tesauro constatamos la presencia en
el siglo XVII de una nueva forma de concebir a la *Retórica* aristotélica; de
hecho Tesauro retorna a la retórica clásica con el mismo interés visual que
caracteriza a otros pensadores contemporáneos: "Talche possiam chia-
mar le sue Rettoriche il Divino Aristotele un limpidissimo CANNOCCHIALE;
per esaminar tutte le prefettioni, & le imperfettioni della Eloquenza." En

La perspectiva y el teatro barroco 127

esta visión a través del telescopio, se enfocan los efectos vocales y visuales, sensoriales, de las recreaciones artísticas que generan el mundo artificial poético o el de la realidad artística. La retórica de Tesauro es un valioso testimonio del impacto que la nueva perspicacidad, la nueva manera de ver, tiene sobre todos los conceptos poéticos, incluso sobre la metáfora poética, que se estructura en esta edad, bajo los principios perspectivistas. Veamos cómo Tesauro ilumina el proceso *ingenioso* de la formación de la metáfora barroca:

> VECCHIEZZA [dice Aristóteles] *non è parola Urbana, ne ingegnosa: ma propia e superficiale: peroche non ci presenta senon solo il proprio obietto, già conosciuto da noi.* Ma se tu la chiami STOPPIA; *urbanamente, & ingegnosamente harai parlato: percioche facestimi in un baleno apparir molti obietti con un sol motto:* cioè, *la Vecchiezza caduca, & la Stoppia sfiorita e secca*: & quella veder mi facesti dentro di questa, per maraviglioso & nuovo commento del tuo sagacissimo ingegno. Hor questa è la METAFORA; in cui tu vedi necessariamente adunate queste tre Virtù: Brevità, Novità, & Chiarezza.[32]

En el ejemplo, la palabra *vejez* tiene una relación directa, digamos simple, con el objeto que representa; la palabra *rastrojo*, por otro lado, en su aplicación metafórica —"un rastrojo humano"— hace aparecer a los ojos, *crea* la presencia simultánea de varios objetos en una sola expresión. Esta es la magia de la metáfora, hacer ver, simultáneamente, varias cosas en un mismo objeto: lo desflorado, lo seco, lo caduco de una rama *junto* al ser humano. Tesauro explica este poder de escorzo, de reducción espacial de la metáfora, así:

> La BREVITÀ, inquanto costípa in una Voce sola più d'un concetto, pingendone l'uno con li colori di un'altro. Perilche, se mi favellassi tu in questa guisa: *Sicome la* STOPPIA *è un gambo di frumento, che già fù verde & vigoroso; & hora è secco e sfiorito: non altramenti la* VECCHIEZZA, *è una mancanza di vigor in corpo altre volte robusto, & benestante.* Questo di chiaro saria bel *Paragone*, dal nostro Autore Aristotele chiamato IMAGINE; ma non METAFORA: peroche tutti gli obietti con le sue propie parole successivamente ci si presentano. Ma la Metafora, tutti à stretta li rinzeppa in un Vocabulo: & quasi in miraculoso modo gli ti fà travedere l'un dentro all'altro. Onde maggiore è il tuo diletto: nella maniera, che più curiosa & piacevol cosa è mirar molti obietti per un' istrafóro di perspettiva, che se gli originali medesime successivamente ti venisser passando dinanzi agli occhi. Opera (como dice il nostro Autore) non di stupido, ma di acutissimo ingegno.[33]

Aunque Tesauro se apoya en la *Retórica* de Aristóteles para sus definiciones, salta a la vista que las comparaciones espaciales, la *sucesividad* de los objetos en la "imagen," comparada con la *sincronización* de objetos en la "metáfora," son de cuño moderno. Aristóteles no podría haber hecho este tipo de comparación perspectivista. Lo mira-(o)culoso de la metáfora, de la estética del *mirabile* y su crecimiento desmesurado durante la edad barroca, se debe también al especial deleite que encontraban el artista y el espectador en esta súbita transfiguración visual, y también tonal auditiva, de todos los géneros, incluso la poesía. El poema —según constatamos en nuestro análisis del *Polifemo*— y su núcleo mismo, la metáfora, están en este período barroco puestas en perspectiva; la creación se torna ocular, aguda, e ingeniosa. El poema se escribe para sorprender a los ojos con nuevos arreglos espaciales: hipérbaton, simetría sintáctica, rimas oculares, quiasmo, metáfora, gramática y sintaxis pictóricas. Todos estos nuevos arreglos espaciales van más allá de la mera inclusión de los "temas pictóricos" a los que comunmente se alude en la crítica del arte barroco, incluso con relación a los que aparecen en la obra calderoniana; se trata de una profunda transformación estructural que afecta al significado de la misma obra, y por consiguiente a su interpretación.

Un caso original de esta nueva estética en Calderón es la creación de un agudo *soneto perspectivista* como el que encontramos en *A secreto agravio, secreta venganza*, donde el significante, el soneto, tiene dos significados si interpretado desde dos puntos de vista distintos. En esta escena Doña Leonor dirige este parlamento a su esposo Don Lope, con el cual se ha casado por poder, sin nunca haberlo *visto* antes; pero también está dirigiendo, al *mismo tiempo*, con esa simultaneidad sígnica característica del mensaje barroco —sutil desdoblamiento entre la apariencia y la verdad—, las *mismas palabras* a su antiguo amante, Don Luis, a quien había dado por muerto, y que permanece escondido en escena durante este encuentro:

    Doña Leonor.
        Yo me firmé rendida antes que os viese,
        y vivo y muerto sólo en vos estaba,
        porque sola una sombra vuestra amaba;
        pero bastó que sombra vuestra fuese.
        ¡Dichosa yo mil veces, si pudiese
        amaros como el alma imaginaba!
        Que la deuda común así pagaba
        la vida, cuando humilde me rindiese.
        Disculpa tengo cuando, temeroso
        y cobarde mi amor, llego a miraros,
        si no pago un amor tan generoso.
        De vos y no de mí, podéis quejaros,

La perspectiva y el teatro barroco 129

> pues, aunque yo os estime como a esposo,
> es imposible, como sois, amaros.
>
> (*A secreto agravio, secreta venganza*, I, 433)

En el contexto dramático de esta escena juegan *dos visiones*, el primer encuentro entre Doña Leonor y Don Lope, y la sorpresiva visión de Don Luis al que Leonor tenía por muerto. De allí que la frase "Yo me firmé rendida *antes que os viese*," como otras que le siguen, cobran dos significados, es decir, el más directo, el significado dirigido a Don Lope, "Yo firmé el acta de casamiento rendida de amor antes de conocerte," y el otro significado dirigido a Don Luis, "Yo firmé este casamiento *antes de verte vivo*, porque pensaba que eras sólo una sombra y aún te amaba...." Por lo tanto, es el punto de vista del parlante hacia el recipiente de estas palabras el que define el significado; el espacio, la perspectiva, le da a este soneto un valor dual que no tendría si el soneto no estuviera *escenificado* con los dos personajes en cuestión, uno a la vista y el otro escondido. El sentido de esta dilogía es claro para Don Luis, que percibe en las palabras de Doña Leonor una disculpa dirigida a él por haberse casado con Don Lope:

> Don Luis. ....
> Muera yo, pues vi casada
> a Leonor, pues que Leonor
> dejó burlado mi amor
> y mi esperanza burlada.
> Mas ¿qué me podrá matar,
> si los celos me han dejado
> con vida? Aunque mi cuidado
> me pretende consolar
> dándome alguna esperanza;
> pues cuando a su esposo habló
> conmigo se disculpó
> de su olvido y su mudanza.
>
> (I, 433)

Como vemos, en la edad barroca el soneto adquiere otra faceta además de la que le daría una simple lectura, una dimensión espacial que le da dos significados, uno abierto y visible, otro ingenioso y oculto. El sentido anfibológico de este soneto es clave para la interpretación de una pieza teatral que lleva un título tan sugestivo de significados callados y duplos como lo es *A secreto agravio, secreta venganza*.

Resumiendo, el hallazgo de la perspectiva escénica perfecta, la sistematización final del espacio ocular, ha dejado su marca en todas las artes y ciencias. No podemos hablar del siglo XVII sin mencionar este nuevo interés ocular y perspectivista del dramaturgo, del poeta, del filósofo. Este es el siglo que nos ha dejado como legado cultural toda una nueva manera de ver objetivamente al mundo, de recrearlo, de fingirlo visualmente, y con ello, el vocabulario de la visión y de todos sus derivados y asociaciones. Los textos literarios y dramáticos, desde entonces y hasta ahora, han convivido siempre con el mundo de la pintura y de la perspectiva. Todo artista genial, todo pensador, tendrá que retornar a esta matriz visual y objetiva del siglo XVII —siempre y cuando la civilización occidental siga desarrollándose bajo la hegemonía de la visión. En buscar nuevas visiones, nuevas formas de objetividad, nuevas perspectivas, reside la originalidad del artista creador: Cézanne, Picasso, Ramón Pérez de Ayala. El legado de la edad barroca nos deja también, con el descubrimiento por parte del artista de sus capacidades de ingenio, la generación de mundos aparenciales y entes ficticios: pintura, bastidores teatrales, novela, poema, metáfora, ya "objetivados" gracias a la perspectiva.

El Renacimiento fue una edad "ruidosa" —como la califica André Chastel: "It would seem that the Renaissance was incapable of expressing even the most tangible forms of emotional satisfaction without relating them to music."[34] La poesía dramática renacentista —en la comedia de Lope tenemos un buen ejemplo— está gobernada por los principios de la música, notable en una obra como *Fuenteovejuna* donde, como ya notó Leo Spitzer, el ideal de la "armonía musical" estructura el drama.[35] Estos valores de una edad idílica van a sufrir un cambio súbito y brusco con la aparición de los fenómenos visuales que venimos mencionando. La estética propia del período que ahora llamamos barroco se puede resumir a la preponderancia de la pintura y la perspectiva sobre todas las artes, incluso la música, y la dominancia del sentido de la vista sobre el oído. El tema barroco del engaño de los sentidos tiene su origen y significado último en una nueva percepción óptica del espacio y su recreación aparencial. Con esta diferenciación marcada en la estética de estos dos períodos podemos comprender el pasaje de una edad a otra, de un "reordenamiento de las cosas" —como dice Michel Foucault:

> The age of resemblance is drawing to a close. It is leaving nothing behind it but games. Games whose powers of enchantment grow out of the new kinship between resemblance and illusion; the chimeras of similitude loom up on all sides, but they are recognized as chimeras; it is the privileged age of *trompe-l'œil* painting, of the comic illusion, of the play that duplicates itself by representing another play, of the *quid pro quo*, of dreams and visions; it is the age of the deceiving senses....[36]

La perspectiva y el teatro barroco 131

Las quimeras, las imaginaciones, el poder de la fantasía de "conjurar imágenes" del poeta renacentista se desvanece ante la incontestable efectividad de la vista: las quimeras se reconocen como tales. Esta "objetividad óptica," este "nuevo orden de las cosas" que comienza a hacerse patente en el pensamiento científico y filosófico de comienzos del siglo XVII, va a tomar expresión estética en la creación de dos géneros: la novela cervantina y la *comedia de teatro* calderoniana. Cada uno de estos autores explorará la misma idea en géneros distintos: el mundo real, se palpa, se mide, se oye y se ve: en el mundo ficcional —por ende— y en duplicación, se debe palpar, medir, oír y ver. El paso de la era de las semblanzas platónicas, de la verdad ideal, de la imaginación, de las quimeras recreadas por la palabra poética que se escucha, a la era del escrutinio de los ojos, de la dialéctica de las miradas, es evidente en un solo autor, Cervantes. El circuito cerrado del verso recitado, de la lectura, de las canciones, de las "acordadas músicas," de las pláticas y del callar, de las "imaginaciones" que constituyen las características externas de *La Galatea* —estética quinientista de la música, de la palabra musical, de las canciones, de la rima y el ritmo— va a ser eclipsada por el contraste crítico de la nueva óptica del "ingenioso" hidalgo. Don Quijote, figura análoga, símil de los quiméricos caballeros de antaño, descubrirá tristemente —como observara Michel Foucault— que "los signos [legibles] no se parecen más a la gente [visible]";[37] de ahí la gran desilusión quijotesca. Cervantes pone a prueba, como tantos de sus contemporáneos, la validez de los sentidos como mediadores entre el mundo de los fenómenos y el conocimiento; lo que se ve y lo que se escucha sirven de base perceptual para la delineación de sus personajes ficticios. En la estética barroca, en la concepción "ingeniosa," generadora de la creación artística, el ser ficticio para ser réplica del ser real tiene que ser "visible"; en el *Quijote* esto se patentiza en la aprehensión y prueba del signo clave: Dulcinea. Dulcinea es un personaje que no entra al sistema visual del Barroco, es una reliquia renacentista, vestigio del mundo de la lectura, de la fama, de los "oyentes"; no se hace presente *a los ojos* de nadie:

>—Tú me harás desesperar, Sancho —dijo don Quijote—. Ven acá, hereje: ¿no te he dicho mil veces que en todos los días de mi vida *no he visto* a la sin par Dulcinea, ni jamás atravesé los umbrales de su palacio, y que sólo estoy enamorado *de oídas* y de la gran fama que tiene de hermosa y discreta?
>—Ahora *lo oigo* —respondió Sancho—; y digo que pues v.m. *no la ha visto, ni yo tampoco.*
>—Eso no puede ser —replicó don Quijote—, que, por lo menos, ya me has dicho tú que *la viste* ahechando trigo, cuando me trujiste la respuesta de la carta que le envié contigo.

—No se atenga a eso, señor —respondió Sancho—, porque le hago saber que también fue *de oídas la vista* y la respuesta que le truje; porque así sé yo quién es la señora Dulcinea como dar un puño en el cielo. (Énfasis mío; *Don Quijote*, II, 505)

Dulcinea pertenece al mismo sistema "auditivo" renacentista de las novelas de caballerías para ser leídas en alta voz, de las novelas pastoriles para ser escuchadas, o de las comedias de corral escritas para los "oyentes." Otros personajes, en contraste, pertenecen al mundo óptico del Barroco, se definen o se los identifica por la manera de mirar o cómo son vistos, desde el maligno Pandafilando de la Fosca Vista que causa espanto a los que mira, hasta Maritornes, "del un ojo tuerta y del otro no muy sana." Don Quijote, el personaje más complejo desde el punto de vista de la creación artística, surge como un reflejo incierto, "luz y espejo de la caballería andante," para cobrar realidad ficticia, al mirarse, en otro reflejo, en el Caballero de los Espejos, *viéndose* a sí mismo, representándose a sus ojos tal cual es.

Esta tendencia óptica del *Quijote*, la organización del espacio literario desde distintos puntos de vista, la dialéctica de la mirada en los personajes, coincide y es paralelo al mismo movimiento del ojo en el espacio que caracteriza el género pictórico y teatral del seiscientos. El género novelístico acusa el mismo "tercer momento de la mirada en el espacio" que Jean Paris nota en la pintura. Los rayos visuales que se inician dentro del cuadro salen en busca de los ojos reales del espectador. Don Quijote, de la misma manera, originándose en un reflejo ficticio, visto y viéndose, se hace real, como si lo viéramos con nuestros propios ojos. Pero esto ocurre, y valga la diferencia genérica, dentro de un sistema *literal*. La perspectiva, ciencia que se basara en la aparentemente inocua observación de Al Hazen, llega a influir, en este período, hasta las letras.

En el teatro, espectáculo más plástico y sensorial, es donde mejor llegan a exhibirse las relaciones espaciales perspectivistas, la estética del "engaño de los ojos." En la obra de Calderón encontramos la misma fascinación por la vista, la misma dinámica visual, magnificada quizás por el medio teatral, que es común denominador a esta estética de la visión barroca. Recordemos la entrada de Rosaura en *La vida es sueño*, y veamos cómo el personaje se debate en la incertidumbre de lo que se presenta a sus ojos:

Rosaura.   ¡Quién ha visto sucesos tan extraños!
   Mas si la vista no padece engaños
   que hace la fantasía,
   a la medrosa luz del día,
   me parece que veo

La perspectiva y el teatro barroco

un edificio.

(I, 501)

Es la edad de los "ojos hidrópicos," de la estética de la admiración, de la mirada que no se sacia de mirar:

>Segismundo. ....
>Con cada vez que te veo
>nueva admiración me das,
>y cuando te miro más,
>aun más mirarte deseo.
>Ojos hidrópicos creo
>que mis ojos deben ser;
>pues cuando es muerte el beber,
>beben más, y de esta suerte,
>viendo que el ver me da muerte,
>estoy muriendo por ver.

(I, 503)

Esta primera escena de *La vida es sueño* encierra, con una densidad inigualada en otras obras, uno de los mejores ejemplos de la "óptica barroca": la exaltación del ojo, la mirada intensa del personaje. Segismundo es un personaje que vive entre visiones y sueños, mirando al mundo con ojos desorbitados; representa y es símbolo de la edad de los sentidos. Pero, sobre todo, es un personaje ficticio que se ve, que se concreta en las tablas, existe en un espacio, y está sujeto a la dialéctica de las miradas de otros personajes; en este sentido podemos decir que es antitético a Dulcinea y al ciclo auditivo-imaginativo que ella representa. Esta diferenciación genérica y sus bases estéticas se hará más aparente a medida que examinemos las características del arte representativo y la función de la perspectiva en el teatro.

La perspectiva pictórica —*per-spicere*— es realmente un arte de mirar, de examinar las relaciones espaciales, las distancias relativas entre objetos, para que éstos "aparezcan" al ojo, a pesar de un engaño creado por la deformación espacial, de una manera real. Este "efecto perspectivista" que provoca el *trompe l'œil* le otorga al artista barroco, agudamente perceptivo, un nuevo punto de vista para deleitar al espectador. Borromini, al abrirse el siglo, en 1600, año en que nace Calderón, construye en el Palazzo Spada en Roma el *Portico prospettico,* que hoy todavía podemos ver, solamente para hacer patente a los ojos que una estatua que parece gigante de lejos es, si vista de cerca, un enano que nos llega a la cintura; *la distancia, el punto de vista,* puede cambiar hasta el tamaño de una escultura. Esta "comparación perspectivista" que entra y domina en todas las artes domina también en el drama calderoniano:

Muley. ....
    ...si bien entonces
no pudo la vista absorta
determinar a decir
si eran naos o si eran rocas;
porque como en los matices
sutiles pinceles logran
unos visos, unos lejos,
que en perspectiva dudosa
parecen montes tal vez,
y tal ciudades famosas,
porque la distancia siempre
monstruos imposibles forma;
así, en países azules
hicieron luces y sombras,
confundiendo mar y cielo,
con las nubes y las ondas,
mil engaños a la vista;
pues ella entonces, curiosa
solo percibió los bultos
y no distinguió las formas.
            (*El príncipe constante*, I, 251-52)[38]

El engaño que sufre la vista, "no pudo la vista absorta / determinar a decir / si eran naos o si eran rocas," se remite a la comparación con la "perspectiva dudosa," porque este sistema de organización del espacio, con los "visos," los "lejos" y las "distancias," es el que le ha enseñado al artista barroco las bases de todo truco óptico.[39] Pablo de Céspedes en sus poemas al escorzo, la proporción y la perspectiva, señaló el camino de la nueva estética: el ojo mira, el arte miente. De allí la fascinación con el escorzo, visión parcial del objeto:

    Acórtase por esto, y se retira
el perfil que a los miembros ciñe y parte,
y asimismo escondiéndose a la mira,
desmiente a la vista una gran parte,
donde una gracia se descubre y mira
tan alta que parece que allí el arte,
o no alcanza de corta, o se adelanta
sobre todo artificio, o se levanta.[40]

    ....

Pero la nueva percepción del espacio no se limita al arte; el hombre del Barroco al levantar los ojos al cielo sabe ya, gracias al telescopio,

La perspectiva y el teatro barroco 135

que ese cielo azul que los poetas del Renacimiento transmutaban metafóricamente en zafiro, es un simple engaño óptico. Bartolomé Leonardo de Argensola, visualmente desengañado, lo afirma enfáticamente:

> ....
> Porque ese cielo azul que todos vemos,
> ni es cielo ni es azul. ¡Lástima grande
> que no sea verdad tanta belleza![41]

Calderón en una de sus obras de juventud, en 1628, glosando el verso de Argensola recalca, con más elaboración, el verdadero sentido que el poeta le diera a su famoso soneto:

> ....
> que tal vez los ojos nuestros
> se engañan, y representan
> tan diversos objetos
> de lo que miran, que dejan
> burlada el alma. ¿Qué más
> razón, más verdad, más prueba
> que el cielo azul que miramos?
> ¿Habrá alguno que no crea
> vulgarmente que es zafiro
> que hermosos rayos ostenta?
> Pues ni es cielo, ni es azul.
>
> (*Saber del mal y del bien*, I, 240)

La prueba del engaño de la vista está por doquier; el tema del "engaño" barroco es, esencialmente, óptico. Calderón experimenta con los fenómenos de visión, luz y refracción, de la misma manera que Descartes y Newton lo hacen contemporáneamente. Veamos, por ejemplo, cómo el fenómeno de la refracción de la luz —que habría de cuantificar y demostrar científicamente Newton— es para Calderón una prueba más de la "aparencialidad" de las formas representadas, incluso, por extensión, aquéllas que se ven en su teatro:

> Floro.   ¿Nunca has visto, Federico
> (que he de valerme también
> de comparaciones yo),
> un vidrio, que al rosicler
> del sol finge más colores
> en verde y azul papel,

> que dibujó en cielo y tierra
> el apacible pincel
> de naturaleza, y luego
> el color, al parecer,
> que es fingido del cristal,
> no deja señal después?
> Así, aunque los celos tuyos
> te hagan terminar y ver
> sombras, fantasmas, visiones,
> con voz, con cuerpo y con ser,
> son aparentes no más;
> que celos saben hacer
> de las lágrimas cristales;
> y así un celoso, tal vez,
> aunque lo que ve es verdad,
> es mentira lo que ve.
>
> (*De un castigo, tres venganzas*, I, 55-56)

El cristal que refracta la luz y la descompone, "un vidrio que al rosicler / del sol finge más colores / en verde y azul papel," inicia la comparación entre lo que se ve y lo "fingido del cristal," los colores. El rayo de luz se descompone en imágenes que son aparentes, no reales, "no deja[n] señal después." La primera proposición de esta consideración de lo engañoso de la descomposición de la luz pasa, en el segundo término, a aplicarse a la percepción humana, metaforizada en la óptica de los celos, donde las lágrimas son cristales que deforman o fingen lo que el ojo límpido no ve. Así, los celos que ven, o creen ver, "sombras, fantasmas, visiones con voz, con cuerpo y con ser," crean una percepción errónea, "son aparentes no más." Este personaje calderoniano es inteligentemente perspicaz; analiza con óptica aguda las posibilidades de engaño que puedan alterar su visión, su conocimiento de las cosas, inclusive sus propias lágrimas. Este personaje no llegará nunca a la pasión desenfrenada, irracional, de un Othello. Ha superado el ciclo de las "mentirosas palabras" (pensemos en Yago), y sabe diferenciar con una propiedad sorprendentemente pre-fenomenológica entre el objeto que ve y la "apariencia" de ese objeto: "aunque lo que ve es verdad, / es mentira lo que ve." La misma prudencia de la visión encontramos en otro personaje coetáneo, en el teatro de Corneille, donde el deseo de conocer la verdad va más allá de la superficie engañosa de la exterioridad visible:

> J'en verrai le dehors, la mine, l'apparence;
> Mais du reste, Isabelle, où prendre l'assurance?

> Le dedans paraît mal en ces miroirs flatteurs;
> Les visages souvent sont de doux imposteurs.
> Que de défauts d'esprit se couvrent de leurs grâces!
> Et que de beaux semblants cachent des âmes basses![42]

Esto dice Clarice, advertida de la aparencialidad externa de las cosas, como tantos otros personajes de esta edad, en *Le Menteur* (II.2); *La verdad sospechosa* de Alarcón ha tomado en manos del dramaturgo francés —y en conjunción con la introducción de la escenografía italiana al teatro cortesano— las mismas características de la visión engañosa que encontramos en la obra calderoniana.

Visto ya el impacto que la visión tiene en el pensamiento de la época, nos vamos a referir con más detalle a la creación del arte más visual y ficticio del Barroco: el teatro. El drama calderoniano, contrariamente a la comedia renacentista, no se puede divorciar del espacio escénico que le es propio. A diferencia de la novela cervantina que crea la ficción con *sistemas literales* (el autor, el trascriptor, el historiador, el comentador, el impresor, el censor, el lector), como lo señalara Roland Barthes,[43] el género de la *comedia de teatro* opera con otros *sistemas espaciales*, representativos y visuales que lo definen y le dan su modalidad particular. En el teatro barroco se presentan a los ojos del espectador todos los entes ficcionales, productos del ingenio creador del tramoyista o ingeniero: las perspectivas, las apariencias, la iluminación artificial, las tramoyas, las transformaciones, que crean, *ab initio*, el lugar de la ficción.

Técnicamente podemos hablar en España de la creación del teatro como conjunto tectónico después de la aparición del teatro del Buen Retiro diseñado por Cosimo Lotti, quien sigue el prototipo del teatro Farnese de Parma, con una escena única, con un punto de vista central, con bastidores laterales corredizos para permitir el cambio rápido de escenario. Este tipo de escena, con la maquinaria correspondiente para operar a la vista de los espectadores cambios instantáneos, ya se conocía en España y se utilizaba desde el estreno de *La gloria de Niquea*. Giulio Fontana ya había traído a la corte madrileña las mutaciones escénicas y perspectivas típicas del teatro barroco que se montaron, a falta de teatro, en escenarios portátiles al aire libre. Una ojeada a la relación del espectáculo nos revela la presencia de una escenografía compleja: "confesábase vencida la aurora, y huía, y victoriosa la aurora despertaba a Amadís, *y en la misma nube se volvía al cielo*"; "...*abríase la peña, y aparecía un Palacio* de hermosa fábrica, y en la portada cuatro columnas de treinta pies de alto, que al instante que tocó a las puertas Amadís, *se hundían hasta el centro tan velozmente, que no podía seguirlas la vista...*"; "Amadís pasaba ya victorioso por el teatro, y plaza de armas, acudía a *las puertas, que al punto se dividieron,* y (juntándose toda la variedad de la música) *se descubrió la hermosa apariencia* de la gloria de Niquea, que se cifraba en una bellísima esfera de cristal y de oro, que los techos, y paredes, antes parecían un diamante, que muchos, haciendo, verdadera la casa del sol, que finge Ovidio, *y en perspectiva* un trono alto en que estaba sentada la Reina..." (énfasis mío).[44] Están presentes en la escena española, desde 1622, todos los trucos y cambios escénicos del teatro cortesano italiano: las máquinas que logran levantar en vuelo al representante; una peña que se abre y revela en su interior un palacio con columnas de treinta pies de alto, que aparecen y desaparecen instantáneamente a la vista de los espectadores; y el "descubrimiento" de la "apariencia," de la esfera de cristal y oro, con un trono en "perspectiva." Todo esto nos da la pauta para una recreación de este tipo de escena. Se trata de una escena profunda y ancha, que puede dar cabida a una peña que en su interior contiene un palacio con columnas de treinta pies de alto, que permite la operación de maquinarias para el vuelo, transformaciones y movimiento escénico rápido; que permite, a la vez, la introducción de una "apariencia" como el trono, colocado en perspectiva. En otras palabras, es una escena tridimensional, con bastidores cambiantes, no fijos, profunda y en perspectiva. Estamos frente a la escena ilusionista italiana, la misma que seguirá diseñando Lotti después de su llegada a Madrid en 1626. Lope, en el prefacio de *La selva sin amor,* nos da una idea de la sofisticación y refinamiento de que Lotti añade a la escena ya establecida por Fontana:

> La primera vista del theatro, en haviendo corrido la tienda que le cubria, fue un mar en perspectiva que decubria a los ojos (tanto puede el arte) muchas leguas de agua hasta la ribera opuesta, en cuyo puerto se vian la ciudad y el foro con algunas naves, que haciendo salva, disparaban, a quien tambien de los castillos respondian. Vianse assimiso algunos peces, que fluctuaban segun el movimiento de las ondas, que con la misma inconstancia, que si fueran verdaderas, se inquietaban, todo con luz artificial, sin que se viesse ninguna, y siendo las que formaban aquel fingido dia mas de trecientas. Aqui Venus en un carro que tiraban dos cisnes, habló con el Amor su hijo, que por lo alto de la maquina revolaba. Los instrumentos ocupaban la primera parte del theatro sin ser vistos, a cuya harmonia cantaban las figuras los versos, haciendo en la misma composicion de la musica, las admiraciones, las quejas, los amores, las iras, y los demás afectos.
>
> Para el discurso de los pastores se desapareció el theatro maritimo, sin que este movimiento, con ser tan grande le pudiesse penetrar la vista, transformando el mar en una selva, que significaba el soto de Manzanares con la puente, por quien passaban en perspectiva quantas cosas pudieron ser imitadas de las que entran y salen en la corte: y assimismo

se veían la casa del campo y el Palacio, con quanto desde aquella parte podia determinar la vista. El bajar los Dioses, y las demás transformaciones requeria mas discurso que la EGLOGA, que aunque era el alma, la hermosura de aquel cuerpo hacia, que los oidos rindiessen a los ojos.[45]

Como bien lo dice Lope, esta escenografía hace que los oídos se rindan a los ojos. La égloga, el género poético, de rima y ritmo musical, pierde mucho de su fuerza estética contrastado con las "vistas" del teatro: un mar en perspectiva, con ondas y peces en movimiento, con naves, puerto, ciudad, castillos con cañones que disparaban, un carro tirado por dos cisnes, y por encima, el dios Amor volando; todo esto iluminado artificialmente. Un espectáculo verdaderamente admirable. La escena marina se transforma a la vista de los espectadores, es decir, no al fin de la jornada (*La selva* tiene sólo una), sino instantáneamente, sin interrumpir la acción. Considerando todo lo contenido en la escena marítima, podemos colegir que la maquinaria escénica estaba operada por un sistema muy eficiente de poleas que permitía llevar a cabo la transformación de esta escena marítima en una selva, "sin que este movimiento, con ser tan grande," como lo recalca Lope, "le pudiesse penetrar la vista" (p. 227). Todos los adelantos e invenciones del teatro cortesano están presentes: el telón que cubre la escena, la luz artificial *a giorno*, las máquinas para las mutaciones y —sobre todo— los bastidores en perspectiva.

En cuestiones técnicas la escena española se nos revela para 1627, fuera de Italia, como la más avanzada de Europa. Sorprende mucho encontrar esta práctica escénica pos-guidobaldiana en la España tan conservadora en cuestiones de teatro que nos quiere hacer ver la crítica en general. Contrariamente a todo lo que se dice, es una época de gran actividad y experimentación en lo que concierne el género teatral. En la práctica escénica, el Salón de Comedias del Buen Retiro antecede a La Salle des Machines francesa por casi una década; la escena perspectivista y las máquinas y tramoyas de origen italiano se venían usando por lo menos desde 1622. De hecho, todos los adelantos técnicos que venimos enumerando recién pasarán a dominio público después de la publicación de la *Pratica di fabricar scene e machine ne teatri* de Nicola Sabbatini (Pesaro, 1637; Ravenna, 1638), manual básico que enseña cómo se logran armar las transformaciones, mutaciones, efectos acústicos, e incluso, cómo crear un mar en movimiento con peces y naves como el que Lotti prepara para *La selva*.[46] Sabbatini no inventa nada; recoge simplemente la práctica toscana de las tres décadas anteriores a la publicación de su libro. Para entonces estos avances técnicos eran ya bien conocidos en España.

Como sabemos, la iconografía de los dramas calderonianos ha desparecido en su mayor parte; el libro de diseños de Cosimo Lotti parece estar perdido. Sin embargo, desde el principio de la obra creadora de

Calderón —*Judas Macabeo* (1623)— hasta las comedias mitológicas más elaboradas de su última etapa, hay indicios textuales que apuntan la presencia de una escenografía "ilusionista." Podemos constatar en los textos tanto como en las acotaciones que se alude a una mutación de decorados donde la escena es específica al lugar que imita, y la luminotecnia es una parte funcional de la acción.[47]

La presencia de transformaciones, efectos acústicos y tramoyas indica que se manejan en una escena, aun en comedias anteriores a la erección del Coliseo, lo suficientemente amplia para dar cabida a las máquinas requeridas. Otra pauta espacial implícita en el texto es la distribución simétrica hacia los lados en referencias a personajes que entran y salen de escena siempre en paralelismo y que revelan cómo se cuida la distribución espacial con un eje central: la *prospettiva di mezzo*. Veamos como ejemplo las siguientes acotaciones:

> Desásese de ella, y al entrarse cada uno por su lado, sale, por el de BATO, AMOR vestido de pastor, y APOLO, de cazador, por el otro, cantando todo lo que representa.
>
> (*El laurel de Apolo*, I, 1747)

> Suenan cajas y trompetas y voces, y después de ellas, salen TURPIN y BRUNEL con dos bujacas, cada uno con la suya, por distintas partes.
>
> (*El segundo Escipión*, I, 1442)

> Dentro FILIPO a una parte, y SERGIO a otra, y salen a un tiempo, de suerte que hallen padre e hijo, afirmados, el uno al lado de AURELIO, y el otro al lado de CESARINO.
>
> (*El José de las mujeres*, I, 992)

Uno de los problemas más serios con que se encuentra el investigador, y que lo despista al tratar de definir el lugar escénico para obras carentes de iconografía, son las variantes en las acotaciones en las distintas ediciones; en las ediciones más fidedignas a veces las acotaciones consisten en una parca anotación; otras veces el editor moderno aclara el lugar de la acción y suministra detalles adicionales entre llaves. Estas adiciones o aclaraciones tienen, sin embargo, una razón de ser: el texto poético hace alusión a los detalles del lugar. Nuestro acercamiento trata de refinar la búsqueda, localizando en la obra la presencia conspicua de lugares comunes en el repertorio del tramoyista, además de tecnicismos propios de la "fabrica" escénica con que tantas veces juega Calderón. De esta manera es posible iniciar una reconstrucción, parcial sin duda, de una escena de la que hoy ya no quedan vestigios.

En varias piezas tempranas, incluso en las obras recogidas en la *Primera parte* de 1640, detectamos en el texto poético alusiones obvias a

La perspectiva y el teatro barroco 141

efectos especiales, descubrimientos, apariencias, bastidores movibles, peñas, naves, mar en movimiento, diseño en perspectiva y otros trucos similares. Tomemos por caso la escena de apertura de *El purgatorio de San Patricio* (ca. 1628):[48]

> Lesbia. ¿Pues ay cosa à la vista mas suave
> que ver quebrando vidrios vna nave,
> siendo en su azul Esfera,
> del viento pez, y de las ondas ave,
> quando corre veloz, surca ligera,
> y de dos elementos amparada,
> buela en las ondas, y en los vientos nada?
> (Ed. facs., IV, 93)

Estos versos pueden ser interpretados de dos maneras. La primera, una simple interpretación literal, nos entrega quiasmos y metáforas. ¿Pueden estos versos tener como referente la escenografía que el personaje está contemplando en escena? La insistencia en "la vista" del personaje nos inclina a favor de la segunda interpretación. Esta idea se refuerza con los versos que siguen:

> aunque agora no fuera
> su vista a nuestros ojos lisonjera.
> Porque el mar alterado,
> en pielagos de montes levantado,
> riza la altiva frente...
> (Ed. facs., IV, 93)

¿Es posible que Lesbia se refiera en las líneas "el mar alterado, / en pielagos de montes levantado, / riza la altiva frente" al truco escénico que Sabbatini describe en la sección intitulada "Come si possa fare che il mare subito s'inalzi, si gonfi, si contrubi e si muti di colore"? Los versos siguientes suministran más datos:

> Rey. ...quereis que suba a derribar violento
> esse Alcaçar azul, siendo segundo
> Nembrot, en cuyos ombros
> pueda escaparse el mundo,
> sin que me cause assombros
> el ver rasgar los senos
> con rayos, con relampagos, y truenos?
> (Ed. facs., IV, 94)

Rayos, relámpagos y truenos: aquí hay una alusión obvia a los efectos básicos del tramoyista. Los versos siguientes, "A nado / un hombre se ha escapado / de la cruel tormenta," confirma la presencia del mar antes aludido, y también de la tormenta, y que ahora, —para acrecentar el efecto— se refuerza con signos visuales de ropa mojada, según dice la acotación:

> Salen mojados Patricio, y Ludovico abraçados los dos, y caen saliendo cada uno a su parte.
>
> (Ed. facs., IV, 95)

Sin embargo, el argumento más fuerte a favor de la presencia de efectos escénicos en obras que carecen de iconografía es la presencia conspicua y repetida de pasajes similares en otras obras. Parajes como mares, cuevas, montes, palacios y torres, y efectos como vuelos, truenos, relámpagos y terremotos se repiten incesantemente tanto en las obras que carecen de iconografía como en aquellas profusamente ilustradas —especialmente *Andrómeda y Perseo* y *La fiera, el rayo y la piedra*.

Veamos otros efectos de *El purgatorio* que se explican con referencia a los trucos escénicos que describe Sabbatini. Por ejemplo, hacia fines de la primera jornada la acotación indica la presencia de una "apariencia" con un ángel que primero baja y luego "Sube la apariencia hasta lo alto, y sin cubrirse" (ed. facs., IV, 107). En la segunda jornada la acotación "Está sobre una peña Polonia muerta" (ed. facs., IV, 115) indica claramente la inclusión de una apariencia masiva en la escena. En la escena de la resurrección milagrosa de Polonia, estos versos apuntan la presencia de más trucos escénicos y desplazamiento de bastidores que fingen un cataclismo:

> Polonia. ...no veis, no veis, que essa sierra
> se retira, que esse monte
> se estremece, el Cielo tiembla
> desquiciado de sus polos,
> y su fabrica perfeta?

Sólo un efecto escénico visual actualmente percibido en toda su intensidad puede hacer responder a los demás personajes:

> Filipo. Gran prodigio!
> Lesbia Gran milagro!
> Capitán Que admiracion!
> Leogario. Que grandeza!
> Rey. Gran encanto! Grãde hechizo!
>
> (Ed. facs., IV, 117)

Admirables cambios escénicos de *trompe l'œil* hechos a la vista de los espectadores que repetirían, sin duda, lo que exclama el Rey al cerrar esta escena:

> Que tenga vn engaño fuerça,
> pueblo ciego, para hacer
> maravillas como estas,
> y no tengas tu valor
> para ver que la apariencia
> te engaña....
>
> (Ed. facs., IV, 117)

Sorprende verdaderamente encontrar toda esta plétora de efectos en una comedia representada alrededor de 1628. Examinemos esta acotación de la segunda jornada de *El purgatorio*:

> Aqui se ha descubierto una boca de una Cueva, lo mas horrible que se pueda imitar, y dentro della estarà un escotillon, y en poniendose en el Egerio se hûde con mucho ruido, y suben llamas de abaxo, oyendose muchas vozes.
>
> (Ed. facs., IV, 123)

Reiteramos, estas llamas se fingían con gran efecto en la escena; Sabbatini describe el método. Los efectos son verdaderamente espantosos, vistos y escuchados en todo su efectismo escalofriante. La reacción de los personajes que exclaman maravillados "Qué asombro!," "Qué prodigio!," "Qué portento!" confirma la presencia de un referente en la escena. La alusión de Lesbia, "La tierra se estremece, y gime el viento" (ed. facs., IV, 123), muestra que al efecto de llamas se unen las sacudidas de un terremoto y ruido de viento —trucos comunes del tramoyista.

Otras alusiones confirman en esta obra la presencia de elementos escenográficos provenientes del teatro toscano. La utilización de bastidores movibles se verifica en la acotación: "Aquí entra en la cueva, q̄ serà como se pudiere hazer mas horrible, y cierren con un bastidor" (ed. facs., IV, 134). Todo esto, y mucho más, encierra una obra que evidentemente está ofreciendo al espectador toda una nueva serie de efectos escénicos. Esta obra pertenece, sin duda, al ciclo de la escenografía ilusionista; opera con el fondo propio para el tema del engaño de los ojos, las ficciones teatrales asombrosas y maravillosas regidas por la estética del *mirabile*.

No sabemos con certeza quién diseñó los decorados para las representaciones del período 1623-26; es muy posible que Giulio Fontana permaneciera como escenógrafo de corte después de las fiestas de Aranjuez de 1622 y que el joven Calderón aprendiera mucho de él; es significativo que las obras de este primer período demuestren también una sensibilidad a la estética del engaño de los ojos. Pero es después de la llegada a Madrid de Lotti en 1626 que notamos una profusión de escenas marítimas con naves, ríos simulando agua que corre, fuentes y grutas, efectos de relámpagos y truenos, en los que obviamente se destacaba el ingeniero florentín.

Por ejemplo, en *El mágico prodigioso* (ca. 1634-37), observamos una alusión similar a efectos escénicos y su interrelación con la trama. En el momento que Cipriano va a dar el alma al demonio, la acotación en la edición de Valbuena Briones suplementa: "[Suenan ruidos de truenos como tempestad y algún fuego como rayos y relámpagos]." Sin embargo, es de notar que el texto poético mismo corrobora la presencia de estos "efectos" cuando el personaje exclama:

> Cipriano. ¿Qué es esto cielos puros?
> ¡Claros a un tiempo, y en el mismo oscuros,
> dando al día desmayos!
> Los truenos, los relámpagos y rayos
> abortan de su centro
> los asombros que ya no caben dentro.
> De nubes todo el cielo se corona,
> y preñado de horrores, no perdona
> el rizado copete de este monte.
> Todo nuestro horizonte
> es ardiente pincel del Mongibelo;
> niebla el sol, humo el aire, fuego el cielo.
> ¡Tanto ha que te deje, filosofía
> que ignoro los efectos de este día!
>
> (I, 621)

Como vemos, Calderón al componer estos versos ya tuvo presente los efectos escénicos de fondo. Más adelante, con las posibilidades escénicas que ofrece el Coliseo del Buen Retiro, los efectos visuales se hacen más elaborados; el engaño de los ojos en este teatro no termina en el foro, el efecto de perspectiva se extiende hasta donde los ojos alcanzan a ver, gracias a la introducción de una pared movible en el fondo. En la representación de *Fieras afemina amor* (1670), se incorpora a los trucos de la escena artificial el jardín natural detrás del teatro:

> Al irse las Ninfas en seguimiento de CUPIDO, transmutado el pasado jardín en real salón, *volvió a desabrochar todo su fondo el coliseo*, de suerte que, repetidas las verdaderas elegancias del pincel en los mentidos lejos del noble engaño de sus perspectivas, se vio en igual distancia lo deleitable de un vergel, convertido en lo majestuoso de un palacio.
>
> (I, 2059)

El "noble engaño" de los bastidores en perspectiva, la posibilidad de las rápidas mutaciones de escena, la repetición y simultaneidad de dos jardines, el natural y el pintado, el juego con "los mentidos lejos," la sustitución sígnica representativa que crea una visión ficticia del mundo, todo es parte fundamental de la estética calderoniana y de este teatro "pictórico," cuyo origen hemos trazado en Italia.

En el alto Barroco, con el perfeccionamiento de las maquinarias teatrales y con la disponibilidad del Coliseo, con una pared movible de fondo, por supuesto, las posibilidades de efectos espectaculares proliferan. Sin embargo, incluso en las obras de las primeras décadas de la producción calderoniana, hay algunos indicios que parecen aludir a la presencia de una escenografía perspectivista, especialmente donde se encuentran menciones al vocabulario técnico que le pertenece. Aunque no tenemos vestigios icónicos de la obra de Lotti, y las acotaciones en las obras de las primeras décadas no son tan profusas como las posteriores, de los textos de algunas obras también se colige que el lugar de la acción corresponde a los lugares comunes de la escenografía toscana, lo que lleva a la conjetura que obras como *La vida es sueño* y otras anteriores a la construcción del Coliseo del Buen Retiro, pueden haber hecho uso de un decorado pintado en bastidores mutables en escenarios en perspectiva de tipo portátil en los salones del Palacio. Si comparamos las obras anteriores a 1640 con las posteriores, es notable que la mención textual de los lugares de la acción es constantemente la misma: jardines, mares, salones de palacio, montes, grutas, naves en movimiento, bosques, murallas de ciudad, con truenos y relámpagos, nubes volantes, etc., y que corresponde exactamente al repertorio básico de la escenografía toscana, especialmente a las escenas de Giulio Parigi, y a los trucos escénicos que describe Sabbatini.

Claro está que en el Coliseo las posibilidades que ofrecían la escena y la maquinaria eran superiores a la de los bastidores pintados; allí se llegaron a presentar verdaderos milagros oculares, como por ejemplo, la aparición de una gruta por debajo de la tierra (i.e., de la escena) en *Fieras afemina amor* (I, 2032-33) y otros efectos sorprendentes para esta obra que registra N. D. Shergold.[49] De la época de Lotti a la de Baccio del Bianco, y llegando al último de los escenógrafos italianos empleados por la corte de Madrid, Dionisio Mantuano, notamos una progresiva sofisticación en el manejo de máquinas y tramoyas. Lo que posiblemente era un volcán pintado sobre bastidores en las representaciones de Lotti, es ya un verdadero escupir de lava y fuego acompañado de un terremoto con el cual se sacudía toda la escena en la escenografía de Baccio o de Mantuano.[50] Este cambio progresivo se puede observar en las acotaciones que hacia el ocaso de la obra calderoniana se hacen cada vez más largas y descriptivas, como por ejemplo en *Hado y divisa de Leónido y Marfisa* (1680), donde evidentemente la escenografía anterior se supera con nuevos métodos:

> [Todo el teatro representa] un bosque, a trechos frondoso y oscuro, y a trechos claro, imitando la naturaleza. Había a partes señas de margen de mar, entretejidas a la esmeralda del boscaje vagas perlas que declaraban haber dentro raudales. Estaban en este teatro ejecutadas todas las calidades de un bosque, ya en lo desigual de los horizontes, ya en lo yerto de algunos troncos, ya en lo verde de las espesuras. A un lado había un peñasco, *no fingido en los bastidores, sino sacado al teatro*, cuyo artificio dispuso que se le mirara como muy altiva eminencia; y después de haber sonado dentro rumor de trompetas, voces y cajas, se apareció en el LEONIDO armado de todas armas, a caballo, cuyos movimientos se ejecutaron con tal primor, que la atención engañada estaba temiéndole el despeño, según lo desbocado del bruto y lo fragoso del terreno....
> (II, 2098)

De la reproducción fingida por la pintura en los bastidores laterales y en el foro se pasa en esta obra a la reproducción masiva de las apariencias dentro de la escena. Este peñasco no es ya pintado como posiblemente lo fuera el "monte eminente" desde donde se despeña Rosaura, en una escena similar, al comienzo de *La vida es sueño*; la famosa alusión en las primeras líneas al "hipógrifo violento que corriste parejas con el viento" puede indicar, elípticamente, la presencia de un caballo volador, como asimismo otras referencias textuales de palabras técnicas afines al diseño escenográfico apuntan la presencia de una escenografía totalmente insospechada para esta obra. En la cita de arriba el caballo mencionado es, a todas luces, un caballo de pasta y mecánico, posiblemente volante —las palabras "cuyos movimientos se ejecutaron con tal primor" indican claramente que no se trata de uno vivo. En las ilustraciones de *Andrómeda y Perseo* que reproduce Phyllis Dearborn Massar (láminas 29 y 30 en su artículo en *Master Drawings*), se puede observar un caballo alado similar que cae de lo alto. Los lugares y animales o monstruos son necesariamente los mismos, limitados por el repertorio del tramoyista.

Con respecto a las apariencias utilizadas en los carros de los autos sacramentales, notamos también la utilización de peñas, selvas, barcos, globos terráqueos, monstruos marinos y animales fantásticos que suelen aparecer en los diseños escenográficos de *La fiera, el rayo y la piedra* o de *Andrómeda y Perseo*. Vemos asimismo una obvia filiación y continuidad entre los carros de la tradición florentina, especialmente los diseñados por Bernardo Buontalenti, y las apariencias utilizadas para los carros de los autos. En un cotejo cuidadoso entre las "memorias de las apariencias" que recogió Cristóbal Pérez Pastor con los diseños de carros presentados a los Medici que reproduce Arthur R. Blumenthal, resaltan las similaridades; los carros florentinos parecen ser su precedente inmediato y pueden servir de punto de partida para una reconstrucción.[51]

Con respecto al montaje de los carros en su posición estacionaria, adosados ya al tablado de la representación, Calderón también llega a veces a solicitar específicamente que se tenga en consideración la distribución perspectivista, como lo podemos constatar en esta memoria para el auto *El viático cordero*:

> El segundo carro ha de ser una fachada de fabrica; esta ha de caer toda sobre una escalera de fabrica tambien, que ha de estar fija en el corredorcillo de la representacion con sus puertas a los lados, de manera que hagan perspectiva a lo despegado del carro.[52]

Anotamos brevemente la presencia de diseños perspectivistas en el montaje del auto sin entrar en su función y significado; se requiere para ello un estudio pormenorizado que sincronice los diseños y la dinámica espacial de la puesta en escena con el texto, tarea que nos desviaría en este momento del tema principal.

Con la introducción de las perspectivas o bastidores pintados a la escena, Calderón se encontró una nueva problemática desconocida para los antiguos poetas dramáticos, y que atañe a su manera de componer. Angelo Ingegneri, en su tratado *Della poesia rappresentativa* en 1598, señala que el énfasis en la representación visual del espectáculo tiene que afectar, necesariamente, al poeta dramático en la selección de personajes, el movimiento en la escena, incluso los gestos que ahora son perfectamente *visibles*:

> ...et avvenendo poi il più delle volte, che le cose loro sono solamente lette, e non mai rappresentate, essi [los poetas dramáticos] non possono accorgersi degli inconvenienti che di necesità accaderebbono nella loro rappresentazione. Converrebbe adunque, che il Poeta, il quale si da a fare alcuna opera Dramatica, *primieramente si figurasse dinanzi agli occhj la Scena*, divisandone fra se gli edificj, le prospettive, le strade, il proscenio, e ogni altra cosa opportuna per l'advenimento di quel caso, ch'ei si prende ad imitare; e ne facesse nella sua mente propia una cotal pratica, che non uscisse personaggio, *che non gli sembrasse vedere onde ei si venisse,* nè si facesse sul detto proscenio gesto, nè vi si dicesse parola, ch'egli in certo modo *nol vedesse, e non la udisse*, mutando, e migliorando, a guisa di buon Corago, e di perfetto Maestro, quegli atti, e quelle voci, che a lui non paressero bene a proposito. (Énfasis mío)[53]

El antiguo poeta dramático, cuyas obras se leían —"che le cose loro sono solamente lette"— al tratar de *representarlas*, es decir, de hacerlas coincidir visualmente con el aparato escénico, se encontró con dificultades obvias; la obra no había sido concebida *visualmente*. En la *poesía representativa*, género que nace unido a la escenografía y al teatro, el texto adquiere características fónicas y visuales; se convierte, con ayuda del aparato y las voces moduladas del recitativo, en un género expresivo, sensorial.

El poeta *representativo*, por contraste con el poeta dramático, debe, de antemano, "figurarse delante de los ojos la escena" donde se va a llevar a cabo la acción. El Pinciano hace la misma distinción, basándose en el modo de aprehensión, *visual* sobre todo, en el género representativo, *auditiva* en el género de las que se leen:

> ...y es de advertir que, aunque en toda especie de fábula es la verosimilitud necessaria, pero mucho más en *las dramáticas y representativas*, las cuales mueven mucho más al ánimo *porque entra su imitación por el ojo; y por ser acción sujeta a la vista*, la falta es mucho más manifiesta, más que en aquellas especies de fábulas que entran por el oydo o lectura, como son las comunes; assí que especialmente es menester la semejanza a verdad en las dichas fábulas activas.[54]

En las fábulas representativas la imitación, i.e., la imitación de la Naturaleza, se percibe por los ojos, por medio de la escenografía que imita o finge los lugares en cuestión. Es más, la acción misma está sujeta a la vista. La vista, el sentido más importante, más intelectual, para el hombre del seiscientos, capta rápidamente cualquier error en la imitación del natural. El arte dramático representativo, como vemos, nace sincrónicamente con todos los fenómenos visuales que hemos venido mostrando, la fascinación con la vista prospéctica, lo que el ojo ve y cómo ve. En este sentido la poesía representativa, la que se representa en conjunción con el aparato escénico y la voz modulada del recitativo, va a ser el género barroco por excelencia, totalmente sensorial. En esta era de primacía de la vista, la acción dramática también se percibe visualmente. La visión directa del representante en la escena, mediante gestos, voces y miradas, expone y exhibe la acción. En la edad de los sentidos vemos que también la unidad de acción aristotélica se reparte entre los dos sentidos principales:

> L'Azione contiene due parti, cioè la Voce, e il Gesto; nelle quai due parti è riposta la totale espressione, e efficacia della favola; conciosiachè l'un riguarda l'udire, e l'altra riguarda il vedere.[55]

Ingegneri se refiere a la parte de la voz como todo aquello que contribuye al deleite del oído. La voz debe acomodarse al lugar de la representación, para que en un lugar angosto no suene estrepitosa y en uno amplio sorda, prestando atención especial a la proyección escénica de la voz, ya sea en concierto con instrumentos o con la voz humana sola, modulada, para mayor deleite de los que escuchan. En la parte visual del espectáculo el estilo representativo depende de la puesta en escena, del aparato y del teatro donde se lleva a cabo esta acción:

> ...ciascuna favola Rappresentativa costa di tre parti, cioè di Apparato, di Azione, e di Musica.
>
> L'Apparato consiste nella Scena, dove si fa la rappresentazione, insieme co'l Teatro, dove stanno gli Spettatori a vederla, e nelle persone, che la recitano.[56]

Para Ingegneri, el estilo representativo está unido el advenimiento de los teatros, el edificio teatral, como el Olímpico de Vicenza, como asimismo a los pequeños teatros cortesanos, y al desarrollo del aparato escénico, ambos de suma importancia en la presentación visual del espectáculo. En otras palabras, este estilo nace en conjunción con la arquitectura teatral, con su conformación espacial peculiar, con las perspectivas que imitan a la Naturaleza. Dentro de este espacio ficticio, arquitectónica y pictóricamente recreado, existe el representante, el cual imita mediante sus gestos y voces el verosímil de la acción. El actor, según Ingegneri, debe exhibir, demostrar expresivamente la acción, de dos maneras, mediante la voz y el gesto. La parte más visual de la acción se representa con el gesto que engloba a todo movimiento significativo que efectúa el actor y, sobre todo, la expresión de los ojos:

> Il gesto consiste nei movimenti opportuni del corpo, e delle parti sue, e spezialmente delle mani, e molto più del volto, e sopratutto degli occhi.[57]

En Calderón encontramos la conjunción de todos los elementos que Ingegneri señala como propios del *stile rappresentativo*: el teatro como edificio, la escena perspectivista, ilusionista, que imita la naturaleza, la música y la voz expresiva del *recitativo* —parte que hemos explorado en el capítulo anterior— con la voz en conjunción con las miradas, "ojos y oídos," dualidad inseparable en tantas escenas y en tantos personajes. Sin duda alguna, podemos clasificar a toda la obra calderoniana, desde su iniciación hasta sus postrimerías, como perteneciente al *stile rappresentativo*. Calderón tuvo siempre muy en cuenta la conformación visual de su obra. Podemos imaginarnos, sin temor de caer en errores, al gran dramaturgo "figurándose la escena delante de los ojos" —como diría Ingegneri— viendo la topografía ficticia del decorado, calculando la posición en escena de los representantes, previniendo cada gesto, el impacto de cada mirada, el resonar de cada voz. Trabajaba, es cierto, en concordancia con el tramoyista, y también por supuesto con el compositor que escribía la música para sus versos; pero él, como gran *corega*, seleccionaba las partes del aparato con las cuales había de encadenar la acción dramática. Reproduzco aquí parte de una carta que nos revela el control que él ejercía sobre todos los detalles de la producción teatral:

> Yo e visto una memoria que Cosme Loti hizo del teatro y apariencias que ofrece hacer a su Mg. en la fiesta de la noche de S. Juan; y aunque está trazada con mucho ynjenio [sic] *la traza de ello no es representable por mirar más a la ynbención de las tramoyas que al gusto de la representación*.
>
> Y aviendo yo, Señor, de escriuir esta comedia, no es posible guardar el orden que en ella se me da; pero haciendo elección de algunas de sus apariencias, las que yo abré menester de aquéllas para lo que tengo pensado son las siguientes:
>
> ....
>
> Advirtiendo Vmd que yo no doy orden para obrar esto ni la disposición de las luces ni pinturas de la fábrica ni perspetibas [sic], porque todo esto queda a su yngenio que lo sabrá disponer y ejecutar mejor que yo se lo sabré dezir.... (Énfasis mío)[58]

La larga lista de apariencias que he omitido y que incluye el cambio de tres escenas, mutaciones, transformaciones, un carro plateado, una nave, fuentes, animales, nubes, y un gigante —y que parece corresponder a la obra *El mayor encanto amor*, representada en 1635— es buena muestra del variado repertorio de efectos que manejaba Lotti. Todo esto y la disposición de las luces, las pinturas y las perspectivas están a cargo del ingeniero italiano. Sin embargo, como vemos, el poeta es el que determina y supedita la utilización de las "invenciones" a la trama dramática. Calderón está más interesado en el "gusto de la representación," *eligiendo* las apariencias que sirven para iluminar la acción dramática, en la *secuencia* por él establecida. Esto nos remite a dos consideraciones. Primeramente, la "invención" de las tramoyas, generadora de los maravillosos efectos oculares típicos de los *melodramme* florentinos, de *La gloria de Niquea* a *La selva sin amor*, todas ellas piezas cortas, pasa a tener en manos de Calderón una funcionalidad más compleja. Esto se debe a que el poeta adopta, en conjunción a los efectos vocales y visuales del *melodramma* florentino, la estructura en tres jornadas de la comedia española, su trama y temas favoritos. Los efectos que acostumbraba a crear Lotti para la corte medicea pasan al servicio de la acción de la comedia, la *comedia de teatro*. Por otro lado, la alusión que Calderón hace al término "representación," y más específicamente, "no es representable por mirar más a la ynbención de las tramoyas que al gusto de la representación," indica que nuestro dramaturgo tenía una clara idea del equilibrio interno que el género representativo demanda, de cómo las tramoyas deben participar en el total de la producción, que tiene —según lo estipulara Ingegneri— tres partes definidas: aparato, acción y música.

La *comedia de teatro* calderoniana está también íntimamente ligada al edificio teatral, a su estructura arquitectónica, a la organización interior del espacio teatral donde el espectador percibe ocularmente la acción de la comedia. Apreciado visualmente, siguiendo las directivas que estableciéramos sobre la función de la mirada en el espacio, podemos decir que el teatro demarca el ámbito visual, el ángulo visor que se proyecta desde el espectador hacia la escena. Esta estructura, sea la portátil de las primeras representaciones al aire libre, la de pequeños teatros palaciegos o la del magnífico Coliseo, tiene siempre dos elementos en común, la escena y el auditorio donde se encuentran los espectadores. Al espectador teatral se le asigna, desde el comienzo de la acción dramática, un punto de vista, una perspectiva escénica que es fija e inmutable: la butaca. Julián Marías cree ver en esta disposición de perspectivas fijas algo muy peculiar del teatro, algo que lo diferencia de otras formas artísticas:

> Yo creo que lo más importante del teatro, es decir lo más peculiar de él, que diferencia esa forma de representación imaginativa de la vida humana de todas las demás, es la butaca. El espectador teatral, en efecto, se sienta; el asiento significa la inmovilidad, y por tanto *el punto de vista único, la imposición de una perspectiva fija y permanente*. (Énfasis mío)[59]

Es de notar que esta perspectiva fija del espectador se estableció en los orígenes del teatro barroco con la aparición de la escena única diseñada perspectivamente. El ojo del observador, desde la introducción de la perspectiva guidobaldiana, debe coincidir con el punto de vista escénico, con el horizonte del foro. El punto de vista desde el auditorio está, por lo tanto, *geométrica y ópticamente definido*. Sabbatini, entre las advertencias generales que hace en el prefacio a su obra, recomienda que el diseñador de escenas escoja con mucho cuidado la dimensión de la escena, ya que ésta tiene que albergar las máquinas y perspectivas, y que cuide, además, la orientación de los rayos de la perspectiva con respecto a los espectadores. En el capítulo 34, es más meticuloso todavía al especificar el lugar donde se debe acomodar al príncipe:

> Mi pare ragionevole, essendosi di già finito di trattare come si debba fare la scena, di dire anco come, et in qual sito, si debba accomodar il lugo per il Prencipe od altro personaggio che vi doverà intervenire. Si averà per tanto in considerazione di far elezione di luogo *più vicino che sia possibile al punto della distanza, e che sia tanto alto del piano della sala*

che, stando a sedere, la vista sia nel medesimo piano del punto del concorso, che così tutte le cose segnate nella scena appariranno meglio che in alcuno altro luogo. (Énfasis mío)[60]

Sabbatini coloca al príncipe en un punto de vista privilegiado, el lugar de mejor visibilidad de la sala, desde donde pueda ver sin distorsión visual todos los signos de la escena: el *punto della distanza*. En el capítulo 7 y 8 de la *Pratica*, describe cómo se determina, regla y escuadra en mano —siguiendo la teoría matemática de Guidobaldo su mentor, podemos agregar— estos puntos geométricos. El *punto della distanza*, que estaba precisamente en el centro de la sala, era el punto de vista que abarcaba, a igual distancia, los puntos laterales de la escena. El *punto del concorso*, con el cual coincide el anterior, se determina en el foro, con una línea paralela a la línea del frente de la escena, colocándose en el medio una estaca de un pie y medio de altura. Este punto de referencia hacia donde convergen todas las perspectivas escénicas no debe ser muy alto ni muy bajo porque las casas aparecerán —según lo advierte Sabbatini— o elevándose o hundiéndose.

En seguimiento a esta práctica teatral italiana, vemos que en España se reservaba para los reyes un sitial elevado, desde donde pudieran ver perfectamente y sin distorsión todos los puntos de la perspectiva escénica. Shergold reproduce en *History of the Spanish Stage* dos láminas (7a y 7b), donde se puede observar al rey viendo una representación cortesana, precisamente, desde este sitial elevado, predecesor de la más democrática butaca.

En la "Descripción" que precede a la comedia *Hado y divisa de Leonido y Marfisa*, que se representó para el rey don Carlos y doña María Luisa el 3 de marzo de 1680, se revela que en el Coliseo del Buen Retiro se seguía fielmente esta disposición perspectivista:

> Es el coliseo de forma aovada, que es la mas á propósito para que casi igualmente se goce de cada una de sus partes. Está vestido de tres ordenes de balcones; y aunque enfrente del teatro, en su primer término, vuela uno que llena el semicírculo del óvalo, quedando en forma de media luna, al que se entra por el cuarto de su Majestad; no ve en él las fiestas, *porque por gozar del punto igual de la perspectiva, se forma abajo un sitial, levantado una vara del suelo.* (Énfasis mío)[61]

Palomino, en *El museo pictórico y escala óptica* —libro que contiene mucho de la práctica teatral, especialmente en lo que concierne al diseño de perspectivas— nos da una idea de la importancia que se le daba todavía, a principios del siglo XVIII, al sitial del rey. Al hablar del diseño de los "puntos trascendentes," que causan un efecto de suavizar la perspectiva hacia los lados, recomienda expresamente que éstos no se han de usar en la presencia del rey porque sería "cosa indigna":

> ...y tambien, que los que estuvieren à los lados del Teatro lo gozaràn mejor ver los puntos trascendentes; pero à los que estuvieren directamente en el medio, nunca les sera tan grato...*para donde huviesse de concurrir el Rey (que siempre se le pone el Sitial en medio)* ò alguna otra persona de alta esfera, yo no usàra de esta practica. (Enfasis mío)[62]

El punto de vista del espectador en el siglo XVII es radicalmente distinto al múltiple de la novela cervantina; es fijo, preestablecido y aristocrático. El teatro ha sido siempre el más aristocrático de los géneros artísticos. Nace a la vera del poder de los Medici y luego pasa a España como un espectáculo real, del rey y para el rey. La rigidez del punto de vista nos revela que el arte teatral, desde sus inicios, alberga y refleja las jerarquías de una sociedad que ha sido *inducida a ver* una ficción escénica que no permite ni alteración ni modificación. Es más, refleja una sociedad cuyo centro de poder se plasma en el lujo y pompa representados en escena, donde el poder mismo se exhibe —como lo señalara Ludovico Zorzi en su estudio de la corte medicea— en una "autocontemplación inducida."[63] La visibilidad real es tan importante como la buena visibilidad de la escena; el rey se muestra en todo su esplendor, como un rey sol,[64] centro del universo, incluso multiplica su imagen en espejos colocados a los lados del palco real. La epítome de esta "visibilidad real" la encontramos en la corte de Luis XIV, donde Gaspare Vigarani llegó a construir para la *Salle des Machines* una máquina que podía transportar en milagroso vuelo a toda la familia real a escena, en pura exhibición, como gran final del espectáculo.[65]

En el teatro barroco de Calderón el punto de vista más importante es el punto de vista real. Las apariencias de la escena, el juego del *trompe l'œil*, la dialéctica de las miradas de los representantes siempre convergen hacia el punto de vista privilegiado de Felipe IV y de la reina madre. El punto de vista que converge *hacia* los ojos del rey, como se puede observar todavía en los diseños de Palomino, se denomina *perspectiva real* y está en oposición a la perspectiva artificial o aparencial, cóncava de la escena, la que converge hacia el foro, en el *punto del concorso*.[66] En el teatro autocrático de Felipe IV *la realidad* se circunscribía al punto de vista real; la realidad parte de los ojos del rey y termina en la secante escenográfica donde comienza el mundo de la ficción. Quizás, también en esta dualidad se encuentre el origen de palabras como "realizador," *realizateur* o *reggista*, que son los que recrean la realidad ficticia, el dominio visible del rey. Es muy posible también que la dualidad filosófica y perceptual entre "apariencia" y "realidad" se origine en esta manera teatral de percibir el espacio y los objetos en el teatro, ya que en este arte es donde más se contrastan las dos esferas perceptuales.[67] Lo cierto es que el teatro, el edificio del ritual visible de las cortes europeas, se divide —como decía Ortega y Gasset— en dos partes funcionales desde el punto de vista de la mirada:

> ...sala y palco escénico, separados por la boca del escenario, que es la frontera de dos mundos —el de la sala donde nosotros conservamos, al fin y al cabo, la realidad que somos, y el mundo imaginario, fantasmagórico de la escena. Este ambiente imaginario, mágico del escenario donde se crea la *irrealidad* es una atmósfera más tenue que la de la sala.... La boca del escenario aspira la realidad del público, la succiona hacia su irrealidad.[68]

Es interesante notar que esa frontera visual que hay entre lo que Ortega llama la "realidad de lo que somos" y la "irrealidad de la escena" los escenógrafos italianos llamaron "l'occhio della scena," aludiendo una vez más a la conformación óptica del teatro. La sala *es* la realidad; la escena *representa* un mundo ficticio, visionario, creado y arti-ficial, poblado de voces y fantasmas, creación del ingenio humano. Con respecto a la división sala y escenario, preferimos, para nuestro análisis, a la dicotomía real/irreal ofrecida por Ortega, la de real/aparencial por ser más fiel al desarrollo histórico del teatro. Además, la apariencia como representación o simulación de la naturaleza manifiesta la verdadera función de la escenografía, que es la de la sustitución de un ente que *es* por un ente que *no es* e incluye al mismo tiempo la idea de la disimulación, del ocultamiento visual, el desaparecer y el aparecer que es parte importantísima de la visión escénica.

La delimitación de estos dos ámbitos teatrales, el ficcional y el real, crea dos puntos de referencia que tenemos que tener siempre en cuenta al analizar las obras de Calderón porque él explora todas las vertientes visuales y filosóficas de lo que se ve, cómo se ve y desde qué punto de vista se ve. Dualidades como "sueño" y "visión," "engaño" y "desengaño," "representación" y "vida," "ficción" y "mundo" se remiten últimamente a la conformación dual del teatro, con las líneas de la perspectiva que van desde la sala desde *lo real,* hacia *lo aparencial* de la escena.

Esta dualidad básica que ha hecho visible el teatro llega a modificar durante el período barroco los sistemas de percepción de las otras artes y hasta los de la vida real. Desde esta época se teatraliza, o mejor dicho, se pone en perspectiva toda actividad humana. Hasta el interior de los templos llega este afán de teatralizar todas las artes en el siglo XVII. En la *Transverberación de Santa Teresa* de Bernini tenemos el ejemplo más notorio. Según lo ve acertadamente Orozco Díaz, los elementos teatrales, como el balcón-palco desde donde contemplan el trance místico los personajes de la familia Cornaro, hacen que nosotros también nos incorporemos como *espectadores;* la luz que cae sobre la escena, todo ello, refuerza el efecto de ilusión de la composición. Ese organizar del espacio interior con sentido de sala de teatro que logra Bernini, se debe —en la interpretación de Orozco que yo comparto— a que este escultor era a la vez arquitecto y escenógrafo teatral. En él se revela, como en otros artistas barrocos, la nueva concepción perspectivista que le da a esta época tanto vigor artístico.[69]

En el Barroco los esquemas perceptuales del teatro invaden también a la pintura; la pintura se teatraliza, los planos "aparenciales" y "reales" propios del teatro se transmutan al lienzo. En *Las meninas* de Velázquez, el más teatral de todos los cuadros en la historia del arte, como en el teatro calderoniano, la pareja real permanece *fuera* de la apariencia escénico-pictórica, en la realidad, en su ser real. La posición de los reyes es, como en el teatro, central; sus miradas abarcan los confines de la "apariencia," el cuadro, que se presenta a sus ojos como pura representación, incluso la representación, la auto-contemplación de sí mismos en el espejo central. El Velázquez real, el que genera la representación "aparencial" del cuadro, donde él mismo se desdobla en su apariencia pictórica, ve la escena desde el punto de vista real. En otras palabras hay dos sistemas concretos cuyos lindes se tocan, el real y el aparencial, pero que no se deben confundir: el aparencial, el de la pintura, donde *se representan* Velázquez y los reyes, pertenece —como lo notara Michel Foucault en su extraordinaria captación del cuadro— al "ciclo entero de la representación pictórica," la mirada, la paleta, el pincel, la tela en que pinta y los cuadros pintados.[70] El dominio real queda, como en teatro, en la realidad, lo cual permite, cosa única en la pintura universal, un desdoblamiento del cuadro en dos secciones, el real donde están, en la realidad que eran, Velázquez, los reyes y la corte, y el aparencial de la pintura. La demarcación de estos dos planos visuales permite un "efecto" increíble, de teatro barroco: la inclusión, en el plano real, de todos los que miren, hayan mirado o mirarán esta escena, de incontables y nuevos *espectadores reales*. *Las meninas* es el cuadro más autocrático, más realmente fingido, más representativo de ficciones reales en la pintura universal y corresponde al mismo concepto *reggista* que caracteriza la puesta en escena de la obra calderoniana.

Calderón el contraparte de Velázquez —como lo llamara Ortega— y viceversa, Velázquez el contraparte de Calderón, tienen este punto en común: ambos han reconocido los sistemas propios de cada arte, el pictórico y el teatral, y cómo éstos se pueden intercambiar para crear "efectos" visuales. Como ya lo mostró Everett Hesse, existe un paralelo de temas desarrollados por ambos artistas,[71] en el *Sitio de Bredá,* por ejemplo, o en escenas de los dramas calderonianos que duplican en representaciones histriónicas cuadros del famoso pintor, como en *La fiera, el rayo y la piedra,* donde aparecen las hilanderas:

> Abrese la gruta, y vese en lo más lejos de ella a las tres PARCAS *como las pintan:* la primera con una rueca, cuyo hilo va a dar a la tercera, que la devana, dejando en medio a la segunda, con unas tijeras en la mano.
>
> (I, 1597)

Son las mismas hilanderas que pintó Velázquez, pero éstas "aparecen" en escena cantando y representando.[72] Los medios representativos han cambiado; no se trata de una mera inclusión de un cuadro en escena. De la misma manera el rey verdadero, el que está en la sala, entra en la ficción escénica de dos maneras *representativas,* ya sea en forma de cuadro o en la representación del ser histriónico.[73] El teatro calderoniano siempre oscila entre estos sistemas representativos y se remiten últimamente a los ojos del rey. Tomemos por ejemplo el desdoblamiento triperspectivista del retrato del rey aparencial en *Darlo todo y no dar nada.* La anécdota basada en una versión contemporánea citada por Francisco Pacheco, maestro y suegro de Velázquez, narra cómo Apeles llegó a su fama de pintor.[74] Se trata de una competencia entre tres artistas, Timantes, Zeuxis y Apeles; por encargo real han de pintar un retrato del rey Alejandro, *tuerto de un ojo.* En el día de la selección del mejor retrato se presentan, cada uno con su versión, al juicio crítico del rey:

> Timantes. Huélgome que sea el primero,
> porque habiendo visto esotros
> no hiciérades de este aprecio.
> [*Dale un retrato.*]
> Alejandro. Este no es retrato mío.
> Timantes. ¿Cómo?
> Alejandro.   *Como en él no veo*
> *esta mancha, que borrón*
> *es de mi rostro,* poniendo
> en disimularla todo
> su primor el pincel vuestro
> lisonjero habéis andado
> en no decírmela, siendo
> casi traición que en mi cara
> me mintáis. Infame ejemplo
> da este retrato a que nadie
> diga a su Rey sus defectos;
> pues ¿cómo podrá enmendarlos,
> si nunca llega a saberlos?
> Tomad, tomad el retrato,

La perspectiva y el teatro barroco

    castigado el desacierto   [*Rómpele.*]
    de la lisonja: con que
    perezca por lisonjero.

La versión de Timantes es frontal, muestra los dos ojos, miente con respecto a la falta de uno. El rey aparencial, enfurecido, "siendo casi traición que en mi cara me mintáis," rompe el retrato. Zeuxis le presenta, temeroso ya ante la furia real, su versión del defectuoso rostro:

  Zeuxis. [*Aparte.*]
    Por lo menos,
    yo en él no le callo nada.
          [*Dale un retrato.*]
  Alejandro. Más parecido está el vuestro;
    pero no menos culpado.
  Zeuxis. ¿En qué, señor?
  Alejandro.   *En que viendo*
    estoy mi defecto en él
    tan afectado, que pienso
    que en decírmelo no más
    todo el estudio habéis puesto:
    con que igualmente ofendido
    de este que de ese otro quedo;
    pues lo que en uno es lisonja,
    es en otro atrevimiento. *Rómpelos.*
    Tampoco aqueste ejemplar
    quede al mundo de que necio
    nadie le diga en su cara
    a su Rey sus sentimientos;
    que si especie de traición
    el callarlos es, no es menos
    especie de desacato
    decírselos descubiertos....
              (I, 1027)

La versión de Zeuxis es también frontal, muestra los dos ojos, el bueno y el malo, este último con detalle "naturalista," es decir, en toda su deformidad y fealdad. Timantes, en la misma visión frontal, escogió una visión falsa, "ideal," que no corresponde a las exigencias de la realidad tal como se revela a los ojos. El rey descarta estas dos *ver-siones* de la "realidad," una por ser "lisonjera," la otra por ser "atrevida." ¿Cuál es la preferencia estética de este rey tan difícil de contentar?

  Alejandro. ....
    Apeles, vuestro retrato
    veamos.

Apeles.	Con temor le ofrezco.
	[*Dale un retrato.*]
Alejandro.	¿Por qué, si al verle, me dais
	a entender, prudente y cuerdo,
	que solo vos sabéis cómo
	se ha de hablar a su Rey?, puesto
	que, a *medio perfil*, está
	parecido con extremo:
	con que la falta *ni dicha*
	ni callada queda, haciendo
	que el medio rostro haga sombra
	al perfil del otro medio.
	Buen camino habéis hallado
	de *hablar y callar discreto;*
	pues sin que el defecto vea,
	estoy mirando el defecto,
	cuando al dejarle debajo
	me avisa de que le tengo,
	con tal decoro, que no
	pueda, ofendido el respeto,
	con lo libre del oírlo,
	quitar lo útil de saberlo.
	Este retrato ha de ir;
	que aunque haya de saber luego
	Rojana esta imperfección,
	por ahora, por lo menos,
	si viere que se la finjo,
	no verá que se la miento.
	Y para que quede al mundo
	este *político ejemplo*
	de que ha de buscarse modo
	de hablar a un Rey con tal tiento,
	que ni disuene la voz,
	ni linsojee el silencio;
	nadie sino Apeles pueda
	retratarme desde hoy, siendo
	pintor de cámara mío.

(*Darlo todo y no dar nada*, I, 1028)

Tres versiones de la realidad: la "ideal," la "naturalista" y la "perspectivista." El rey aparencial refleja los valores estéticos de la corte en que está el rey real, el que observa la escena. El Apeles ficticio representa a otro "pintor de cámara," y ya sabemos quién era, en realidad, el pintor favorito de Felipe IV. La elección del cuadro que presenta la visión lateral, de perfil, del monarca tiene toda una serie de implicaciones artísticas, políticas, y filosóficas que son reflejo de una *realidad* —léase esta palabra en todas las acepciones posibles— que Calderón como dramaturgo de la corte nos explica y define políticamente. La visión parcial del rostro real, así como la pintara Apeles, representa *una* perspectiva de la realidad, un fragmento del objeto presente que no se falsea como en la interpretación "ideal," ni se exagera, ofendiendo, como en la versión "naturalista." El punto de equilibrio del arte español de la corte de Felipe IV está en la selección de la perspectiva correcta, la que descubriendo el parecido máximo con el modelo real, discretamente revela —y revela por omisión más que por realzamiento— el defecto que permanece oculto pero no falseado. El defecto queda en la sombra: el perfil sano lo oblitera. El rey presenta, *induce a ver,* desde *un* solo punto de vista —que no se trata ya del multi-perspectivismo cervantino o de la visión bifocal de un Pérez de Ayala, correspondientes a otras épocas— con la rigidez autocrática que se le asigna a este período político, la perspectiva que más le conviene, que más le favorece. De la misma manera el rey verdadero, desde la perspectiva fija e inalterable del teatro, se auto-contempla en su doble escénico, en el retrato de la perspectiva real "correcta" que de él nos muestra el dramaturgo de su corte. Calderón en el teatro presenta la mejor visión de este rey, y para este rey, la perspectiva fija del teatro converge siempre hacia el *punto della distanza;* las miradas de los espectadores reales se encauzan por la conformación rígida y geométrica del teatro hacia el mundo paralelo de la escena, donde el rey se muestra desde la perspectiva justa, como en aquel cuadro de Eduardo VI de Inglaterra visible sólo desde un punto de vista exacto.[75]

La función del cuadro en la escena ha sido estudiada con detalle, en dos artículos, por Manuel Ruiz Lagos.[76] Este crítico ve acertadamente que la repetida inclusión de cuadros en la escena calderoniana no es un mero acaecer accidental o un puro ornamento sino que obedece a una función más extensa dentro del drama. En gran número de autos y comedias —nos dice Lagos, ilustrando con varios ejemplos— la atención y la mirada de los espectadores se dirigen a un cuadro, actuando éste como un foco escénico y dramático. En lo que respecta al ciclo de *la pintura,* Lagos hace acertadísimas observaciones; sin embargo, tenemos que tener presente que en el drama coexisten varios sistemas: el musical, el pictórico, el poético y el representativo. Más bien, todas las artes adquieren en el Barroco una modalidad representativa, es decir, imitan de la misma manera que lo hace la pintura, con líneas, con colores, con pincel, con perspectiva. El retrato tiene en la estética calderoniana, como consecuencia del intercambio de técnicas entre las distintas artes, rasgo distintivo de su manera de hacer teatro, varias modalidades, u otra manera de representarse, además de la pictórica que hemos visto en *Darlo todo y no dar nada* en las tres versiones del rostro real. Puede ser un *retrato musical,* como el que viéramos en el capítulo anterior en el análisis de esta misma obra, en el retrato de Campaspe que ejecutan simultáneamente la música y la Poesía (jornada II). Puede ser también un *retrato soneto*, donde el ciclo de la palabra poética *escrita* compite y coexiste con el ciclo de la pintura. Veamos este pasaje que cita Lagos sin reparar que se trata de la confluencia de dos ciclos representativos, los que ayudan en la ejecución de este *retrato soneto*:

>Diego. Retrato es, y dice así
el papel en que está envuelto:
Lee. "Enviándole a su dama
con un retrato: soneto.
Cuando sutil pincel me repetía,
yo en vos, hermoso dueño, imaginaba,
y tanto en vos mi amor me transformaba,
que en vos el alma más que en mí vivía.
Y así, cuando volver quiso a la mía,
ya en dos mitades dividida estaba,
y ella entre dos semblantes ignoraba
a cuál de aquellos dos asistiría.
Así el retrato, a quien el alma muestro
partiéndole mi amante desvarío,
por parecerse mío, va a ser vuestro,
y por ser vuestro, ya parece mío;
porque el pincel le iluminó tan diestro,
que retrató también el albedrío."
>
>(*Bien vengas, mal, si vienes solo*, II, 612)

El secreto amante que envía este envoltorio con el *retrato soneto* maneja los dos ciclos representativos, el poético, el que se *lee*, el que se *escribe* con una pluma, y el que se *pinta* con un pincel. Envía, por lo tanto, dos retratos, uno el *retrato soneto* en el que expresa sus sentimientos a nivel poético, en *competencia* con la versión pictórica que él mismo ha ejecutado. El dramaturgo en los versos siguientes se vanagloria de haber realizado este *concepto* que se basa en contrastar simultáneamente dos maneras de expresar el retrato:

>Diego. ....
Abrió con llave de plata
para cerrar el concepto
con llave de oro; advertido
guardó rigor y precepto,
en retrato y en papel;
iguales se compitieron
pincel y pluma: retrata
el pincel gala en el cuerpo,
brío y perfección; la pluma

pinta en el alma el ingenio.
(*Bien vengas, mal, si vienes solo,* II, 613)

Los dos ciclos representativos están adosados. El ciclo de la escritura-lectura está dado en la serie "papel," "pluma," "soneto," "alma" e "ingenio"; el ciclo de la pintura en "pincel," "retrato," "cuerpo," "brío" y "perfección." Cada ciclo tiene un dominio propio de expresividad, el primero atañe a modos de captación intangibles, el segundo a lo visible. En esta superposición de los dos sistemas, la serie pictórica domina, la pluma *pinta* —dice Calderón— o sea "la pintura es el arte de todas las artes y a todas las domina," según lo expresa en la "Deposición."[77] En esta estética barroca el soneto trata de imitar los medios del arte de la pintura; el arte poético coadyuva, asiste, en la ejecución del retrato, completándolo en los aspectos intangibles de la modelo.

En el teatro de Calderón todas las artes se complementan, estando siempre subordinadas al sistema representativo que se expresa por medio de la actuación. En el teatro es posible también crear un *retrato representativo*. Esta superposición de sistemas llega a tener en dramas como *Amor, honor y poder* (1623) una importancia capital en la acción. En la segunda jornada el rey, el representante, *se hace pasar por su mismo retrato*. Veamos con detenimiento esta escena donde el rey, sorprendido en una situación comprometida con Estela al aparecer súbitamente su hermano Enrico, *finge ser un retrato*; es decir, el representante permanece inmóvil como una pintura para hacer creer al hermano que se trata de un lienzo que representa al rey.[78] Esta escena se entiende mejor con respecto a la acción central si discernimos los dos sistemas representativos, el pictórico y el teatral, *viendo* cómo se realiza esta escena. Primeramente hemos de advertir que la acotación de esta escena nos indica que tiene lugar en el "[Jardín del palacio.]." El texto dramático nos suministra algunos datos acerca de la conformación de este jardín escénico:

> Infanta. ¿Qué te parece el jardín?
> Estela.   Que adelantarse a él quiso
> el arte a lo natural,
> a lo propio del artificio.
> ¡Qué hermosamente se ofrece
> a la vista un laberinto
> de rosas, donde confuso,
> vario se pierde el sentido!
> ¡Qué bien cruzan en las flores
> los arroyos cristalinos,
> que a las galas de abril
> son guarniciones de vidrio!,
> cuando de las fuentes bajan,

hacen verdes pasadizos
de los cuadros, siendo espejos,
de esmeraldas guarnecidos.
A Diana en esta fuente
me parece que la miro,
bañándose en los cristales,
de su perfección testigos.
....
(*Amor, honor y poder*, II, 76)

Estamos en presencia de la escenografía posfontana, la recreación artificiosa de un jardín ilusionista de *trompe l'œil*, en el laberinto visual de espejos, de retratos, de fuentes, de cristales, el mundo visual armado por el escenógrafo donde "se pierde el sentido." Sobre este fondo engañoso es donde Enrico *ve* al rey forcejeando con su hermana; *la vista* le revela un latente agravio a su honor:

Enrico. [*Aparte.*]
....
¿Qué es lo que miro? ¡Cielos!
Sin los celos de amor, ¿da el honor celos?
Pero erraron los labios;
que éstos ya no son cielos, sino agravios.
Estela.   Suelta, suelta la mano,
que viene (¡ay de mí, triste!) allí mi hermano.
Rey.   Mal mi pena resisto.
Enrico. [*Aparte.*]
¡*Oh quién no hubiera visto
su agravio!* Mas si es grave
infamia en el honor que no la sabe,
pues tan injustamente
culpa el mundo también al inocente,
(¡Tirana ley!) doblada infamia hallara,
si, *mirando mi agravio*, me tornara.

(II, 79)

En el mundo visual del teatro calderoniano un agravio al honor *se descubre visualmente;* de allí los innumerables ¡Qué miro!" que encontramos en obra tras obra.[79] Por otro lado *el ocultamiento,* el escondite, indica una posible admisión de culpabilidad. El resorte dramático del honor, de gran interés público según Lope, toma características visuales en la edad del engaño de los sentidos. Desde el momento que la mirada escudriñadora revela el agravio, todo se subordina a la nueva evidencia captada a golpe de ojo. El rey aparencial, el histriónico, se esconde: admite su culpa. Enrico que sigue observándolo entre bastidores así lo entiende: "El

La perspectiva y el teatro barroco

Rey se ha retirado: / confesóse culpado" (p. 79). Al salir a escena Enrico interpela a su hermana:

> Enrico. ...[*A Estela.*]
> Hermana, ¿qué mirabas en las fuentes
> con tantos artificios diferentes,
> mármoles y figuras?

Estela para proteger el escondite del rey, responde:

> Estela. Estaba contemplando sus pinturas.
> Enrico. Es propio de los reyes
> tener grandezas tales:
> bultos hay que parecen naturales.
> Uno vi, que quisiera...
> mas no quisiera nada.
> ([*Ap.*] Mal resisto.)
> Yo pienso, hermana, que el mejor no has visto:
> llega y verásle.
> Estela. [*Aparte.*]
> ¡Ay cielos! El se atreve
> a descubrir al Rey, y él no se mueve.

El rey quiere pasar por un retrato, prefiere "mantener las apariencias," pasar por lo que no es en verdad para evitar todas las implicaciones de su presencia con Estela; por eso no se mueve. Usa de *camouflage* o de marco los "mármoles" y "figuras" del jardín. El rey quiere *pasar* por un lienzo; se mantiene inmóvil para engañar a Enrico. Esta sustitución y entrelazamiento entre las artes causaba gran admiración entre los espectadores, es el momento crítico del *trompe l'œil*. Visto desde la sala el engaño es perfecto. Pero Enrico, como tantos protagonistas calderonianos, es sumamente *perspicaz*: sabe que el rey es de verdad y no de tela, porque *lo ha visto* con Estela. Con gran ingenio se aprovecha de la ocasión para decirle al rey unas cuantas cosas que seguramente no podría, por respeto, decirle cara a cara:

> Enrico. Este es del Rey tan natural retrato,
> que siempre que su imagen considero,
> llego a verle quitándome el sombrero,
> con la rodilla en tierra; [así le acato].
> Y si el Rey me ofendiera
> de suerte que en la honra me tocara,
> viniera a este retrato y me quejara,
> y entonces le dijera
> que tan cristianos reyes

> no han de romper el límite a las leyes;
> que mirase que tiene sus Estados
> quizá por mis mayores conservados,
> con su sangre adquiridos,
> tan bien ganados como defendidos.
>
> (*Amor, honor y poder*, II, 79)

¡Formidable bravado! No sólo de parte de Enrico que le habla al rey de la comedia de esta manera, sino también de parte del joven dramaturgo de corte —en esta obra de veintitrés años— que mediante el artificio teatral, ha encontrado una vía de comunicación directa con el rey real y verdadero, Felipe IV, que miraba la escena. Vistos de esta manera, los versos que comienzan "y entonces le dijera..." pueden tener un significado admonitivo que Calderón le dirige al monarca en otro contexto, más "real" e histórico.

Es cierto que encontramos muchos retratos y pintores en las obras calderonianas, innumerables sustituciones entre el retrato y el original. Sin embargo, tenemos que tener presente que el teatro es una pintura en movimiento y no estática, y es el representante, el ser histriónico aparencial por excelencia, el que se ve en escena y es visto. Hacia sus ojos, sus gestos, convergen todas las perspectivas escénicas y la acción dramática, que a la vez, como en la pintura de esta época, salen de la apariencia escénica y convergen hacia el punto de vista real, donde tienen su último significado, en los ojos de los espectadores.

En este tercer momento de la mirada en el espacio, vemos que el ser histriónico, el centro de las miradas, mira y se ve a sí mismo, duplicado, creando una serie de percepciones aparenciales de segundo grado, que tienden a hacer al ser representativo más real. Por ejemplo, en *Darlo todo y no dar nada* vemos este juego exquisito de miradas:

> Apeles.   ¡Mal haya, digo otra vez,
> habilidad que me fuerce
> a que estudie tus facciones,
> para que en cada una encuentre
> otra perfección que diga
> *cuán bella, ¡oh Campaspe!, eres
> ya dos veces a mis ojos,*
> porque te pierda dos veces!
> Campaspe. ¿Dos veces?
> Apeles.   Sí.
> Campaspe.   ¿De qué modo?
> Apeles.   *Verdadera y aparente.*
> Campaspe. ¡Aparente y verdadera!
> ¿De qué suerte?
> Apeles.   De esta suerte.

>   Mírate, para que veas
>   lo que pierde el que te pierde.
>   [*Pónela delante del retrato.*]
>   ....
> Campaspe. ¡Qué es lo que miro! ¿Es por dicha
>   lienzo o cristal transparente
>   el que me pones delante?
>   que mi semblante me ofrece
>   tan vivo...
>   ....
>   ¿*Soy yo aquella, o soy yo, yo*?
>   (*Darlo todo y no dar nada*, I, 1050)

Este "verse dos veces a los ojos" que menciona Apeles, presente en tantas otras obras, va a generar en la escena calderoniana el tercer momento de la mirada en el espacio escénico, paralelo a la dialéctica de las miradas, en el ejemplo que da Jean Paris, en *La alegoría* del Ticiano. Allí el ser aparencial del cuadro —aquí el histriónico, el representativo— se ve a sí mismo en el espejo que sostiene el otro personaje (en el cuadro Alfonso d'Este, en la escena Apeles), mientras él está a su vez contemplándolo. Los rayos de visión, por lo tanto, son múltiples y siguen, desde el punto de vista de la trayectoria de la mirada, esta dirección: yo te veo, mientras tú te ves, viéndote. Lo que revela que, aparte de los rayos visuales que parten de la realidad, existe *dentro* de la escena toda una dialéctica de miradas, como éstas que parten de los ojos del representante y se dirigen hacia otro representante, el cual a su vez se siente mirado. Este esquema visual, este ir y venir de miradas, inicia una espiral de perspectivas interpersonales que tiene un valor dramático de suma importancia en la acción de la comedia. La identidad del personaje depende de cómo éste es visto y de su confrontación ante la versión que *el otro percibe de él*. La pregunta significativa de Campaspe aquí lo revela: "¿Soy yo aquella, o soy yo, yo?" En otras palabras soy yo (la original) o soy yo la que *tú ves* y duplicas en competencia con la naturaleza en el cuadro y ofreces a mis ojos. Sería muy distinto si Campaspe se mirara en un espejo a solas, en ese caso ella vería su propia imagen desde el punto de vista de sus ojos, a los cuales volverían los rayos visuales reflejados. Pero en este caso la presencia de otro, la experiencia visual de Apeles, altera la visión; si el espejo o cuadro lo sostiene otro y le dice "mírate mientras yo te estoy viendo, viéndote," los rayos de visión están *mediados por la visión del otro*.

Esta refracción de miradas que notamos en la escena calderoniana, producto de la perspectiva múltiple, ha sido estudiada en su función en la vida real, en las relaciones interpersonales, por Ronald D. Laing en *Interpersonal Perception*. Laing descubrió para gran beneficio de la siquiatría lo que un gran dramaturgo como Calderón ya había notado en la escena: que el campo de experiencia personal no está solamente limitado a la visión directa de sí mismo (ego) sino también incluye la visión del otro viéndome a mí. Con gran acierto teatral, quizás sin saberlo, Laing llama a esta visión interpersonal, *metaperspectiva*. Laing, en la obra citada y en otras que le siguen, trata de mostrar la importancia de la relación del "yo" —egoístamente aislado en la sicología freudiana— con el "tú," con los "ellos," con los otros centros de reorientación de la experiencia que afectan al yo:

> My field of experience is, however, filled not only by my direct view of myself (ego) and of the other (alter), but of what we shall call *meta*perspectives —*my view* of the *other's* (your, his, her, their) *view* of me. I may not actually be able to see myself as others see me, but I am constantly supposing them to be seeing me in particular ways, and I am constantly acting in the light of the actual or supposed attitudes, opinions, needs, and so on, the other has in respect of me.[80]

Esta percepción de la visión del otro sobre el yo es piedra angular de la visión dramática calderoniana, consecuencia y derivación de la perspectiva intraescénica. Todo personaje se siente siempre observado, mirado, y *actúa* a la luz de esa mirada. Se trata de una mirada que parte de los ojos del representante, el cual percibe a otro viéndole. Esto crea una hipersensibilidad en el personaje que siempre se siente observado, desde las bambalinas, desde el escondite o, como en el caso de Campaspe que ve, en el retrato, la visión que otro le ofrece de su rostro. La fórmula metaperspectivista —que nosotros adaptamos a la escena calderoniana— se puede reducir escuetamente a una trayectoria de la mirada que es similar a la del *boomerang*: el personaje mira y *se ve visto*. Como ya hemos observado en la edad de los sentidos, el mirar es equivalente a una forma de intelecto visual; el que ve *sabe*, deriva un conocimiento directo del objeto, a menos que haya un "engaño a los ojos" —y de esto se cuida mucho el protagonista calderoniano. Casi siempre la *metaperspectiva* en los dramas —y hay variaciones a la fórmula— tiene como palabra clave al verbo *saber*. Véamos estas construcciones: "No quiero / más que sepas que sé / tus liviandades," le dice Lelio a Justina en *El mágico prodigioso* (I, 624). Segismundo al verse visto por Rosaura exclama furioso: "Pues la muerte te daré, / porque no *sepas* que *sé* / que *sabes* flaquezas mías" (*La vida es sueño*, I, 503). Lo que más le molesta a Segismundo es saber que ha sido visto por Rosaura en su condición miserable, que *él sabe que ella sabe*, o sea que *la vio viéndolo*. Rosaura tiene una visión de él que lo afecta, y mucho; prefiere matarla a sentirse visto así por ella. La estructura de la frase se puede convertir, en su función escénica, en esta complicada dialéctica de miradas: Yo sé (porque te ví) que tú sabes (porque te ví,

La perspectiva y el teatro barroco

viéndome) que yo sé (porque tú me viste viéndote verme).[81] La visión que uno tiene del otro se impone, tiene un poder de vida o muerte; por eso cuando Lelio dice lacónicamente, "No quiero / más que sepas que sé / tus liviandades," es suficiente ultimátum: la protagonista ya sabe que la han visto, no hay escape, especialmente si se trata de una situación de honor. La captación visual del protagonista o de la víctima siempre es crucial: el deshonor se capta visualmente, el amor es un "amor a primera vista," los celos son una "ilusión óptica"; el cegar a un personaje equivale, por lo tanto, a castrarlo: "...que hijo soy de quien, por celos, / le sacó a Menón los ojos," dice Semiramis, la protagonista de la mirada egoísta, la que se mira a sí misma siempre en el espejo, aquí impersonando a otra imagen similar, la de su hijo, en *La hija del aire* (I, 783). Más juegos de miradas: el calidoscopio es infinito. El valor exacto de la proyección de las miradas, de las perspectivas y de las metaperspectivas y su significado último solamente se puede resolver en el contexto de cada drama.

> *He scarce had ceas't when the superior Fiend*
> *Was moving toward the shore; his ponderous shield*
> *Ethereal temper, massy, large and round,*
> *Behind him cast; the broad circumference*
> *Hung on his shoulders like the Moon, whose Orb*
> *Through Optic Glass the* Tuscan *Artist views*
> *At Ev'ning from the top of* Fesole,
> *Or in* Valdarno, *to descry new Lands,*
> *Rivers or Mountains in her spotty Globe.*
>
> Milton, *Paradise Lost*

Conclusiones

LA META PRINCIPAL de este estudio ha sido cuestionar los acercamientos literarios basados en estudios exclusivamente textuales del fenómeno teatral, y en particular de la obra de Calderón de la Barca. El interés primordial con respecto a la comedia calderoniana fue buscar los signos de ordenación primaria que el dramaturgo concibió para la puesta en escena, recordando que el proceso de producción de significados en el teatro, distinto al textual, no se basa en la lectura, sino en la representación de una serie de convenciones codificadas que el espectador interpreta. Por lo tanto, este trabajo tomó como premisa el hecho diferenciador (empleando las ideas de Dámaso Alonso, Patrice Pavis, Umberto Eco y Roland Barthes) que en el teatro los signos básicos son de carácter sensorial —visual y auditivo— y que este modelo del signo está en oposición irreconciliable con el modelo sausurriano, base del análisis textual. El método empleado en este estudio, por lo tanto, es tripartito. Por un lado se toma en consideración el texto, que está sujeto necesariamente a una interpretación literaria y lineal. Pero éste se considera un remanente incompleto que se complementa con una interpretación de los signos auditivos y visuales en el momento de la representación. El análisis se completa con una reconstrucción sincrónica de elementos técnicos pertinentes a la evolución teatral que, exteriores al texto, sin embargo lo modifican en una dinámica ineludible.

La distinción cuidadosa de lo que se ve y cómo se ve, y de lo que se escucha, la manera de percibir el espectáculo y la relación del espacio con el texto poético, revela marcadas diferencias en la evolución de la comedia española. De hecho, este estudio ha podido distinguir dos escuelas o especies bien diferenciadas. La primera, la *comedia imaginativa* de percepción auditiva, donde la poesía dramática recitada lleva al oyente a imaginar lugares no existentes en el pobre estrado del corral —situación característica de la comedia nueva lopesca. La comedia de capa y espada, con un simple telón de fondo para la acción, constituye la típica comedia imaginativa o "comedia auditiva" —como prefiere llamarla John G. Weiger. Esencialmente, en la comedia renacentista el espectador imagina, en una curiosa transformación sinestética, que ve los lugares de la acción por lo que oye. La segunda escuela, la *comedia de teatro* —término viable y útil en su momento histórico que hemos rescatado— distingue a aquellas representaciones donde la escenografía tiene una función destacada, y los efectos propios del *stile rappresentativo* predominan.

Y es precisamente a nivel técnico donde el teatro barroco se distingue claramente del teatro renacentista. La convergencia fortuita de dos innovaciones que Allardyce Nicoll ve como consustanciales al teatro barroco —la formulación de la perspectiva escénica y los experimentos en modulación de voz aplicados al texto dramático de la *camerata* florentina— se confirman en nuestro estudio como la base epistemológica del teatro calderoniano. Estas innovaciones harán sentir su influencia en España y en el resto de Europa, causando una verdadera "revolución" —la confluencia entre el origen cósmico copernicano y la subsiguiente aplicación política del término no es mera coincidencia— en las cortes nacionales.

La hegemonía del teatro toscano revoluciona al drama renacentista para ser leído y declamado en dos respectos bien demarcados, primeramente en la modulación de la voz "diastematica" —imitación de la voz trágica griega, conocida luego como *recitativo*—, en los *effetti* sonoros y en la música escénica. Lo más importante para la trayectoria del drama es que los *camerati* logran unir con éxito y por primera vez dos géneros que se mantuvieron separados en el Renacimiento, la música y la poesía dramática en una nueva forma: el *dramma per musica*. La catarsis griega, en la versión italiana, se logra con la expresión de efectos de carácter sígnico —especialmente los *concetti lagrimevole*— y toda otra exteriorización de los sentimientos para impresionar la sensibilidad del público. Este efectismo melodramático vocal y lagrimógeno entra a funcionar, de la misma manera, en el teatro calderoniano, donde incluso el rey emite apasionadamente estos signos cruciales de su sentir interno: "Aquí turbado y dudoso, / hablen antes que las voces, / las lágrimas en los ojos" (*La cisma de Inglaterra*, I, 161). La duda y la turbación tienen siempre una expresión sensorial. Esta exteriorización de los sentimientos por parte del personaje y actor, especialmente en gestos, rubores, desmayos y vocalización de sus angustias, corresponde a una tendencia general de la literatura del siglo XVI —observada por Claudio Guillén— que muestra una liberación del "hombre interno" hacia el "hombre externo" que se revela en las expresiones faciales como *signo* de la *occulta cordis*, la conexión simbólica entre cuerpo y alma.[1] Es aquí donde nace el actor como signo y la actuación adquiere propiedades melodramáticas. Es de notar también que en los escritos teóricos de los *camerati*, en su búsqueda de la expresividad trágica de la voz humana, se patenta un inusitado énfasis en la

Conclusiones

percepción clara y directa de los sonidos y un alejamiento de la teoría de las correspondencias numéricas platónicas característica de la música de las antiguas máscaras.

Con respecto a los signos visuales del espectáculo en manos de los diseñadores florentinos, es de crucial importancia la sistematización y empleo de la escenografía perspectivista y mutable después de la formulación geométrico-matemática de Guidobaldo del Monte, *Perspectivae* (1600), cuando el punto de fuga coincide, por primera vez en la historia del teatro, con el punto de vista del observador. El espacio escénico se concibe de otra manera: es tridimensional, cóncavo, mutable y con un eje central de orientación, la *prospettiva di mezzo*. Para principios del siglo XVII los dos signos comunicativos del teatro, el auditivo y el visual, confluyen a raíz de estas innovaciones técnicas para formar, con el texto de la poesía dramática renacentista, un nuevo sistema expresivo. Nuestra incursión en la historia del teatro de corte florentino confirma la clasificación semiológica dual y explica su génesis.

Con la aparición de los espectáculos a la nueva moda italiana se inicia en Madrid una verdadera guerra fría, patente en los escritos de Lope, Hurtado de Mendoza y Tirso, quienes resisten abiertamente la nueva dirección que está tomando el teatro: para ellos, la tradición de la comedia castellana para ser escuchada, de organización lineal, con una secuencia lógica, concebida como arte de poesía donde la elocución, el ritmo musical y la rima dominan, no tolera la intromisión de carpinteros y pintores que desplazan la importancia del poeta. Lope, el inventor de la comedia nueva, verá sin embargo, y con dolor, que el teatro está tomando otro camino. De hecho, la defensa de los privilegios del arte de la pintura y de sus jerarquías es un tema que ocupa seriamente a este siglo y se resuelve más tarde —con intervención oficial— aceptando al arte de la pintura como arte liberal y prestigiando a los pintores como artistas. Con respecto a la incursión de artes extrapoéticas en la poesía dramática y en la comedia, los dramaturgos renacentistas tendrán que ceder el paso. Se trata de un fenómeno de alcance pan-europeo y de profunda influencia en todas las artes, de la imposición irreversible del "orden italiano" —utilizando la expresión acuñada por T. E. Lawrenson.

Hacia 1677 Calderón afirma en su "Deposición" que la pintura ha llegado a dominar a todas las artes, evidencia que para entonces había llegado a su cénit, modificando, con sus aliadas la geometría, la simetría y la perspectiva todos los campos de estudio: gramática, retórica, música, aritmética, dialéctica, geometría y astronomía. Este dominio o superimposición de los sistemas propios del arte del diseño a las artes liberales crea fecundas posibilidades para el arte barroco: cuando la perspectiva impone sus parámetros de visión y diseño a la retórica, se crea el lenguaje "figurado"; la poesía se transforma de igual manera, incluso Calderón modifica el soneto tradicional y lo pone en perspectiva dual. Según Emmanuele Tesauro en *Il cannocchiale aristotelico*, la metáfora se comporta de la misma manera que el *trompe l'œil* en la pintura, pone a dos objetos engañosos juntos para que el espectador los perciba y desde su propia perspectiva, y con perspicacia, los observe, los deslinde y los exhiba como ilusión óptica. La metáfora es para el artista del Barroco un acertijo visual; el goce del espectador está en encontrar la verdad: para Tesauro mirar con los ojos y contemplar con el intelecto son dos formas análogas de conocimiento. Este elemento cognoscitivo que conlleva el arte barroco deriva siempre de su fusión con elementos ópticos y perspectivistas que le prestan el prestigio de ciencias como las matemáticas, la geometría, la perspectiva y la óptica. Los descubrimientos astronómicos realizados por Galileo —la otra vertiente de la sistematización del espacio también centrado en la *prospettiva di mezzo* (el primer nombre del telescopio fue *perspicillum*)— y su llamada a "la evidencia sensorial"[2] de los fenómenos como único camino certero hacia el conocimiento, ponen a todos los campos de actividad en alerta y cuestionamiento: de ahí que Tesauro examine a la retórica aristotélica con un *limpidissimo cannocchiale*. El teatro barroco, en tanto que se estructura con el punto central de observación de la perspectiva inducida, responde a ese movimiento reorganizador del espacio y del conocimiento del mundo observable en otros campos. Es más, el teatro de base sensorial es la mejor y más completa expresión del siglo de esa reestructuración sígnica.

Calderón —contrariamente a Ben Jonson, Lope o Tirso— se muestra más abierto a las innovaciones técnicas italianas, e incluso tiene una idea muy clara sobre la utilización de las máquinas, autómatas y perspectivas evidente en su actitud dominante de dramaturgo con respecto al tramoyista Cosimo Lotti: los *effetti* visuales y auditivos de los *intermezzi* o "invenciones" y del *melodramma* pasan, en una fórmula revolucionadora y única, al servicio de la comedia castellana. Calderón toma la estructura de la comedia de corral con tres jornadas —más larga y con argumento más complejo que el fantástico *melodramma*— y le superpone, en sincronía al texto poético dramático, los dos nuevos efectos. Entre los efectos auditivos que provienen de la modulación de la voz escénica que lograra fusionar con el texto poético la *camerata* florentina se encuentran las voces temerosas y lastimeras, el *falsetto* engañador, los desgarradores ¡Ay de mí! y otros efectos sonoros como los truenos, el eco, la música expresiva de fondo, los clarines victoriosos, los tambores guerreros, o los sones ya tristes, ya festivos, ya celebratorios, signos inequívocos que conforman el nivel de captación auditivo. Funciona también de manera original la dinámica espacial y visual que tiene en cuenta la posición en escena del personaje, el escondite, sus gestos, su esfera de visión, y cómo se ve en los ojos de los demás representantes, y sobre todo, la exaltación de la vista y la ad/mira/ción entre los personajes. Todo esto va conformando la escena calderoniana, independizada ya la acción sígnica del texto poético.

En la segunda fase o especie de la comedia castellana, en la *comedia de teatro*, Calderón sigue de cerca la estructura de la fuente antigua; la acción, las escenas, el argumento son los mismos —fenómeno bien observado por Albert Sloman en su estudio de las refundiciones— lo que cambia fundamentalmente es el estilo, la técnica, el lenguaje. Y esto se debe a que la obra ha sido concebida de otra manera, es decir, corrigiendo las discrepancias entre lo que decía anteriormente un texto poético para ser *recitado*, y lo que Calderón desea poner en escena siguiendo la práctica del *stile rappresentativo*. La teoría escénica toscana, resultado de la experiencia práctica, examina la puesta en escena y su verosimilitud no en términos poéticos, logocéntricos, sino sensorialmente, buscando una sincronía y ajuste verosímil entre lo que se escucha y lo que se ve en la escena, y los elementos narrativos que indica el texto dramático. El punto de vista del espectador, árbitro implacable de la acción, va a desplazar y hacer superfluas las reglas aristotélicas que pedían una economía de la acción dramática en términos de tiempo y de lugar. La presencia contundente de la escenografía, la iluminación, y los efectos sonoros, hace que ésta aparezca unificada, fenomenológicamente, a golpe de ojo, con cada cambio de escena. Los cambios de escena se hacen en "un abrir y cerrar de ojos" y sin que se perciba el truco —la técnica ya había alcanzado esta perfección en 1622 en Madrid con Giulio Fontana— lo que añade a la magia, a la expectativa y a la seducción del nuevo espectáculo. El concepto estético de la verosimilitud renacentista, el espejo de la vida, se reemplaza por el de la representación escénica encuadrada en los bastidores pintados, asumiendo estos un valor de *aliquid stat pro alio*, indicando por medio de un truco visual el lugar específico de la acción. Las similitudes y las imaginaciones —Calderón se manifiesta abiertamente en contra de ellas— se abandonan a favor de signos representativos que indican, deceptivamente, a los ojos y a los oídos, realidades ficticias, réplicas, representaciones.

Para 1635, aunque no haya sobrevivido evidencia icónica de la escenografía, tenemos constancia documental y textual que indica que Cosimo Lotti había puesto a disposición de Calderón un mínimo de tres escenas que, según es fácil constatar, se repiten en obra tras obra. En *La fábula de Dafne* (1635), versión española del *melodramma* homónimo, aparecen —según han observado Brown y Elliott— las tres escenas típicas que producía Lotti, la de la cueva y el mar, la de la cueva y el monte o bosque, y la tercera, de palacios y/o del templo de Pallas. Es de notar también que son las mismas tres escenas que aparecen en *La vida es sueño*, y que se repiten —el repertorio del tramoyista limita la selección de lugares— en tantas otras obras representadas en el salón de comedias del

Alcázar, o en los salones del Palacio del Buen Retiro, o en su Coliseo. N. D. Shergold y J. E. Varey han encontrado documentación que muestra que en el período de 1623 a 1637, las obras calderonianas comenzando por *Amor, honor y poder* (1623) e incluyendo 22 obras más, entre ellas *El médico de su honra* (1629), fueron representadas en palacio ante el rey y la reina.[3] Nuestra valoración crítica, por lo tanto, mantiene que si bien algunas de las obras calderonianas fueron posteriormente adaptadas a la escena del corral —y hay documentación que indica que esto fue hecho con gran costo y a desplacer de los empresarios— el concepto que rige la creación del teatro calderoniano es el de la representación cortesana, un espectáculo maravilloso concebido para la exaltación de los valores monárquicos, y que adapta con éxito para ese propósito los preceptos del "orden italiano." La presencia de los lugares típicos de la escenografía toscana en estas obras —y los indicios textuales lo verifican— sugiere inevitablemente la idea que en las producciones palaciegas se utilizaban escenas mutables en perspectiva antes de la construcción del Coliseo del Buen Retiro (1640); estas escenas son el común denominador que indican que la obra fue efectivamente concebida y representada en el nuevo estilo. Sabemos, por lo menos, que la técnica escénica permitía, para 1637, la presentación de trece cambios de escena en una obra de hora y media de duración.[4] Cosimo Lotti para entonces había llegado a un perfeccionamiento de su arte similar al que podemos ver en los grabados de las escenas de Giulio Parigi y otros colegas florentinos, que sí han sobrevivido y que pueden servir de punto de orientación —por lo menos en carácter provisional de substituto— para poder reconstruir las escenas calderonianas. Baccio del Bianco tiene la posibilidad técnica a su alcance en el Coliseo del Buen Retiro, con la maquinaria y escena ya existente creada por su predecesor Lotti, para producir en 1652 para *La fiera, el rayo y la piedra*, veinticuatro (!) cambios de escena; es obvio que ha habido un desarrollo anterior, y no se trata de una súbita y milagrosa aparición de la escena toscana. Por ejemplo, las máquinas que se utilizaban para el vuelo de nubes, animales y personajes mitológicos habrían sido similares a las que se venían empleando en Parma y Florencia desde por lo menos la tercera década del siglo XVII (véanse las ilustraciones abajo, nos. 1-5).

Otro dato importante que refuerza esta conjetura basada sobre la escenografía es la presencia de otro factor común en la obra calderoniana de la época 1622-52: la presencia constante de la fórmula de doble hélice, ojos/oídos, mirada/voz, característica de la acción concebida *stile rappresentativo*. Esta fórmula, que es marca del estilo calderoniano, está presente desde sus primeras obras dramáticas, *Judas Macabeo, La gran Cenobia, El sitio de Bredá, Amor, honor y poder*, hasta las últimas grandes producciones mitológicas como *Eco y Narciso, Fieras afemina amor*, o *Andrómeda y Perseo*, esta última confirmando con los diseños escenográficos y la música que sí han sobrevivido la interrelación esencial entre las tres artes. El estudio computarizado del léxico de los autos sacramentales que realizó Hans Flasche, confirma nuestra conclusión sobre esta estructura binaria generativa y muestra que es también propia del auto en la alta incidencia —comprobada esta vez numéricamente— de palabras como *ojos* (298), *voz* (977), *voces* (497), *escucha* (133), *ver* (1.678), *llanto* (248), *sentido* (309), *sentidos* (219), más cuantiosas instancias de sus paradigmas, asociaciones y derivados. Sobre todo llama la atención el altísimo número de referencias al verbo *saber* y su conjugación, significativamente relacionando el conocimiento con la captación sensorial. Esta relación, característica estructurante de la comedia, hace que el protagonista llegue al conocimiento del mundo que lo rodea, a la formación de los conceptos, a través de la percepción clara y de la observación aguda. Queda para otro estudio verificar la relación entre los sentidos y la formación de los conceptos en el auto. Por el momento, una de las conclusiones estables del presente estudio es la de declarar que la fórmula primaria y generativa de la estructura de la obra calderoniana, entendida ésta globalmente, es sensorial, con énfasis en la doble hélice ojos/voz y sus derivados, y que cada una de las obras teatrales —y también los autos sacramentales— ejemplifica y pone en función representativa derivaciones paradigmáticas de esta fórmula original. La interpretación de cada una de las obras debe tener en cuenta, por lo tanto, la trayectoria de los signos sensoriales.

La atracción irresistible de este teatro sensorial se centra en los aspectos *meravigliosi* de la acción; la *admiratio* clásica pasa a convertirse en la estética del Barroco, en la ad/mira/ción ocular, el engaño de los ojos, la exaltación de la vista y el *mirabile visu* del teatro. En el teatro de Racine y de Corneille —ellos también bajo el impacto del "orden italiano"— el juego de las miradas es esencial; la "presencia eficaz" (en las palabras de Jean Starobinski) se revela cuando el personaje se somete a la magia de la presencia de otro, en una emanación sin esfuerzo que se capta instantáneamente y que se recalca, como lo viera el crítico francés, con la repetición de la palabra *apenas*. Esa aparición inusitada del *apenas* y de su eco *a penas* en la obra calderoniana —que llamó también la atención de Bruce Wardropper en su estudio de *La vida es sueño*— responde, de la misma manera, a la presencia eficaz fuertemente visual, y también, en casos, fiel a la estructuración dual, a la emanación vocal del personaje dado por un "apenas podré decirlo, y habré de decirlo a penas" (*Apolo y Climene*, I, 1817). Asimismo podemos recordar en este contexto los "ojos hidrópicos" de Segismundo, ojos que no se sacian de mirar, epítome del furor visual de la época.

El análisis centrado en el comportamiento de los signos auditivos y visuales hacia fines del siglo XVI y las primeras décadas del XVII ha revelado la presencia de una "migración del signo," señalada para esta época por Michel Foucault, es decir, se verifica en la cultura europea una reorganización sígnica de carácter homogeneizante —el signo tripartito del Renacimiento basado en las similitudes platónicas se simplifica en una relación dual— que, según hemos constatado, corre parejo con un énfasis inusitado en la percepción directa de los sentidos. Constatamos también en este período una correlativa reorganización espacial que toma como punto de orientación el foco óptico y perspectivista, y que modifica a otros campos artísticos: la arquitectura teatral, la música, la prosa y hasta la poesía. Caso notable de esta fecundación entre la perspectiva y la prosa es el *Quijote*; entre la perspectiva y la poesía —experimento único en su género— es el *Polifemo* de Góngora, quien estructura el poema lírico con el módulo óptico-perspectivista. El lenguaje poético, influido por el teatro, adquiere un modo geométrico.

Los eslabones de contacto entre los italianos y la corte madrileña son varios y bien conocidos: Giulio Fontana, Cosimo Lotti, Francesco Ricci, Baccio del Bianco, Bernardo Monnani, Vincencio Carducci, el general Spinola, Giulio Rospigliosi (luego el Papa Clemente IX), para nombrar a los más prominentes que estuvieron en contacto con el palacio y nuestro dramaturgo. Ahondando en estos contactos se ha hecho evidente que este grupo representaba una verdadera *intelligentsia* y que se encontraban muy cerca de los pioneros del teatro cortesano toscano: Guidobaldo del Monte, Giulio Caccini, Ottavio Rinuccini, Claudio Monteverdi, Bernardo Buontalenti, Giulio Parigi, Vincenzo Galilei, Francesco Buonamici y Angelo Ingegneri. Estos nombres importan no solamente para trazar contactos en cuestiones técnicas de escenografía y del *dramma per musica*, sino que, y esto es más importante, muestran una cercanía insospechada con la mente revolucionadora del siglo, Galileo Galilei. No es casualidad que el teatro barroco siga de cerca el precepto que el famoso florentín estableciera en su *Siderus Nuncius* (1610): "debemos aprender con toda la certeza que nos brinda la evidencia de nuestros sentidos."[5] Su padre, el músico Vincenzo Galilei, habría debatido, seguramente, el mismo principio con sus colegas cameratistas. Calderón es, en este sentido, un acérrimo galileista.

Después de las observaciones realizadas por Galileo con el telescopio, el espacio cósmico y el teatro barroco tienen un mismo punto de orientación; operan —como lo notó el crítico italiano Cesare Molinari en una interpretación que comparto— con la misma célula del espacio, la óptica perspectivista. Dicho en otras palabras, la escena barroca en perspectiva es al arte lo que el telescopio y microscopio son a la ciencia en el siglo XVII: una nueva manera de enfocar y encuadrar los fenómenos. La importancia que se le asigna a la percepción directa de los sentidos, reflejada en la repetida frase *"tam clara et evidens"* que Henry W. Sullivan ve como clave en Descartes y Calderón —ambos siguiendo la interpretación metafísica de las *Disputaciones* (1597) de Francisco Suárez, S.J.— refleja sin lugar a dudas el cambio de orientación en la mente europea hacia la experimentación y verificación sensorial, con la consiguiente pérdida de prestigio del texto escrito. Walter J. Ong, S.J., ve también en el Renacimiento una tendencia a pensar sobre el universo en "sistemas" y otros conceptos diagramáticos, que anuncian que el pensamiento comienza a organizar el conocimiento en términos espaciales perceptibles por la vista.[6] Pero es el revolucionador gesto de Galileo al fiarse de la observación ocular directa, tomando como punto de orientación espacial la *prospettiva di mezzo*, el que le da el golpe maestro a la tradición escrita —peligrosísimo tema en lo que respecta a la confrontación entre la evidencia visual y las Sagradas Escrituras— a Aristóteles y a la imaginación de base platónica de la época precedente.

El estilo barroco calderoniano propone la incorporación simultánea, redundante a veces en su densidad expresiva, de mensajes incongruentes con un análisis temporal-linear de la acción. Es de destacar que la falta de ordenación lógica está al servicio de un nuevo orden: la admiración moral o retórica de raigambre clásica se suplanta por la mirada subyugada, encantada, que se entrega sin cuestionamiento al esplendor exhibicionista de la monarquía absoluta —el *eclat* corneilliano, o la "admiración" calderoniana— que pone al servicio del poder los códigos visuales y auditivos del teatro: el Poder es el personaje tácito pero crucial de la acción, el verdadero protagonista. En la disposición espacial del teatro, en las metáforas perspectivistas y visuales que se le asignan, en el plano político, y en la iconografía y la emblemática, el rey aparece como Argos, todo ojos, y a la vez astro solar. Políticamente el mundo se consolida apropiándose de la misma fórmula óptica para ponerla al servicio de la exaltación de los valores monárquicos, emblematizados en el pavo real con sus innumerables ojos, signo también de un teatro concebido ópticamente. Las perspectivas escénicas por su valor representacional, ilusionista y mutable, crean una relación nueva con el espectador: la confrontación espacial entre apariencia y realidad se establece como concepto filosófico y estético. En el teatro de corte como en la emblemática y en la nueva cosmología galileo-copernicana, se coloca al rey como sol en el centro del universo, apropiándose así la política de los sistemas científicos a favor de Felipe IV y de Luis XIV. Más tarde, así como lo presagia Calderón en *Hado y divisa de Leonido y Marfisa*, el emblema del Rey Sol comienza a ponerse con Carlos II, señalando el ocaso de los Austrias.[7] Sin embargo, la monarquía absoluta europea perdura con sus emblemas solares hasta que el sistema astronómico-político de la Revolución Francesa incorpora en el centro, junto al Sol refulgente —en una modificación del mismo sistema que no dura mucho— a la Ley y a la Nación.[8]

El teatro calderoniano presenta dos vertientes, ciertamente complementarias; la ilusión sensorial, sonora u óptica, causa la desorientación de los personajes y del observador, sometiéndolos a la duda, que a su vez los lanza por dos caminos, el de la fe como complemento del mundo perceptual —caso del auto— o el de la razón como conocimiento derivado del error. La duda sensorial, como en Descartes, conduce al *saber*: el verbo clave de la obra calderoniana y el más repetido. Este verbo tiene especial significancia cuando aparece en incrustaciones *metaperspectivistas*, término que adoptamos en este estudio para señalar estructuras complejas de origen perceptual-cognoscitivo como "yo sé que tú sabes que yo sé." En el mundo ilusorio de las perspectivas escénicas, en el laberinto de percepciones engañosas, la percepción del otro de una manera profunda, metaperspectivista, permite pegar el salto hacia el conocimiento de sí mismo, hacia el amor, o hacia las buenas obras. Segismundo puede superarse porque su trayectoria entre bastidores y apariencias deceptivas, errores y dudas, lo pone últimamente en contacto con la verdad.

Para el dramaturgo del Renacimiento —Lope, Tirso de Molina y Shakespeare son buenos ejemplos— más cerca está el arte de la naturaleza y de la verdad ejemplarizante, mayor es su valor. La poesía dramática —para ellos— es vehículo de verdades que se captan por el oído, pasan por la imaginación y estimulan los sentimientos nobles. Calderón busca todo lo contrario, su teatro desea —y se vanagloria de conseguirlo— superar a la naturaleza mediante el artificio vocal, la ilusión sensorial, el engaño de los ojos. Hay, sin embargo, un elemento cognoscitivo en el empleo de la ilusión escénica —y en esto sobrepasa a la verosimilitud como modo artístico— ya que la perspectiva, con sus distancias simétricas, sus parámetros geométrico-matemáticos, sirve de punto de orientación para organizar el mundo. Correlativamente en el teatro los signos auditivos y visuales son claves para la interpretación de la acción dramática —los personajes calderonianos son hipersensibles a ellos— y a la vez, son claves para la interpretación desde el punto de vista del espectador, quien atentamente aprende en el teatro (de allí su valor educativo) primero a dudar, y luego, a discernir entre la verdad y el engaño. Este valor educativo del teatro es importante en el siglo XVII especialmente en lo que concierne a la formación práctica y política del monarca. Incluso hasta fines del siglo, la instrucción teatral es recomendada por Bances Candamo como deseable método en la crianza de Carlos II, porque permite "un *decir sin decir*, un arte que permite revelar, decorosamente al rey lo que otros cortesanos quieren que no vea ni oiga: la verdad."[9]

La incorporación del factor del ingenio visual o auditivo, la perspicacia, el correcto discernimiento sensorial, es la vía que lleva al protagonista (y al espectador) hacia el conocimiento. El teatro calderoniano enseña a

Conclusiones

ver pero también a entre/ver, a pre/ver, a ad/ver/tir, a e/vide/nciar (los juegos de palabras y las asociaciones con el verbo *ver* proliferan), pero sobre todo, a cuestionar el embeleso sensorial o el error perceptual, utilizando para ello los medios propios del teatro ilusionista: el engaño de los ojos creado por la rápida mutación de decorado. En este sentido el espectador tiene, a igual que Segismundo en *La vida es sueño*, una función protagónica, la de discernir entre el engaño y la verdad. El sentido último del teatro barroco, así como lo concibió Calderón, es el de replicar las apariencias del mundo paralelo y ser el vehículo artístico del error perceptual y del conocimiento.

En el contexto más vasto de la ideología del siglo XVII, el teatro, con su disposición visual y dinámica ilusionista, duplica el gran equívoco humano constatado por Galileo en el universo: aquel que cree ver al sol girar alrededor de la tierra se engaña. El teatro ilusionista tiene en la fórmula calderoniana dos vertientes, la de la ilusión y la del conocimiento, el prestigio de ser arte y ciencia, una discernible ventaja con el teatro renacentista. El espectador teatral se encuentra en la misma disyuntiva que el protagonista, ambos deben ejercitar su ingenio: la acuidad de sus propios sentidos lo pondrá en contacto con la verdad o el engaño. Y de la misma manera —y he aquí la fórmula moderna de la tragedia creada por Calderón— un simple error de percepción, ya sea auditivo o visual, al que estamos sujetos todos los seres humanos, es el que envía al desprevenido protagonista a la tragedia. Esta es una fórmula nueva, original y universal para la tragedia moderna: el hombre está sujeto a errores de percepción, y por ende, a errores de juicio que lo llevan a conclusiones falsas, y, en ciertos casos, eventualmente a la destrucción de su propia felicidad. Recordemos con que cuidado Basilio, figura del científico-mago de una nueva época, cuestionando las determinantes creencias astrológicas de otro tiempo, lleva a cabo su "experiencia," poniendo a prueba el comportamiento de Segismundo. Es el mismo espíritu científico y racional que asoma en Gutierre en *El médico de su honra*, que trata de dominar la pasión del deshonrado sin caer en la furia ciega de un Othello —sujeto este último todavía a la tiranía de la palabra y de la mentira— y lleva su averiguación a fondo, desapasionada y metódicamente, recurriendo a cuatro pruebas: el puñal (similitud visual), el diálogo a oscuras con su esposa (signo auditivo equívoco), la confesión del Infante (otro signo auditivo mal interpretado) y la carta (escritura deceptiva) —equivocándose siempre para su mal— hecho que no escapa, en su valor evidencial, al espectador.

Dicho esto, creo que no es aventurado calificar el teatro calderoniano de empírico-sensorial, un teatro que responde artísticamente al sentido indagatorio del siglo. La duda perceptual que experimenta Descartes es la misma que angustia a Segismundo. En busca de un asidero donde aferrar la razón, el conocimiento irrefutable, Calderón elabora sus escenas con la fría presentación de datos empíricos. Todo se debe poner a prueba, lo que el protagonista ve y escucha determinan su destino. La cuestión candente de la honra se somete a la verificación irrefutable de los signos sensoriales. "¡Qué es lo que veo!" y su inevitable paralelo estructural "¡Qué es lo que escucho!," frases repetidas obra tras obra, revelan la exigencia perceptual con que el personaje cuestiona los casos de honor. El héroe barroco es el que sabe eludir el engaño, las voces adormecedoras de las sirenas o el sueño hipnótico de Morfeo (figuras recurrentes en Calderón y en la iconografía barroca), y encontrar, como lo hace Segismundo, agudo observador, el difícil camino de la verdad en el ilusorio y mutable mundo, representado en el teatro por personajes de bulto engañador, voces falsas y mágicas perspectivas escénicas. ¿Qué mejor representación de la problemática existencial del hombre del siglo XVII que esos personajes calderonianos que, saliendo simbólicamente de la oscura gruta de la ignorancia —universo cerrado y sin progreso del conocimiento platónico que se abandona— hacia la luz del conocimiento basado en la percepción directa, comprueban, tristemente, que sus sentidos los engañan? Esta es la misma lección que Galileo deriva de sus observaciones telescópicas: diariamente se ve el sol girando alrededor de la tierra, pero es la posición relativa del espectador la que distorsiona la verdad. De la misma manera el teatro barroco, replica de la dinámica espacial cósmica en tanto que utiliza el mismo foco de orientación perspectivista centrado en el ojo humano, propone que la distancia y el punto de vista del observador son críticos para poder deslindar la verdad de la mentira. La distancia, clave de la perspectiva, determina que la observación del objeto no lleve al error conceptual, y de la misma manera informa a una estética dramática donde "tal vez desplace mirado de cerca lo que mirado de lejos no desplace."[10] El espectador se sitúa en una posición de *voyeur* exquisito que contempla los más cruentos episodios escénicos siempre y cuando se presenten a una conveniente distancia visual, imperativa regla de toda relación ya sea estética o social. El lema inscrito sobre el escenario del Coliseo del Buen Retiro, dirigido a la reina doña Mariana de Austria, confirma la estética dramática del Barroco: "VIVE TU, VIVIRA TODO, QUE NO AI DISTANCIA ENTRE EL VER PADECER O PADECER" y alude al espectador que se identifica privada e intensamente ("no ai distancia") entre lo que ve en la escena y lo que siente. El espectador va al teatro a sufrir *viendo* sufrir; la distancia y la perspectiva son parte de la ficción teatral y controlan imperceptiblemente el esquema visual. Rosaura en *La vida es sueño* recalca esta peculiar interacción entre la vista y las emociones: "consuelo puede ser / del que es desdichado, ver / a otro que es más desdichado" (I, 503). La catarsis griega, la purificación de los afectos, ha sido reemplazada en el Barroco español por una exhibición altamente efectista de los afectos.

La obra calderoniana, desde su inicio, refleja una *forma mentis* que encuentra su correlato en otras manifestaciones artísticas, notablemente en la pintura, con la que intercambia sistemas representativos y emblemáticos. En la loa del auto *La vida es sueño* (ed. Juan Fernández de Apontes, 1760), a igual que en tantos otros autos y *comedias de teatro*, aparecen los cinco sentidos, tema principal de los cuadros de Jan Brueghel, *Alegoría de los sentidos* (pintadas ca. 1618). Ambos artistas muestran la misma fascinación por los elementos que exaltan la percepción sensorial. En el titulado *La vista* aparece un pavo real en la ventana, emblema del poder visual del rey, así como aparece en *El médico de su honra*, y, en el mismo cuadro, prominentemente colocado, un telescopio, signo del oculocentrismo de la época, que también aparece conspicuamente colocado en *Las lanzas* de Velázquez, en las manos del general Spinola. Es revelador que en el inventario que se hace a la muerte de Velázquez se encuentren en su despacho del Palacio cinco telescopios. Esta es una época que se caracteriza, como señalara Mario Praz, en amontonar tesoros para el goce sensorial, y que se traduce, en las palabras del crítico italiano, en "esas composiciones pródigas, abundantes, sobrecargadas, densas y multitudinarias como las de Marino, Joyce o Jan Brueghel,"[11] a la que también pertenece —podemos añadir ahora— la obra calderoniana.

Notas

Capítulo 1: Comedia y *comedia de teatro*

[1] Dámaso Alonso y Carlos Bousoño, *Seis calas en la expresión literaria española* (Madrid: Gredos, 1970), p. 163.

[2] Patrice Pavis, *Problèmes de sémiologie théâtrale* (Montreal: Les Presses de L'Université du Quebec, 1976), p. 15.

[3] Roland Barthes, "Literature and Signification," *Critical Essays*, trad. Richard Howard (Evanston, Ill.: Northwestern Univ. Press, 1972), p. 262.

[4] José Ortega y Gasset, *Idea del teatro* (Madrid: Revista de Occidente, 1966), pp. 36 y sig.

[5] Ortega, p. 38.

[6] Kenneth MacGowan y William Melnitz, *Golden Ages of the Theater* (Englewood Cliffs, N.J.: Prentice Hall, 1959), p. 12. Joan Corominas, *Breve diccionario etimológico de la lengua castellana* (Madrid: Gredos, 1967), indica que de la misma raíz griega *theomai*, "yo miro, contemplo," deriva *theatron*. El *Diccionario de Autoridades* (1726-37; ed. facs. Madrid: Gredos, 1976) comienza a indicar el uso en profusión de la palabra *theatro* a partir de principios del siglo XVIII con el significado más restringido de *escena*: "El sitio ò parage formado en semicírculo, en que se juntaba el Pueblo à vér algun expectáculo, ò funcion... En las farsas es la parte del tablado, que se adorna con paños, ò bastidores para la representacion." En este último sentido opera en Calderón, cf. la acotación "Sube a una peña y dejase caer dentro del Teatro. / Fil. A las ondas se ha arrojado" (Calderón, *El José de las mujeres*, en *Obras completas*, ed. A. Valbuena Briones [Madrid: Aguilar, 1969], I, 923).

[7] Para una excelente presentación ilustrada del desarrollo de la arquitectura teatral en el Barroco, véase Margarete Baur-Heinhold, *The Baroque Theatre* (London: Thames and Hudson, 1967); *Italia meravigliosa. Teatri e scenografie*, introd. Luigi Squarzina, ensayo histórico-crítico de Manfredo Tafuri (Milano: Touring Club Italiano, 1976); George Altman, Ralph Freud, Kenneth MacGowan y William Melnitz, *Theater Pictorial* (Berkeley y Los Angeles: Univ. of California Press, 1953); y también Cesare Molinari, *Teatro* (Milano: Mondadori, 1972).

[8] Compárense los planos del teatro clásico griego con los planos del teatro Farnese de Parma (1618), diseñado por Giovanni Battista Aleotti con la primera

escena con bastidores mutables en perspectiva, en *Encyclopaedia Britannica,* 1976 ed., XVIII, 239, 244 y 245.

[9] William H. Shoemaker, *The Multiple Stage in Spain During the Fifteenth and Sixteenth Centuries* (Princeton: Princeton Univ. Press, 1935).

[10] Generalmente el tercer nivel correspondiente al infierno no se hacía visible; en el caso que un personaje se fuera al infierno salía simplemente del escenario. Shoemaker, p. 59.

[11] Shoemaker, p. 8. Para una descripción detallada de la escena múltiple, sus ventajas y desventajas, véase Shoemaker, pp. 1-10.

[12] En el siglo XVII se utilizan para la escenificación de los autos sacramentales los antiguos carros medievales, pero estos ya se hacen estacionarios, adosados a un tablado. Para la escenificación del auto sacramental, véase N. D. Shergold y J. E. Varey, *Los autos sacramentales en Madrid en la época de Calderón, 1637-1681* (Madrid: Ediciones de Historia, Geografía y Arte, 1961); N. D. Shergold y Aurora Egido, "La puesta en escena de los autos sacramentales," en *Historia y crítica de la literatura española,* ed. Francisco Rico (Barcelona: Grijalbo, 1983), III, 814-22.

[13] Miguel de Cervantes, *El ingenioso hidalgo Don Quijote de la Mancha,* ed. Celina S. de Cortazar e Isaías Lerner, 2 vols. (Buenos Aires: EUDEBA, 1969), II, 518. Todas las citas del *Quijote* provienen de esta edición.

[14] Para detalles de la *mise en scène* de la comedia, véase N. D. Shergold, *A History of the Spanish Stage from Medieval Times Until the End of the Seventeenth Century* (Oxford: Clarendon Press, 1967); Charles V. Aubrun, *La comedia española,* trad. Julio Lago Alonso (Madrid: Taurus, 1968); Hugo Albert Rennert, *The Spanish Stage in the Time of Lope de Vega* (1909; reimp. New York: Dover, 1963); Othón Arróniz, *Teatros y escenarios del Siglo de Oro* (Madrid: Gredos, 1977); y John J. Allen, *The Reconstruction of a Spanish Golden Age Playhouse. El Corral del Príncipe 1583-1744* (Gainesville: Univ. Presses of Florida, 1983).

[15] Arróniz da estas dimensiones para el escenario, o tablado de los representantes: nueve pies de altura (2,52 mts.) más la altura de las vigas de soporte y basamento (p. 67). Allen, por otro lado, cita un documento que pondría la escena a 10 pies castellanos de altura, aunque luego basándose en la profundidad de los cimientos (3 a 4 pies), rectifica esta medida anterior a aproximadamente unos 6 pies de altura (pp. 31, 36 y 37). El tablado estaba de todas maneras bien por encima de la altura de una persona adulta parada como lo muestran tantos grabados de la época.

[16] Cito a Lope por H. Rennert y A. Castro, *Vida de Lope de Vega* (Madrid: Anaya, 1968), p. 118.

[17] Reproduzco esta parte de un fragmento publicado por Rennert y Castro en *Vida,* pp. 260-61.

[18] Rennert y Castro, *Vida,* p. 267, hacen una llamada a esta palabra y señalan que en *Don Quijote,* vol. I, cap. 48, aparece como voz nueva asociada a la comedia. También señala que para 1636 la voz *appearences* en la escena inglesa denominaba los cambios de escenario preparados por Inigo Jones. Shergold, *History,* p. 234, coincide con Rennert y Castro en la fecha aproximada de la aparición y divulgación del término. Para evitar confusiones debemos aclarar aquí que en el siglo XVII *descubrimiento* se distingue significativamente de *apariencia* (véase abajo, cap. 3, n. 67); *descubrimiento* tiene, entre sus muchas acepciones, el significado

específico de nicho o pequeña cámara que en momentos claves del drama se "descubre" presentando a la vista algo inesperado y espectacular. Para un buen estudio de esta convención teatral, véase Richard Hosley, "The Discovery-Space in Shakespeare's Globe," *The Seventeenth Century Stage*, ed. G. A. Bentley (Chicago: Univ. of Chicago Press, 1968), pp. 196-214. En la España del siglo XVII *descubrir* también equivale a "registrar o alcanzar a ver. Lat. *Prospicere. Speculari*" (*Diccionario de Autoridades*).

[19] Rennert y Castro, *Vida*, p. 267.

[20] Todavía en 1614 Lope para la presentación de *El premio de la hermosura* recurrirá a la antigua técnica de la escena múltiple al aire libre (Shergold, *History*, p. 252). Shergold nota que Lope tuvo que hacer una adaptación de la misma comedia para ser representada en el corral, con los cambios correspondientes.

[21] En 1622 con motivo del cumpleaños de Felipe IV se organizaron en Aranjuez una serie de representaciones. La primera fue *La gloria de Niquea* del conde de Villamediana. El cronista que nos ha dejado el relato de estos espectáculos subraya una diferencia innovadora en la representación: "Estas representaciones que no admiten el nombre vulgar de comedia, y se le dà de inuencion...Ya aduerti al principio, que esto que estrañara el pueblo por comedia, y se llama en Palacio inuencion, no se mide a los precetos comunes de las farsas que es vna fabula vnida, esta se fabrica de variedad desatada, en que la vista lleua mejor parte que el oido, y la ostentacion consiste mas en lo que se ve, que en lo que se oye" (A. Hurtado de Mendoza, *Fiesta qve se hizo en Araniuez a los años del Rey nvestro señor D. Felipe IIII* [Madrid, 1623], fols. 4, 13, citado en Shergold, *History*, p. 268, n. 3).

[22] Rennert en *The Spanish Stage*, pp. 85-86, cita a Schack, quien dice "whether more machinery was to be used or not was left to the discretion of the theatrical manager. This depended especially upon whether the play in question, from its subject-matter, necessitated scenery and was such that all could not be left to the imagination. In such case the objects which would otherwise have to be imagined were actually brought before the eye, and the plays in which such apparatus had to be employed, beyond the simple curtains, and in which the costumes were richer and costlier, were called *comedias de teatro*." También en Rennert y Castro, *Vida*, p. 119, se repite: "...en las comedias más modernas, los autores mismos dan indicaciones expresas acerca de los diferentes movimientos escénicos. Cuando esto occuría y además se cuidaban los trajes de los actores, las obras se llamaban *comedias de teatro*."

[23] Es más probable que la palabra *tramoya* derive del italiano *tramoggia*, y no de *trama* como propone tentativamente Shergold (*History*, p. 557). González de Salas en *Nueva idea de la tragedia antigua* (Madrid, 1633), cita la palabra *tramoias* (nótese la similaridad fonética en la transcripción) como un término recién introducido: "Las Machinas de la Scena, las appariencias quiero decir, i ingeniosos artificios, a quien vulgarmente los Nuestros llaman con un vocablo nuevo Tramoias" (citado por Rennert, *The Spanish Stage*, p. 99). Corominas da como antecedente de *tramoya* el vocablo *tolva*. Se pregunta, sin embargo, cómo se pasa de *tolva* a tramoya teatral. Ofrezco, por mi parte, esta interpretación: en italiano el término en su primera acepción significa "un aparato o recipiente con paredes inclinadas con una apertura en el fondo, cerrada por una puertita," descripción

que coincide con la "tolva" propuesta por Corominas, aunque este étimo no podría nunca evolucionar fonéticamente hacia *tramoggia*. Hay, sin embargo, un desarrollo interesante en el uso de *tramoggia* que puede darnos una pista de cómo un término descriptivo de una máquina agrícola pueda haber pasado al teatro. G. Devoto y G. C. Oli, en *Vocabolario illustrato della lingua italiana* (New York: Funk and Wagnalls, 1967), señalan el paso de la primera acepción citada arriba, a un uso académico del término: "Nell' Accademia della Crusca, la casetta dove venivano posti i componimenti letterari da esaminare." La Accademia della Crusca adopta esta palabra después de su fundación en Florencia en 1583, fecha y lugar que coinciden en el surgimiento de otras academias locales como la del conde Bardi y luego la segunda *camerata* de Corsi. Es muy posible que el término se extendiera a describir una trampa teatral de configuración similar, pasando luego a España con la entrada de la escenografía italiana. R. J. Nelson, "A Spanish Theatrical Term, *Tramoya*: The Limits of Spontaneous Genesis," *Romance Notes*, 22, no. 3 (1982), 265-71, tiende a corroborar desde un punto de vista lingüístico la migración del término.

[24] Para una discusión detallada de la *camerata*, véase el revelador artículo de Nino Pirrotta, "Temperaments and Tendencies of the Florentine *Camerata*," *The Musical Quarterly*, 40, no. 2 (1954), 168-89. Trad. de la conferencia leída en la Accademia Nazionale di Santa Cecilia, Roma, publicada en *Le manifestazione culturale dell' Accademia di Santa Cecilia* (Roma: s. e., 1953).

[25] D. P. Walker, "Musical Humanism in the 16th and Early 17th Centuries," *The Music Review*, 2 (1941), 1-13 (continúa en números siguientes).

[26] Sobre la teoría de los *effetti* y la tragedia griega como fuente, véase Walker, pp. 8-9 et passim. También Henriette Martin, *Revue de Musicologie*, 42 (1932), 63-74 (continúa en números siguientes).

[27] Vincenzo Galilei, *Dialogo de Vicentio Galilei nobile fiorentino della musica antica e della moderna* (Florencia, 1581; ed. facs. New York: Broude Bros., 1967). Sigo la traducción de este párrafo hecha por Emilio Orozco Díaz, *El teatro y la teatralidad del barroco* (Barcelona: Planeta, 1969), p. 166.

[28] Véase la colección de opúsculos que ha recogido Angelo Solerti en *Le origini del melodramma* (Torino: Fratelli Bocca, 1903; reimp. New York: Georg Olms Verlag, 1969).

[29] Stefano Arteaga, *Le rivoluzioni del teatro musicale italiano dalla sua origine fino al presente* (Bologna: Stamperia di C. Trenti, 1783-88), I, 223. Para un excelente estudio sobre Arteaga y su evaluación del teatro musical italiano, véase Eva Marja Rudat, *Las ideas estéticas de Esteban de Arteaga*, trad. Carmen Criado de Rodríguez-Puertolas (Madrid: Gredos, 1971).

[30] Angelo Solerti, *Gli albori del melodramma* (Milano: Remo Sandron, 1903-04), II, 19.

[31] Solerti, *Gli albori*, II, 20.

[32] Prefacio a *L'Euridice*, en Solerti, *Le origini*, pp. 45-46.

[33] Solerti, *Le origini*, p. 79.

[34] Solerti, *Le origini*, p. 82.

[35] Para la relación de la representación de *La gloria de Niquea*, véase *Obras poéticas de don Antonio Hurtado de Mendoza*, edición y prólogo de Rafael Benítez

Claros (Madrid: Gráficas Ultra, 1947), I, 5-41. Juan Manuel Rozas en *Obras de Villamediana* (Madrid: Castalia, 1969) edita una selección de *La gloria* que incluye el prólogo, acotación general y loa.

[36] Hurtado de Mendoza, *Obras*, I, 7.
[37] Hurtado de Mendoza, *Obras*, I, 8-9.
[38] Arróniz, p. 67.
[39] Una máquina similar fue empleada por F. Guitti en el Teatro Farnese en 1628. Allardyce Nicoll, en *The Development of the Theatre: A Study of Theatrical Art from the Beginnings to the Present Day* (1927; reimp. New York: Harcourt, 1966), pp. 117-18, señala que en las mutaciones escénicas anteriores al perfeccionamiento de estas máquinas, atribuidas a Giacomo Torelli, era necesario utilizar varios hombres con la consecuente falta de coordinación que afeaba el espectáculo.
[40] Se trata de un tipo de reflector antiguo, descrito por Sebastiano Serlio en *Il libro secondo dell'architettura* (Paris, 1545; Venecia, 1584), llamado "bozze," hecho de vidrio y de forma redonda con un lado chato que contenía agua coloreada para crear efectos luminotecnios. Se llenaban de aceite y se utilizaban como velas con un plano reflector por detrás para guiar la luz. Estos "bozze" se usaron en el Teatro Olímpico donde todavía se pueden ver (citado por Frederick Penzel, *Theater Lighting Before Electricity* [Middletown, Conn.: Wesleyan Univ. Press, 1977], p. 5).
[41] Hurtado de Mendoza, *Obras*, I, 14.
[42] *Bizarro* es un italianismo, en su origen "iracundo," "fogoso," que el español convierte en cualidad descriptiva de rasgos visuales y pintorescos. Para la evolución de este concepto en España, véase Andrée Collard, *Nueva poesía* (Madrid: Brandeis Univ. y Castalia, 1967), p. 5.
[43] Hurtado de Mendoza, *Obras*, I, 15 y 16.
[44] Solerti, *Gli albori*, II, 7-8, presenta este resumen de la máscara de Rinuccini. La fuente manuscrita se encuentra en los códigos Trivulzianos nos. 1004 y 1006.
[45] Por ejemplo, el intermedio *Combattimento di Apollo col serpente Pitone* —nos aclara Solerti— se convierte en el primer cuadro de *La Dafne*. Se pueden comparar estos pasajes en *Gli albori*, II, 25-28 y 77-81.
[46] *Poética de Aristóteles*, edición trilingüe de Valentín García Yebra (Madrid: Gredos, 1974), pp. 166-68. Para la formación del concepto "prólogo" y su evolución, véase el estudio de A. Porqueras Mayo, *El prólogo como género literario* (Madrid: Consejo Superior de Investigaciones Científicas, 1957). Para los orígenes de la loa y la entrada del prólogo trágico a España, véase Joseph A. Meredith, *Introito and Loa in the Spanish Drama of the Sixteenth Century* (Philadelphia: Univ. of Pennsylvania, 1928).
[47] Hurtado de Mendoza, *Obras*, I, 13-14.
[48] Marcelino Menéndez y Pelayo, *Estudios sobre el teatro de Lope de Vega* (Madrid: Ramona Velasco, 1921), II, 209.
[49] Emilio Cotarelo y Mori, *Orígenes y establecimiento de la ópera en España hasta 1800* (Madrid: Revista de Archivos, Bibliotecas y Museos, 1917). Del mismo autor, *Historia de la Zarzuela* (Madrid: Tipografía de Archivos, 1934). José Subirá, *Historia de la música teatral en España* (Barcelona: Labor, 1945). Shirley B. Whitaker, en "Florentine Opera Comes to Spain (1627): Lope de Vega's *La selva sin amor*,"

Journal of Hispanic Philology, 9, no. 1 (1984), 54, revela los nombres de los compositores hasta ahora desconocidos: Filippo Piccinini y Bernardo Monanni, este último secretario de la embajada florentina en Madrid y conocedor de la práctica del *recitativo.* Shirley Whitaker también corrige la fecha de la representación: 18 de diciembre de 1627 en el Salón Grande del Palacio Real.

[50] Para la estancia de Villamediana en Italia y valoración de su obra, véase *Obras de Villamediana,* ed. Juan Manuel Rozas; Emilio Cotarelo y Mori, *El conde de Villamediana* (Madrid: Sucesores de Rivadeneyra, 1886); Luis Rosales, *Pasión y muerte del conde de Villamediana* (Madrid: Gredos, 1969).

[51] Arteaga, I, 311.

[52] Solerti reproduce este opúsculo en *Le origini,* pp. 98-128. Cita pp. 111-12.

[53] Para noticias sobre Lotti en España, véase Norman D. Shergold, "Documentos sobre Cosme Lotti, escenógrafo de Felipe IV," *Studia Iberica. Festschrift für Hans Flasche,* ed. Karl-Hermann Körner y Klaus Ruhl (Bern y München: Francke, 1973), pp. 589-602. También J. E. Varey, "Calderón, Cosme Lotti, Velázquez, and the Madrid Festivities of 1636-1637," *Renaissance Drama,* ed. S. Schoenbaum (Evanston, Ill.: Northwestern Univ. Press, 1968), pp. 253-82. Y Shirley B. Whitaker, "Florentine Opera Comes to Spain: Lope de Vega's *La selva sin amor,*" pp. 43-66.

[54] Angelo Solerti, *Musica, ballo e drammatica alla Corte Medicea dal 1600 al 1637* (1905; reimp. New York: Blom, 1968), pp. 127-28.

[55] Compárense, por ejemplo, las escenas de mar y los monstruos marinos de la escenografía de Giulio Parigi para *La Liberazione de Ruggiero* (1625) que reproduce Alois M. Nagler, *Theatre Festivals of the Medici 1539-1637* (1964; reimp. New York: Da Capo Press, 1976), láminas 109-10, con la relación de Lope de Vega que precede a *La selva sin amor;* cf. también con las escenas marinas de Baccio del Bianco para *La fiera, el rayo y la piedra,* de Calderón que reproducimos abajo en la sección de ilustraciones, nos. 7-8.

[56] Luigi Zangheri, "Suggestioni e fortuna dei teatrini di automi. Pratolino come una Broadway manierista," *Quaderni di teatro,* 25 (1984), 79.

[57] Véase Calderón, *La sibila de Oriente* (I, 1176); la alusión del gracioso se aclara solamente si entendemos que se refiere a uno de estos pájaros autómatas: "Sobre un albol que no es albol / eztaba un pájaro puezto, / que no es pájaro y cantó." Con respecto a la presencia conspicua del monstruo en la obra de Calderón y su conexión con la estética de la admiración y el portento en el Barroco, véase el estudio de Roberto González Echevarría, "El 'monstruo de una especie y otra': *La vida es sueño,* III, 2, 725," en *Calderón: códigos, monstruos, iconos,* ed. Javier Herrero, Co-Texts, no. 3 (Montpellier: Centre D'Etudes et Recherches Sociocritiques, 1982), pp. 27-58.

[58] Para la diseminación de los escenógrafos florentinos en Francia, véase T. E. Lawrenson, *The French Stage in the XVIIth. Century: A Study in the Advent of the Italian Order* (Manchester, Eng.: Univ. Press, 1957), especialmente caps. 5 y 6. Arthur R. Blumenthal, en "Giulio Parigi and Baroque Stage Design," *La scenografia barocca,* ed. Antoine Schnapper (Bologna: CLUEB, 1982), pp. 19-34, traza la influencia de la escuela de Giulio Parigi en Europa. Alois M. Nagler estudia al discípulo alemán de Giulio Parigi, véase "The Furttenbach Theatre in Ulm,"

The Theatre Annual, 11 (1953), 44-69. En Inglaterra, para la controversia entre Ben Jonson e Inigo Jones: D. J. Gordon, *The Renaissance Imagination,* ed. Stephen Orgel (Berkeley, Los Angeles y London: Univ. of California Press, 1980), pp. 77-101. Y también para la relación entre Bernardo Buontalenti y otros escenógrafos y diseñadores de jardines en Europa, Luigi Zangheri, "Suggestioni e fortuna."

[59] Esta advertencia se encuentra en el prólogo "Al lector. Anticipadas disculpas a las objecciones que pueden ofrecerse a la impression destos Autos," Pedro Calderón de la Barca, *Autos sacramentales, alegóricos y historiales,* ed. Ioseph Fernández de Buendía (Madrid: Imprenta Imperial, 1677).

[60] Lope Félix de Vega y Carpio, *Colección de las obras sueltas* (Madrid: Don Antonio de Sancha, 1776), I, 225.

[61] Hurtado de Mendoza, *Obras,* I, 9.

[62] Hurtado de Mendoza, *Obras,* I, 22.

[63] Lope de Vega, *Colección,* I, 225-26. Cotarelo y Mori y otros fechan el estreno de esta obra a fines de 1629. Shirley B. Whitaker corrige esta fecha, basándose en unos documentos que descubrió en la correspondencia diplomática florentina que muestran que esta obra fue representada en diciembre 1627, con música de Bernardo Monanni, secretario de la embajada florentina en Madrid, en colaboración con Filippo Piccinini. En pruebas he recibido este buenísimo artículo, tarde para darle la merecida atención en el texto; véase "Florentine Opera Comes to Spain (1627): Lope de Vega's *La selva sin amor.*"

[64] Lope de Vega, *Colección,* p. 227.

[65] Citado por A. Valbuena Briones en la nota preliminar de su estudio a *La púrpura de la rosa,* don Pedro Calderón de la Barca, *Obras completas,* I, 1765.

[66] A. Valbuena Briones en su estudio a *Eco y Narciso,* don Pedro Calderón de la Barca, *Obras completas,* I, 1905, n. 1.

[67] Cotarelo y Mori es bastante ambiguo y contradictorio con respecto a los orígenes del género operístico. Por un lado, admite que *La selva* fue la primera ópera cantada en España y que para 1648 Calderón "poco original en la invención, no hallando argumentos nuevos que pudiesen complacer a aquel rey literato...ideó hacer entrar en los nuevos dramas la música, comenzando con la pieza titulada *El jardín de Falerina: representación en dos jornadas*" (*Orígenes,* p. 15). Sin embargo, al mismo tiempo niega —creo que para comprobar su tesis del origen "nacional" de la zarzuela— que la música dramática italiana tuviese alguna importancia durante este período.

[68] Charles V. Aubrun, "Les Débuts du drame lyrique en Espagne," *Le Lieu théâtral a la Renaissance,* ed. Jean Jacquot (Paris: Centre National de la Recherche Scientifique, 1964), p. 424.

[69] Aubrun, "Les Débuts," p. 427.

[70] Lope de Vega, *Colección,* I, 241-43. Lope no nombra al compositor de la música, ni sobrevive la partitura musical. Patricia J. Connor en "The Music of the Spanish Baroque Theater of Don Pedro Calderón de la Barca," tesis doctoral Boston Univ. 1964, 2 vols., analiza la organización musical de esta égloga de la siguiente manera: "The whole cast sings one chorus consisting of 8 lines in four parts. The eclogue, or opera, was composed of about 700 lines, mostly hendecasyllable. The characters all sang solos, except in the third scene, when a trio was

sung, and in the fourth scene when the two shepherds sang a duo of 12 eight-syllable lines" (I, 38).

[71] A. David Kossoff en su edición de *El castigo sin venganza* (Madrid: Castalia, 1970), p. 240, n. 195, cree, siguiendo a van Dam, que se trata de Isabel Andreini, muerta en 1604; en *Las bizarrías de Belisa* Lope vuelve a nombrar a esta cantante más exactamente, "Andreína." No se trata, sin embargo, de la actriz cómica, *primadonna innamorata* de la compañía florentina Los celosos (I Gelosi), un grupo que había hecho conocer la *commedia dell'arte* en sus giras europeas. Esta Andreína que nombra Lope, conocida por su canto, es la nuera de la nombrada anteriormente, casada con su hijo Giovan Battista. Virginia (Ramponi) Andreini (muere ca. 1628-30) era actriz, cantante y poeta. Se hizo súbitamente famosa por su voz al sustituir, en la *Arianna* de Ottavio Rinuccini y Claudio Monteverdi, a Caterinuccia Martinelli, quien muere repentinamente. Para más detalles consúltese "Andreini," *Enciclopedia dello spettacolo* (1954).

[72] Francisco Ruiz Ramón interpreta acertadamente esta técnica de *oír la lectura en voz alta* para la *Comedia de Calisto y Melibea*: "¿Dónde existía la escena —palaciega, cortesana o pública— a cuyo espacio físico pudiera destinarse? Para ser leída, pues, pero no de cualquier manera, ni a solas, sino en voz alta y para un pequeño auditorio..." (*Historia del teatro español* [Madrid: Alianza, 1967], I, 57). El término *lesedrama*, que indica una obra no representable, ha sido utilizado por Leo Spitzer, "A New Book on the Art of *Celestina*," *Hispanic Review*, 25 (1957), 9.

[73] Lope de Vega, *La Dorotea*, ed. Edwin S. Morby (Madrid: Castalia, 1980), p. 60.

[74] *La Dorotea* es un ensayo de *antiteatro*, es decir teatro no representable. Encontramos un fruto moderno de esta alternativa dramática en el esperpento de Valle Inclán. En *Divinas palabras*, el subtítulo de *Tragicomedia de aldea* sugiere la raigambre lopesca de esta obra de teatro de papel, donde el espejo de las costumbres (alusión a la *mimesis* clásica) se hace cóncavo, imitando en imagen deformada, y en diálogo en prosa, una espeluznante porción de la vida moderna. Thornton Wilder, admirador del teatro de Lope, retoma en *Our Town* la tradición de decorar con las palabras: para él la escenografía había perdido su poder significativo con el aburguesamiento del teatro en el siglo XIX.

[75] Véase Joel E. Spingarn, *A History of Literary Criticism in the Renaissance* (1899; reimp. New York: Harcourt, 1963), p. 23.

[76] Lope de Vega, *La Dorotea*, p. 62.

[77] Michel Foucault, *The Order of Things* (New York: Vintage Books, 1973), pp. 43-45.

[78] Lope de Vega, Prólogo, "El laurel de Apolo," *Colección*, pp. xxvii, xxviii.

[79] Edward C. Riley, "Aspectos del concepto de *admiratio* en la teoría literaria del Siglo de Oro," *Studia Philologica. Homenaje a Dámaso Alonso* (Madrid: Gredos, 1963), II, 175.

[80] Marvin T. Herrick, "Some Neglected Sources of *Admiratio*," *Modern Language Notes*, 62 (1947), 223.

[81] Valentín García Yebra, edición trilingüe de la *Poética de Aristóteles*, p. 507.

[82] Herrick, p. 223.

[83] García Yebra, p. 299. Sería muy interesante poder cotejar este pasaje con la traducción de don Alonso Ordoñez de Seijas y Tobar (Madrid: Viuda de Alonso

Martín, 1626), libro dedicado al conde de Monterrey, pero no he conseguido verlo.

[84] Esta cita de Calderón y las siguientes, salvo algunos casos indicados, provienen de Pedro Calderón de la Barca, *Obras completas*, ed. A. Valbuena Briones (1956; reimp. Madrid: Aguilar, 1969 y 1973), vols. I y II, respectivamente. Los números dados representan volúmen y página(s). El énfasis marcado es mío a menos que se indique lo contrario.

[85] J. E. Gillet, "A Note on the Tragic *Admiratio*," *Modern Language Review*, 13 (1918), 237.

Capítulo 2: Efectos sonoros del *stile rappresentativo*

[1] Allardyce Nicoll, *The Development*, p. 103.

[2] La única obra completa de Calderón que permite hacer este trabajo de reconciliación, es decir que no se ha desmembrado, es *Andrómeda y Perseo* (1653), MS. Typ 258H, de la Biblioteca Houghton, Universidad de Harvard, encontrada y descrita por Phyllis Dearborn Massar en "Scenes for a Calderón Play by Baccio del Bianco," *Master Drawings*, 15 (1977), 365-75, láminas 21-31. He examinado este ms que incluye diseños de las escenas (once planchas autógrafas de Baccio del Bianco), partituras musicales y el texto poético que contiene, a diferencia de otras ediciones, cuidadosas descripciones del elemento icónico y de su función.

[3] Thomas Hobbes, *Leviathan*, reproducido en *Britannica: Great Books* (Chicago: Benton, 1952), p. 49.

[4] Don Pedro Calderón de la Barca, *Autos sacramentales, alegóricos, y historiales*, ed. Pedro de Pando y Mier (Madrid: Manuel Ruiz de Murga, 1717), V, 3; citado por N. D. Shergold, "La Musique et le thème littéraire dans l'*auto sacramental*' de Calderón, *No hay más fortuna que Dios*," en *La Fête théâtrale et les sources de l'opera*, ed. Jean Jacquot (Montauban, Fr.: CNRS, 1972), p. 105.

[5] Pedro Calderón de la Barca, *Autos sacramentales*, ed. Pando, V, 5, citado también por Shergold, "La Musique et le thème littéraire," p. 106.

[6] Esta referencia al apuntador teatral es la primera que he visto en la comedia. ¿Es cosa nueva? La permanencia en la lengua de la expresión "el actor dice, hace o interpreta *su papel*" tiende a mostrar que había una práctica *anterior* que se transfiere, o sea un momento en que cada actor efectivamente *leía su papel*. En este caso, en el teatro representativo ("Como en el teatro suele errarse el que representa") el actor *representa* su parte —no lee el papel—, y el apuntador que lee el texto es el que dicta y corrige. En este pasaje Calderón alude a esta técnica teatral. Esto nos puede ayudar a ubicar cronológicamente la aparición del apuntador, o sea que para 1625, fecha de la representación de esta comedia, podemos decir que los actores *representaban* sus papeles y *escuchaban* a poca distancia escondido en el nicho de la escena, al apuntador. Para una ingeniosa aplicación de esta técnica en el auto con fines doctrinales, véase la nota siguiente.

[7] Pedro Calderón de la Barca, *Autos sacramentales*, ed. Pando, I, 149.

[8] Alexander A. Parker, en *Los autos sacramentales de Calderón de la Barca*, trad. Francisco García Sarriá (Barcelona: Ariel, 1983), no cita a estas festividades sacras italianas como posible antecedente. Shergold, en el artículo citado arriba ("La Musique et le thème littéraire," p. 105), no hace mención a las *Rappresentazione sacre*, pero ve la influencia del recitativo florentino en la loa que precede al auto *El sacro Parnaso*. Bruce W. Wardropper en *Introducción al teatro religioso del Siglo de Oro* (Madrid: Revista de Occidente, 1953) señala que "El tipo dramático que más parecido tiene con el auto sacramental es la llamada moralidad" (p. 144); pero también cita a Pfandl tratando de mostrar la gran diferencia que hay entre estos dramas religiosos: "Los misterios medievales no intentaron nunca ni en ninguna parte convertir un dogma...en centro objetivo de una representación teatral; nunca se había ensayado el hacer sensible, enseñar y profundizar el dogma por medio del drama. Por esta sola razón los autos sacramentales no deben ser comparados con los misterios y mucho menos ser considerados como su continuación o renovación" (p. 142).

[9] El texto de esta *rappresentazione* "posta in musica dal Sig. Emilio Del Cavalliere / per recitar Cantando..." se reproduce en Solerti, *Le origini*, pp. 1-39.

[10] Para ejemplos de la intervención de la música teatral en el auto, véase N. D. Shergold, "La Musique et le thème littéraire," pp. 97-106. Jack Sage, "Calderón y la música teatral," *Bulletin Hispanique*, 58 (1956), 275-300. Alice M. Pollin, "Calderón de la Barca and Music: Theory and Examples in the *Autos* (1675-1681)," *Hispanic Review*, 41 (1973), 362-70. También Patricia J. Connor (véase a continuación).

[11] Patricia J. Connor, en "The Music," ha recopilado y analizado varios de los manuscritos de piezas musicales compuestos por Juan de Hidalgo para las obras de Calderón y que se encontraron en la Congregación de Nuestra Señora de la Novena de Actores Españoles. Connor señala la presencia de efectos musicales teatrales como el uso del recitativo, solos, y coros en varias de las llamadas "comedias" o "dramas." Entre las piezas más tempranas que reproduce se encuentran dos trozos musicales pertenecientes a *El tetrarca* o *El mayor monstruo del mundo* (publicada en 1637). El primero corresponde al coro de apertura del acto I que comienza "La divina Mariene...," un coro a cuatro voces, primera soprano, segunda soprano, contralto y tenor, acompañados de continuo (Novena MS. 23). El otro trozo corresponde al tercer acto donde se contrastan tambores acallados y lamentos con un coro alegre con instrumentos saludando al guerrero "Viva Otaviano..." Este coro es también con continuo (Novena MS. 23; Connor, II, 6). Connor señala que el texto de la edición príncipe que reproduce Valbuena Briones, no hace ninguna referencia a la musicalidad de este pasaje como sucede asimismo con *La Sibila de Oriente* (1634-36), y otras obras pertenecientes al período pre-zarzuela.

[12] Jack Sage, "Calderón y la música teatral," en versión inglesa, "The Function of Music in the Theatre of Calderón," en la edición facsímil de las *Comedias* de don Pedro Calderón de la Barca (London: Gregg International, 1973), preparada por D. W. Cruickshank y J. E. Varey, XIX, 209-27. Sage aporta nuevos datos con respecto al recitativo en "Texto y realización de *La estatua de Prometeo* y otros dramas musicales de Calderón," *Hacia Calderón* (Berlin: Walter de Gruyter, 1970), pp. 37-52; en "Nouvelles lumières sur la genèse de l'ópera et la zarzuela en

Espagne," en Jacquot, ed., *La Fête théâtrale,* pp. 107-14; y en "Music as an *'Instrumentum Regni'* in Spanish Seventeenth-Century Drama," *Bulletin of Hispanic Studies,* 61 (1984), 384-90. Además, véase el excelente estudio de Robert Stevenson, en "Calderonian Opera," conferencia dada el 16 de abril de 1981, Universidad de California en Los Angeles, y publicada independientemente.

[13] Sage, "Texto y realización," p. 43.

[14] Dentro de la teoría del *dramma per musica* la opción de "toda música," o sea todo canto, es un desarrollo posterior del recitativo y que prefieren seguir algunos compositores y libretistas; otros, como vemos en el caso de Giovanni Battista Donni en el *Trattato della musica scenica* (ca. 1635), prefieren la alternancia entre el canto y el habla. Solerti, quien reproduce en *Le origini* (pp. 195-228) algunas secciones de este tratado, dice: "Questa teoria che fosse meglio alternare recitazione e canto era una delle idee fisse del Doni" (p. 199, n. 1). Agrega una cita de dicho tratado donde Donni dice: "...che non è altrimenti cosa nuova il mischiare in un'istessa tragedia la favella col canto; poichè, per quanto mi vien riferito, in questa maniera fu rappresentato in Roma il Mimo del padre Stefonio e qualche altro Drama in Mantova...Questa diversità di far recitar cantando le Deita in scena e gli altri personaggi favellando semplicemente [e stata praticata] non solo in questi paesi, ma anco in Bracciano..." (p. 199). Cf. el análisis que hace Sage de la *Estatua de Prometeo*: "Prometeo hubo de representarse en el tablado como un hombre de carne y hueso. De ahí que no cante ni una sola sílaba. ¿Y los dioses? Cotejando el Ms. musical con las acotaciones en los textos impresos, resulta claro que los dioses no sólo cantan siempre sino que cantan casi siempre en *estilo recitativo*" (Sage, "Texto y realización," p. 50).

[15] Varios musicólogos notan la existencia de un rico caudal de documentos musicales todavía en su mayoría sin publicar. Sage: "Il faudrait entreprendre un travail systématique pour essayer d'identifier le vaste répertoire de musique théâtrale et des chansonniers dans les bibliothèques de Madrid, de Barcelone, de la Hispanic Society of America, de San Marciano à Venice, etc.: travail que je ne saurais accomplir seul" ("Nouvelles Lumières," p. 108). Ruth L. Pitts, que ha estudiado los textos musicales de Juan de Hidalgo, "Don Juan de Hidalgo, Seventeenth Century Spanish Composer," tesis doctoral sin publicar George Peabody College for Teachers 1968, cita estas fuentes apenas catalogadas: "The largest collection of pieces by Hidalgo is that of Mss. M 3880 and M 3881 of the Biblioteca Nacional de Madrid; these manuscripts contain fifty-four pieces, the majority of which are songs from dramatic works" (p. 4, n. 8). El cotejo de manuscritos musicales con obras calderonianas ha sido emprendido recientemente por Louise Kathrin Stein, ver "Música existente para comedias de Calderón de la Barca," *Calderón. Actas del "Congreso Internacional Sobre Calderón de la Barca y el Teatro Español del Siglo de Oro"* (Madrid, 8-13 de junio de 1981), publicados bajo la dirección de Luciano García Lorenzo (Madrid: CSIC, 1983), II, 1161-72.

[16] Don Pedro Calderón de la Barca, *La desdicha de la voz* (1639), ed. A. V. Ebersole (Valencia: Castalia, 1963), p. ix.

[17] Connor, I, 140. Cristóbal Pérez Pastor alude a un documento que muestra la posible intervención de un músico en esta obra. El documento no. 69, fechado en Madrid el 5 de marzo, 1636, obliga a Antonio Pineiro, "músico y representante de ir con Dorotea de Ribera y Mariana de Talavera a la villa de Fuente el Saz y hacer

en la octava del Corpus de este año dos representaciones, que la una ha de ser la comedia de *La vida es sueño,* y la otra la de *Don Juan de Austria* o la de *Casarse por vengarse"* de Francisco de Rojas Zorrilla. Ver *Documentos para la biografía de D. Pedro Calderón de la Barca* (Madrid: Real Academia de la Historia, 1905), pp. 98-99.

[18] Connor, I, 140.

[19] Connor, I, 245.

[20] Gotthold Efraim Lessing, *Laocoonte, o sobre los límites de la pintura y la poesía,* trad. Enrique Palau (Barcelona: Iberia, 1957), p. 145. Lessing hubiera censurado el pasaje pictórico-musical de *Darlo todo y no dar nada* como antiestético así como condenó la oda de Dryden, *Alexander's Feast, or the Power of Music,* poema puesto en música por Handel en 1725: "...la oda de Drýden está llena de pinturas musicales que no podrían ser pintadas. No quiero embrollarme con otros ejemplos que, en fin de cuentas, no nos enseñan otra cosa sino que los colores no son sonidos y que el oído no es la vista" (p. 142). Estas negaciones nos revelan que se colocaba decididamente en contra de la estética barroca, conociendo bien que descansaba en una interrelación entre la vista y el oído y el cruce genérico. Lessing veía todo esto como una aberración artística y conceptual, iniciando con el *Laocoonte* una verdadera guerra fría a la estética barroca, contra la cual estaba dirigido indudablemente el contenido del libro.

[21] Filippo Viali, "Dedicatoria e prefazione all'*Areteusa* [1620]," en Solerti, *Le origini,* p. 96. Cf. Giulio Caccini, "Dedicatoria e prefazione a *Le nuove musiche* [1601-1614-1615]," en Solerti, *Le origini,* pp. 56-57.

[22] Giustiniani Vincenzo, "Discorso sopra la musica de' suoi tempi [1628]," en Solerti, *Le origini,* p. 108. Cf. Severo Bonini, en "Estratto dalla *Prima parte de' discorsi e regole sovra la musica,*" en Solerti, *Le origini,* p. 137, menciona que Jacopo Peri tenía un talento especial para el "concetto lagrimevole," que según él, conmovía y disponía al llanto hasta el corazón más duro (ver abajo, González de Salas, n. 24).

[23] Alfonso Reyes alude a la "Fábula de Polifemo y Galatea" y también a la "Fábula de Siringa y Pan" en los *Cigarrales* de Tirso de Molina como "argumento teatral," siguiendo la acepción correcta que "fábula" tenía en las poéticas clásicas (*La experiencia literaria* [Buenos Aires: Losada, 1952], p. 54).

[24] González de Salas confiesa haber visto el *Dialogo della musica antica e della moderna* (Florencia, 1581) de Vincenzo Galilei, arguyendo primacía, que no podemos comprobar, en el estudio de la música griega: "Observacion fue mia, i despues ha sido de otros, que cantaron los Antiguos por cifras, apũctando en los tonos las differencias de la voz, como hoi se hace para los instrumentos de cuerdas, i para el Organo; aunque con differentes señales, o Notas, que este era el nombre que tenian. Manifiestamente lo muestra Boecio, i que la cifra era de letras Griegas, ià con alguna mudanza, o ià vueltas. Alypio Escriptor Griego compuso un libro de estas *Notas Musicas,* que hoi se guarda en la Bibliotheca Vaticana, i Vicencio Galileo trae un Cantico Griego apuntado en la forma antigua, cuio Modo en la Musica era Lydio, que le hallo assi en unos pergaminos antiquissimos" (*Nueva idea de la tragedia antigua,* p. 106). En este modo lidio, lastimero y trágico, posiblemente se encuentre el origen del "concetto lagrimevole" que Peri y Rinuccini logran aplicar con tanto éxito a *La Dafne.*

[25] González de Salas, p. 100.

[26] González de Salas, p. 108.

[27] Emmanuele Tesauro, *Il cannocchiale aristotelico o sia idea dell'arguta et ingeniosa elocutione che serve a tutta l'arte oratoria, lapidaria; et simbolica esaminata co' principij del divino Aristotele* (Torino, 1670; ed. facs. Berlin: Max Ghelen, 1968), pp. 15-16. Hubo una edición anterior (Venecia, 1654). Véase el excelente análisis del contenido del libro en Eugenio Donato, "Tesauro's Poetics: Through the Looking Glass," *MLN*, 78 (1963), 15-30.

[28] Calderón ofrece dos soluciones al enigma, una, la ingeniosa, la del "buen amante": Sabio, Solo, Solícito y Secreto; la otra la del "mal amante," con su interpretación cursi: Sacristán, Sastre, Sabañón y Sufrido.

[29] Tesauro, p. 17.

[30] Milo Wold y Edmund Cykler, *An Introduction to Music and Art in the Western World* (Dubuque, Iowa: W. C. Brown, 1958), p. 153. Estos autores ilustran esta influencia de la pintura en la música con el siguiente ejemplo: "Compare one picture of the Renaissance the *Journey of the Magi*, (1469) Gozzoli, with *The Last Supper*, (1594) Tintoretto, and note the depth in the latter and lack of sense of depth in the former. Similarly contrast the opening chorus, verse I, of the *cantata Christ Lay in the Bonds of Death* with the *Agnus Dei* from the Palestrina Mass *Veni Sponsa Christi*. The overwhelming feeling for a key center in the *cantata* —in this case E minor— is evidence of the importance of tonality to the baroque style of Bach; while the lack of such key feeling, or the modality, of the Palestrina work evidences a completely different concept of tonal organization."

[31] Estos efectos de tonos, interjecciones (los repetidos ¡Ay de mí! calderonianos), los ecfonesis ("Dejando a una parte, ¡cielos!, / el delito de nacer..."), los ecos, la ecolalia ("apenas llego cuando llego a penas"), las inflecciones de voz (un susurro, un sollozo, el tartamudeo, etc.) conforman un *sistema conceptual sonoro*, paralingüístico, importantísimo para la interpretación de la obra, y que se evidencia sensorialmente durante la representación. Umberto Eco nos advierte que "no hay sonido emitido entre (o encima o debajo) una palabra y otra que no sea significativo, casi siempre con convención cultural precisa; el que hace teatro, por lo tanto, debe articular significaciones a todos los niveles del comportamiento, no puede ignorar estas técnicas que, por ser técnicas de aclaración de lo codificado, son formidables instrumentos para la articulación de la simulación" ("Elementos preteatrales de una semiótica del teatro," *Semiología del teatro*, ed. José M. Díez Borque y Luciano García Lorenzo [Barcelona: Planeta, 1975], p. 101).

[32] Se trata de un tecnicismo musical. En la nueva música escénica se define la consonancia y disonancia no en una armonía basada en las relaciones matemáticas como en el Renacimiento, sino en la experiencia de los sentidos: "[Pitagora e Platone]...I quali con altri hanno anche creduto che sia una continua armonia ne' cieli, procedente dal moto loro infallibilmente ordinato, a similitudine della quale sieno tute l'armonie terrene, anzi di più con l'istesse proporzioni, poscia che non si sa dare altra ragione della cagione delle consonanze e dissonanze che ci appaghi, se non l'esperienza, non ostante che gl'antichi e moderni si sforzino di attribuirle alle proporzioni di i numeri e dei moti de'celi. Il che neanche pare che possa sodisfare a pieno l'intelletto, e che però sia forza ricorrere alla sola *esperienza e prattica fondata nel senso*, non trovandosi altra ragione per la quale la 3a, la 5a, la 6a, e l'8a siano consonanze, e la 2a, la 4a, e la 7a siano dissonanze; oltre a molte regole di proporzioni, nelli quali il contraponto è fondato, tanto nella durata delle

note, quanto delle diverse proporzioni delle batute, e della diversità de tuoni, e moltre altre cose..." (Giustiniani Vincenzo, *Discorso*, en Solerti, *Le origini*, pp. 117-18; énfasis mío). Esta es quizás una de las pruebas más contundentes de cómo estos pensadores, apoyados por la experiencia directa y sensorial, y a pesar del prestigio de los clásicos en las universidades, empiezan a demoler ciertas interpretaciones renacentistas de la filosofía clásica. Calderón muestra un conocimiento de las dos escuelas, la antigua y la moderna: cf. *El divino Orfeo* (Valbuena, III, 1840):

> Príncipe. Para nuestro oído
> no hay distancia que impida tu sonido,
> y voz que ahora dulcemente grave
> quiera unir lo imperioso y lo süave,
> no dudo que voz sea,
> que atrayga a si quanto atraer desea.
> Y mas si atiendo en la Sabiduría,
> que debajo de métrica armonia
> todo ha de estar, constando en cierto modo
> de número, medida, y regla todo,
> tanto que disonaría,
> si faltara una sílaba.

[33] Stevenson, "Calderonian Opera," 16 de abril de 1981, publicado independientemente.

[34] Wold y Cykler, ver arriba, cap. 2, n. 30.

[35] Dámaso Alonso, "La correlación en la estructura del teatro calderoniano," en Dámaso Alonso y Carlos Bousoño, *Seis calas*, pp. 111-75. Reproducido en Manuel Durán y Roberto González Echevarría, *Calderón y la crítica: historia y antología* (Madrid: Gredos, 1976), II, 388-454. Las correlaciones matemáticas que detecta Alonso corresponden al empleo de la fórmula musical del "cuatro a empezar" y el "cuatro a acabar," y otros usos corales, véase Connor, I, 112-26. Para dar una idea del uso generalizado de esta agrupación coral, cito esta estadística que recogió Connor basándose en los manuscritos musicales de la Novena: "the incipits from the *autos* and their accompanying loas reveal that out of the 78 *autos* and 31 loas, there are only 15 *autos* and 2 loas which do not use an opening or closing *cuatro*. Even among the 17 works, two of the *autos* seem to begin or end with music, but because the annotation is obscure and there is no music to verify this, we have omitted their texts from the list of musical incipits" (I, 120). En los dramas las agrupaciones corales de a tres y de a cuatro son menos comunes que en el auto: "There are 13 *cuatros a empezar* y 16 *cuatros* which close the dramas. Counted as opening *cuatros* are five instances in which a soloist sings the first strophe followed immediately by the choral refrain or *cuatro,* or in which the chorus echoes the soloist, line by line. The intention of the opening *cuatro* is still present, one of welcome and invitation, to create the mood of the play. Both of the operas begin this way" (I, 124).

[36] El texto de la "Deposición" con un estudio de las variantes ha sido publicado por Edward M. Wilson, "El texto de la *Deposición a favor de los profesores*

de la pintura, de don Pedro Calderón de la Barca," *Revista de Archivos, Bibliotecas y Museos,* 77 (1974), 709-27. También Manuel Ruiz Lagos en su estudio sobre *El pintor de su deshonra* (Madrid: Alcalá, 1969), lo incluye como apéndice (pp. 209-19), como asimismo una breve antología de textos pictórico-literarios que ilustran especialmente la relación pincel-pluma y su aplicación a distintos dramas (pp. 220-36).

[37] Calderón de la Barca, *Autos sacramentales,* ed. Angel Valbuena Prat (Madrid: Clásicos Castellanos, 1967), I, 7.

[38] Citado por Valbuena Prat en *Autos sacramentales,* I, 7. Cita también otra alusión tomada de la técnica musical, la del canto llano en contraste al contrapunto, utilizada en una comedia con tono gracioso:

> Patacón. Pues nada a ti te pregunto,
> calla Nise; que es en vano
> querer a mi canto llano
> echarle tú el contrapunto.
>
> (*Las manos blancas no ofenden*)

Cf. este pasaje con el del *Quijote,* vol. II, cap. 26, citado arriba.

[39] Tesauro explica las variantes del lenguaje figurado: "Ogni *Argutia* è un parlar FIGURATO, ma non ogni parlar figurato è un' Argutia. Quelle figure propiamente si chiamano *Argute;* lequai consistono nella SIGNIFICATIONE INGEGNIOSA" (p. 121). Como definición de las Figuras del Habla señala que la "Beltà delle Parole nasce dalla Nobilità degli OGGETTI SIGNIFICATI: Et quanto alla Prima, già ti diss'io che le Parole passando per le orecchie, non men che le pitture passando per gli occhi; stampano altrui nella mente le vive Imagini delle cose" (p. 155). Tesauro se apoya para esta aserción en un pasaje de la *Retórica* de Aristóteles: "Ipsa nomina imitationes sunt, & imagines." La diferencia es sutil pero notable: pasa de la imagen de las cosas en la palabra a la percepción sensorial de ellas, incluso paragonando la percepción de las voces, su sonoridad, al impacto visible que la pintura da de las cosas. En la preceptiva del Barroco la palabra deja de ser una simple imagen de las cosas y se conceptualiza en una relación directa con la aprehensión sensorial. Nace así la relación significado/significante moderna, una relación binaria que demuestra una reorganización del signo lingüístico que coincide con el énfasis sensorial de la cultura del siglo XVII. Michel Foucault señala que desde los estoicos el sistema sígnico del mundo occidental había sido ternario, conteniendo el significado, el significante y la "conjunción," y que desde el siglo XVII se hace binario, así como lo define Port-Royal, como una conexión entre el significado y el significante. En el Renacimiento la relación era mucho más compleja, ternaria: requería las marcas, el contenido indicado por ellas, y las similitudes (*The Order of Things,* p. 42).

[40] Esta terminología es musical. False: "A cadence is called deceptive (interrupted) if the tonic chord is —deceptively— replaced by some other chord." Para los cantantes masculinos, particularmente tenores, se usaba el método del *falsetto* para obtener notas más altas que el alcance normal de sus voces. Estos tonos débiles y nasales no se usan hoy sino para efectos cómicos. Ver Willi Apel y Ralph T. Daniel, *The Harvard Brief Dictionary of Music* (Cambridge, Mass., 1960;

reimp. New York: Pocket Books, 1961). Cf. "De las que en nuestra Musica se llaman hoi *Falsas,* hallo io tambien memoria en la Musica antigua; si no lo es de la voz que hoi tambien se llama Falsete. Expressamente las nombra Ciceron, i muestra ser unas mismas, en las señas que ellas dà, pues dice, *Que eran unas voces mas blandas y delicadas y firmes...*" (González de Salas, p. 108).

[41] *Tristam Shandy* ha sido citado por Rudolf Arnheim en este respecto, quien lo ofrece como ejemplo de la capacidad que tienen algunos textos de traducir algunas de sus propiedades dinámicas en modelos visibles, véase *Visual Thinking* (Berkeley, Los Angeles y London: Univ. of California Press, 1969), p. 139.

[42] Tirso de Molina, epílogo a *El vergonzoso en palacio* (México: Porrúa, 1968), p. 80.

[43] Para una brillante explicación de lo que sucede cuando el texto está dominado por la imagen visual o viceversa, véase Michel Foucault, *This Is Not a Pipe,* trad. y ed. James Harkness, con ilustraciones y cartas de René Magritte (Berkeley, Los Angeles y London: Univ. of California Press, 1983).

[44] Cito por Dámaso Alonso, *Góngora y el "Polifemo"* (Madrid: Gredos, 1967), III, 24.

[45] Jorge Guillén, *Lenguaje y poesía* (Madrid: Alianza, 1972), p. 47. Es de destacar que Gracián pondera a Góngora como "el cisne de los concentos, y el águila de los conceptos," recalcando así los dos niveles de agudeza, el musical y el visual ("Arte de ingenio, tratado de la agudeza," en *Obras completas,* ed. Arturo del Hoyo [Madrid: Aguilar, 1967], p. 1177).

[46] Umberto Eco, "Elementos preteatrales," p. 96.

[47] Para un buen estudio de la evolución escenográfica de este topos en la Italia renacentista, véase Enrica Benini Clementi, "I 'teatri del mondo' veneziani," *Quaderni di teatro,* 25 (1984), 54-67. Para estudios sobre este topos en el auto calderoniano, véase Alexander A. Parker, *Los autos sacramentales de Calderón de la Barca,* pp. 97-141; Jean Jacquot, "Le théâtre du monde de Shakespeare a Calderón," *Revue de Littérature Comparée,* 31 (1957), 341-72; y Robert L. Fiore, *Drama and Ethos: Natural-Law Ethics in Spanish Golden Age Theater* (Lexington: Kentucky Univ. Press, 1975), pp. 47-59.

[48] Parker, pp. 62-63.

[49] Francesco Buonamici, *Discorsi poetici nella Accademia Fiorentina in difesa d'Aristotile* (Fiorenza: G. Marescotti, 1597), p. 111. En este comentario a la *Poética* de Aristóteles, Buonamici corrige y hace oposición a la exégesis de Castelvetro, poniendo énfasis en el concepto de la representación al que dedica un capítulo entero, "Ragionamento sesto," "Della rappresentatione" (pp. 100-18), recalcando el valor ficticio del signo escénico y cómo esta revolución representativa ensancha las posibilidades de expresión que tenía anteriormente el poeta que tomaba como base estética el símil, y la noción del arte como espejo que refleja las imágenes de la vida.

[50] Michel Foucault, *The Order of Things,* p. 46. Para más detalles véase el capítulo dedicado a "Representing," pp. 46-77. Además para aclarar este concepto puede consultarse, del mismo autor, *This Is Not a Pipe,* y Richard Bernheimer, *The Nature of Representation,* ed. H. W. Janson (New York: New York Univ. Press, 1961).

Notas a las páginas 100—11 199

⁵¹ Tesauro en *Il cannocchiale*, pp. 731-34, distingue toda una serie de Metáforas Representadas: el baile, las máscaras, los aparatos y máquinas de teatro, las figuras icónicas, e incluso los cuerpos humanos que *representan al ojo* conceptos abstractos. También define el valor representativo de las enseñas, trofeos, armas, jeroglíficos y tantas otras cosas que vemos operantes en la escena calderoniana. Todo esto indica que para el estudio del teatro barroco se debe ampliar el acercamiento a simple nivel poético.

⁵² Calderón, *No hay más fortuna que Dios*, ed., introd. y notas de Alexander A. Parker (Manchester, Eng.: Univ. Press, 1949), pp. 9-11.

⁵³ Tuve la rara oportunidad de ver una representación del *Egisto* de Francesco Cavalli, coetáneo de Calderón, hecha en antiguo *stile rappresentativo* con *recitativo* en una extraordinaria producción del Piccolo Teatro Musicale di Roma, bajo la dirección y conducción de Renato Fasano (Ambassador Auditorium, Pasadena, Calif., 27 de abril de 1977). La representación de este estilo —revivido con gran autenticidad por este director— se centra en los aspectos visuales, "bizarros" del vestuario, con trajes fantásticos como los que representaban a la Noche, al dios Amor, a Venus, etc.; se recalcan en la actuación los gestos extremadamente afectados de los sentimientos de los protagonistas, los pasos marcados con bravura, las escenas de alto dramatismo vocal, en fin, un estilo, si un poco exagerado para el espectador moderno, de gran refinamiento y elaborado conceptismo: estímulo tanto para los ojos como para los oídos.

⁵⁴ Según Margarete Newels, Cascales, escribiendo en las *Tablas poéticas*, y siguiendo el ejemplo de Minturno, distingue tres especies poéticas principales: Epica, Scenica y Lírica. Newels nota, además, que la clasificación de la poesía en los tres géneros —dramático, épico y lírico— es de origen moderno (*Los géneros dramáticos en las poéticas del Siglo de Oro*, trad. Amadeo Sole-Leris [London: Tamesis, 1974], p. 41). Es interesante notar que entre las versiones europeas de la obra calderoniana, representaciones cantadas realizadas en el siglo XVII, se utiliza el término *opera scenica*; cf. *La vita e un sogno* (Bolonia, 1663), de Giacinto Andrea Cicognini. Citado por Martín Franzbach, *El teatro de Calderón en Europa*, trad. José Rodríguez de Rivera (Madrid: Fundación Universitaria Española, 1982), p. 22.

⁵⁵ Pollio Vitruvius, *De architettura*, trad. Bono Mauro (Bronx: B. Blom, 1968), libro V, cap. 8.

⁵⁶ Alice M. Pollin, "Calderón de la Barca and Music," pp. 365-66.

⁵⁷ Jack Sage, "Calderón y la música teatral," p. 294.

⁵⁸ John G. Weiger coincidentemente llega a una interpretación de la comedia renacentista como "género auditivo," aunque partiendo de otras premisas. Véase *Hacia la comedia: de los valencianos a Lope* (Madrid: Cupsa, 1978).

Capítulo 3: La perspectiva y el teatro barroco

¹ Jean Paris, *L'Espace et le regard* (Paris: Seuil, 1965), p. 13.
² Véase la excelente relación del impacto de la teoría de Al Hazen (Ibn-al

Hatiam, 965-ca. 1040) en la percepción de los objetos y su relación con la perspectiva pictórica en James Ackerman, "Leonardo's Eye," *Warburg and Courtauld Institutes Journal*, 40 (1978), 108-46. Según Ackerman: "Of some nineteen works on optics by Alhazen about half were lost; and many others were neglected during the Middle Ages. The major treatise, however, was translated into Latin around 1200 as *De aspectibus* or *Perspectiva*, and was known (in later interpretations if not in the original) and to a greater or lesser extent followed by every writer on the subject from the thirteenth century to the time of Kepler. It has been compared in importance to the optical works of Ptolemy, Kepler, Descartes and Hemholtz" (p. 116). Al Hazen y Witelo aparecen juntos en la edición de *Opticae thesaurus*, ed. Risner (Basle, 1572).

[3] Véase Lorenzo Ghiberti, *I comentarii* (ca. 1447), importante documento que enlaza las teorías del óptico árabe con el arte italiano. Existe una edición facsímil con introducción en alemán por Julius Von Schlosser (Berlin: Julius Bard, 1912).

[4] Para la interpretación de los tres momentos de la mirada en el espacio, véase J. Paris, *L'Espace*, pp. 9-13.

[5] Ferruccio Marotti en su estudio de la evolución del espacio escénico concuerda con la visión del espacio absoluto que propone Jean Paris para la pintura: "Au Moyen Age, espace scénique et physique s'identifient et servent tous les deux de support aux objets. Ceux-ci sont montrés dans, et à travers l'espace scénique, qui n'est rien d'autre qu'une portion de l'espace réel, artificiellement détachée de celui-ci... En résumé l'espace scénique médiéval n'est pas autre chose que l'espace physique où les objets sont distrubués au moyens de signes" ("Structure de l'espace scénique...d'après les traités italiens," *Les Fêtes de la Renaissance*, III [Paris: CNRS, 1975], 232).

[6] Una *Relación* anónima hecha de las festividades en honor de Ana de Austria en Burgos, 1571, muestra que este tipo de escena se conocía en España. La descripción de la escena, según el documento que ha visto Shergold, dice: "vn perfecto edificio, el qual representaba la pintura de vna muy perfecta ciudad, puesta en muy buena perspectiua, en las calles, casas, y plaça y ventanas tan bien repartidas, que aunque era el sitio breve, se remediaua este inconveniente, con la sutileza, traça y buen ingenio del architecto y pintor..." La referencia a la "perspectiva" pintada y "el sitio breve," y además, la fecha de la representación, nos lleva a concluir que se trata, en efecto, de la escena inventada por Serlio unos quince años antes. Para más detalles sobre la *Relación*, véase Shergold, *History*, p. 242.

[7] Para la evolución histórica de los bastidores laterales puede consultarse Allardyce Nicoll, *The Development*, pp. 103-47; Ferruccio Marotti, *Lo spazio scenico. Teorie e tecniche scenografiche in Italia dall'eta Barocca al settecento* (Roma: Bulzioni, 1974), y del mismo autor, *Lo spettacolo dall' Umanesimo al Manierismo: Teoria e tecnica* (Milano: Feltrinelli, 1974).

[8] Para esta evolución me remito a la bibliografía que reproduce Ferruccio Marotti en "Structure de l'espace scénique," III, 237-38.

[9] En el *Diccionario de Autoridades* se encuentran las siguientes definiciones: *Mutaciones*: "En las comedias se llaman las diversas perspectívas que se forman corriendo los bastidóres para que queden descubiertos los que antes estaban

ocultos, y juntos representen los sitios en que se supone la representación, apareciendo unas veces un salón Real, otras un bosque, otras una marina, &."
Bastidor: "Figuradamente se toma por todo el lienzo estirado y fijado sobre los palos ò listónes y en especial se usa de esta voz en los Theatros ò Coliséos donde se representan las Comédias y Operas de Música, para dár à entender las scénas y mutaciones pintadas para el adorno y propiedád de lo que se representa.... Solis, Pes. Loa para la Com. de Euridice y Orphéo. El amór harà mansión en una nube, que estará al lado derécho del Theatro sobre los bastidóres." *Perspectiva*: "Se llama también la misma obra ò representación, executada con el arte de la perspectiva... Metaphóricamente se toma por la apariencia ò representacion faláz de las cosas."

[10] Marotti, "Structure de l'espace scénique," III, 233. Cesare Molinari en "Les Rapports entre la scène et les spectateurs dans le théâtre italien du XVIe siècle" (Jacquot, ed., *Le Lieu théâtral*, p. 70) aclara que esta escenografía ilusionista tiene un valor sígnico; no transporta a la imaginación, sino hace presente el lugar mediante signos representativos, i.e., telas pintadas u otros medios. El tratado de Francesco Buonamici, *Discorsi poetici*, citado también por Molinari en este respecto, señala el valor sígnico de la representación y su diferencia con el concepto de la similitud: "Le similitudine sono naturali, i segni pendono della volontà nostra, le similitudini, essendo naturali non si mutano ne può fare l'uomo, che ne lo specchio non apparisca l'imagine mia con le medesime delineationi, & colori che sono in me; ma che io significhe una cosa con una voce, ò con altra è posto nell' arbitrio dell'uomo..." (p. 105).

[11] El *Diccionario de Autoridades* no registra una acepción exclusivamente teatral para *quinta*, pero indica un uso general: "Se llama también el acto de entresacar de cada cinco uno." En textos calderonianos como éste citado, y tantos otros más (la fórmula se repite con sospechosa insistencia), *quinta* parece tener el valor que la palabra tenía originalmente en la escenografía italiana, *quinte piatte*; puede haberse reemplazado más adelante en favor del más castizo *bastidores*. En este contexto parece tener un doble sentido con el que está jugando ingeniosamente el dramaturgo, especialmente si notamos que a "quinta" le sigue una cláusula anfibológica generada por el múltiple valor de "planta," el más común de "árboles u hortalizas," también el de "planta de los pies" (aparece con insistencia en juegos de palabras cómicos), y el más técnico que se refiere a la "planta del teatro": "En la Perspectiva es el punto en el plano geométrico, en que cae la perpendiculár, que baxa de un punto de qualquier objéto, puesto en el aire sobre dicho plano. Llámase tambiên situacion ò lugar correspondiente a dicho punto" (*Aut.*). Por lo tanto, si el rey de la comedia se encuentra en su "quinta," casa de campo, también la palabra estaría apuntando a su posición espacial escénica, generando un hábil juego de metateatro. Cf. "Rey.—Llegad a esa quinta bella que está del camino al paso..." (*El médico de su honra*, I, 317).

[12] Se pueden distinguir claramente cuatro bastidores laterales más el foro en los decorados de *La fiera, el rayo y la piedra*. (Estas láminas están reproducidas abajo en la sección de ilustraciones, nos. 8, 9, 11, 12, 13, 14, 15, 16, 17, 18, 19, 21, 25, 26, 27, 28, 29 y 30.) Esta división de a cinco corresponde a la etapa de la escena guidobaldiana. Antonio Palomino y Velasco, quien tomó personalmente las medidas de la escena del Coliseo del Buen Retiro (ca. 1715-24), cuenta seis canales

laterales, más el foro. Uno de los canales debe haber servido para el movimiento de vehículos y autómatas. Véase Palomino, *El museo pictórico y escala óptica* (Madrid: Lucas Antonio de Bedmar, 1715-24), II, 132. La planta del Coliseo del Buen Retiro que reproduce Shergold en *History* (lámina 30), muestra once bastidores y el foro; refleja seguramente una remodelación posterior.

[13] Para el impacto de la teoría perspectivista en la escena inglesa, véase Lily Campbell, *Scenes and Machines on the English Stage During the Renaissance* (Cambridge: Univ. Press, 1923), especialmente el cap. 11. Stephen Orgel estudia la escenografía de Inigo Jones con relación a la función del rey como espectador en *The Illusion of Power: Political Theater in the English Renaissance* (Berkeley, Los Angeles y London: Univ. of California Press, 1975). Y también, *The Renaissance Imagination*, ensayos y conferencias de D. J. Gordon, ed. Stephen Orgel (Berkeley, Los Angeles y London: Univ. of California Press, 1980) donde se reproduce (lámina no. 10, p. 9) una escena diseñada por Inigo Jones para la máscara *Salmacida Spolia* (1640) de Sir William Davenant, dibujo que coincide con la descripción de la escena que hace Lope en *La selva sin amor* (véase arriba cap. 1, n. 63).

[14] Para más noticias sobre la fundación de esta academia, véase Filippo Baldinucci, "Notizie de' professori del disegno," en *Opere di Filippo Baldinucci* (Milano: Società Tipografica de' Classici Italiani, 1808-12).

[15] Vincencio Carducci, *Diálogo* (Madrid, 1633; segunda edición de D. G. Cruzada Villaamil, Madrid: Manuel Galiano, 1865), pp. 26-27.

[16] Cf. estas escenas con las de Giulio Parigi en *Il luogo teatrale a Firenze. Catalogo del palazzo Medici Riccardi, Museo Mediceo* (Milano: Electa, 1975). También en Arthur R. Blumenthal, *Theater Art of the Medici* (Hanover, N.H., y London: Univ. Press of New England, 1980) y A. M. Nagler, *Theatre Festivals of the Medici, 1539-1637*. Para las escenas de Baccio del Bianco para *Fortunas de Andrómeda y Perseo* (1653), véase Phyllis Dearborn Massar, "Scenes for a Calderón Play by Baccio del Bianco," láminas 21-31.

[17] Rudolf Arnheim, *Art and Visual Perception* (Berkeley y Los Angeles: Univ. of California Press, 1954), pp. 33-34.

[18] Citado por Jacob Bronowski, *The Ascent of Man* (Boston y Toronto: Little, Brown, 1973), pp. 200 y 202. Otras traducciones al inglés de este pasaje utilizan la frase "the theory of refraction" en lugar de "the science of perspective," perdiéndose así un eslabón importante. Cf. *Discoveries and Opinions of Galileo*, trad. Stillman Drake (New York: Doubleday, 1957), p. 29. Galileo llamó originalmente a su invención *perspicillum* y luego *perspicillum duplicatum* en sus publicaciones en latín, mientras que en italiano lo llamó *occhiale, vetro, strumento* y *canone*; más adelante se lo conoce como *cannocchiale* y últimamente como *telescopio*. Para una fascinante investigación de las peripecias de estos términos, véase Edward Rosen, *The Naming of the Telescope* (New York: Henry Schuman, 1947), pp. 4-5.

[19] Ferruccio Marotti menciona que Guidobaldo y Galileo elaboran la misma concepción del espacio, el espacio concebido perspectivamente, como una célula del espacio físico que se aisla, se duplica y se puede mostrar, consistiendo en esto la diferencia básica entre la concepción del espacio medieval y el espacio después de Galileo ("Structure de l'espace scénique," p. 232).

[20] Giambattista Marino, *L'Adone* (Firenze: Adriano Salani, 1932), I, 460.

[21] René Descartes, *La Dioptrique* (Discours premier), *Œuvres* (Paris: Leopold Cerf, 1902), VI, 81. Descartes nota que para representar mejor un objeto se debe superar la similitud, es decir las semblanzas, y buscar la manera de hacer que la figura, aunque no se parezca al objeto, lo represente mejor: "siguiendo las reglas de la perspectiva, a menudo ellas representan mejor los círculos por los óvalos que por otros círculos; y los cuadrados por rectángulos que por otros cuadrados..." (p. 113, traducción mía). Para una interesantísima discusión de la conexión entre Calderón, Descartes y el escepticismo español y su relación con el problema de la duda y el concocimiento, especialmente en el aspecto visual, véase Henry W. Sullivan, "*Tam clara et evidens*: 'Clear and Distinct Ideas' in Calderón, Descartes and Francisco Suárez S. J.," en *Perspectivas de la Comedia*, ed. Alva V. Ebersole (Valencia: Albatros, 1979), II, 127-36.

[22] John Dryden, *Essay of Dramatic Poesy*, citado por Alfred Morel-Fatio, en "Les Défenseurs de la *Comedia*," *Bulletin Hispanique*, 4 (1902), 35.

[23] Hobbes, p. 49. En la nota biográfica que precede a esta obra se hace referencia al viaje de Hobbes en 1634 a Italia donde visitó a Galileo: "In Italy he visited Galileo, who according to one rumor, suggested to him that ethics might be treated in the method of geometry. It was from the time of this voyage, Hobbes claimed, that he 'began to be numbered among the philosophers,' and he returned home in 1637 prepared to expound his philosophical system in a tripartite treatise on body, on man, and on society." Considerando las raíces comunes que Hobbes tiene con el pensamiento de Galileo, no nos ha de extrañar que Calderón hable en términos parecidos a los de Hobbes al poner a los sentidos en lugar preponderante en la formación de los conceptos o ideas (véase arriba, cap. 2, n. 3).

[24] Hobbes, p. 49.

[25] Citado por José Ferrater y Mora, "Perspectivismo," *Diccionario de Filosofía* (Buenos Aires: Editorial Sudamericana, 1971), vol. II.

[26] Pedro Calderón de la Barca, "Deposición a favor de los profesores de la pintura." Sigo el texto que reproduce, con estudio de las variantes, Edward M. Wilson. Para estudios sobre la "Deposición," véase Ernest R. Curtius, "Teoría del arte en Calderón y las artes liberales," en *Literatura Europea y Edad Media Latina*, II, trad. Margit Frenk Alatorre y Antonio Alatorre (México y Buenos Aires: Fondo de Cultura Económica, 1955), 776-90; y Eunice Joiner Gates, "Calderón's Interest in Art," *Philological Quarterly*, 40 (1961), 53-67.

[27] Calderón, "Deposición," p. 719.

[28] Calderón, "Deposición," pp. 721-22.

[29] Tesauro, p. 82.

[30] Tesauro, pp. 82-83. Esta definición del *ingenio* es mucho más amplia que las anteriores. Huarte de San Juan, en *Examen de ingenios*, tiene muchos puntos en común con esta definición de Tesauro, especialmente en lo que concierne al entendimiento como potencia generativa, pero vemos que en el siglo XVII se incorpora, significativamente, un concepto nuevo: la perspicacia. Gracián menciona la "perspicacidad divina" como conocedora del porvenir político de Europa, e imagina, satíricamente, un "antojo" mágico que permite ver el futuro, superior al anteojo de Galileo (*El criticón*, en *Obras completas*, p. 967).

[31] Tesauro, p. 13. Para Tesauro la metáfora significa un concepto. En el teatro estos conceptos se *representan* por varios medios y gestos, "una metafora significante un Concetto, per mezzo dei qualche Atto Corporal, ocularmente rappresentato"; los bailes son "Metafora attuosa"; la pintura y la escultura son asimismo "Metafore rappresentanti un'Oggetto, per mezzo della Imitation de' colori in tavole, o delle fattezze in rilievo"; los aparatos y máquinas teatrales son "Metafore rappresentanti alcun luogo, o Vero o Fabuloso; per mezzo di apparenze" (pp. 731-32). Como vemos, en el teatro barroco la metáfora se extiende mucho más allá del campo poético. Ya Buonamici en *Discorsi poetici* (véase arriba, cap. 3, n. 10), anota el significado *representativo* (sígnico) que tenía la escenografía.

[32] Tesauro, p. 301. Véase el excelente estudio de la metáfora en la obra de Tesauro, por Eugenio Donato, "Tesauro's Poetics." Donato señala también que "In Tesauro's thought the concept of visual perception is fundamental. Indeed, he goes so far as to say that watching with the eye and contemplating with the intellect are two analogous modes of cognition. The visual arts play a role of major importance, and Tesauro eventually allows his definition of metaphor to embrace various plastics arts, thus reaching an esthetic of the *ut pictura poesis* in which the metaphor is not only the common denominator of all of them but the organizing principle of each one of them. The metaphor, for Tesauro, functions in many ways as perspective in painting" (pp. 23-24).

[33] Tesauro, p. 301. Donato observa acertadamente: "When he speaks of the interpenetration of objects he is in a way asking the metaphor to perform in the same manner as the *trompe l'œil* did for the Baroque painting. However, the final image that is grasped by the observer and which, in his opinion, is equivalent to conceptual understanding, is conditioned not by the object but by the metaphor itself or, if one prefers, by the perspective in which the object is presented" (Donato, p. 24). Claudio Guillén en el fundamental estudio "Metaphor of Perspective," también enfatiza la fusión del conocimiento con la visión unido al factor de la ilusión, y recalca en la trayectoria de la óptica a la filosofía, de Al Hazen a Roger Bacon, Ortega y Bertrand Russell, el valor conceptual cognitivo de la metáfora perspectivista (*Literature as a System: Essays Toward the Theory of Literary History* [Princeton, N.J.: Princeton Univ. Press, 1971]).

[34] André Chastel, *The Crisis of the Renaissance (1520-1600)*, trad. Peter Price (Geneva: Albert Skira, 1968), p. 34.

[35] Leo Spitzer, "A Central Theme and Its Structural Equivalent in Lope's *Fuenteovejuna*," *Hispanic Review*, 23 (1955), 274-92.

[36] Foucault, *The Order of Things*, p. 51.

[37] Foucault, *The Order of Things*, p. 46.

[38] Este pasaje llamó la atención de E. H. Gombrich; lo cita enteramente para ilustrar su teoría de que la visión conlleva un factor de conocimiento que brota de la expectativa del sujeto; cree sin embargo que el personaje calderoniano *evoca* las distancias borrosas que puede crear un pintor y no hace mención a la posibilidad de que el personaje esté realmente viendo un bastidor pintado en la escena (*Art and Illusion* [New York: Pantheon Books, 1960], p. 223).

[39] Alan C. Soons, en "El problema de los juicios estéticos en Calderón: *El pintor de su deshonra*," *Romanische Forschungen*, 76 (1964), 155-62, repara en el uso

repetido de varias palabras como "simetrías," "medidas," "proporción," "visos" y "lejos," lo que para él constituiría una estética calderoniana.

[40] Pablo de Céspedes, "Del Escorzo," *Historia y antología de la poesía española* (Madrid: Aguilar, 1967), I, 742.

[41] Bartolomé Leonardo de Argensola, "Yo os quiero confesar, don Juan Primero," *Historia y antología*, I, 843.

[42] Citado por Jean Starobinski, *L'Œil vivant* (Paris: Gallimard, 1961), p. 45.

[43] Roland Barthes, *Critique et verité* (Paris: Seuil, 1966), pp. 76-77.

[44] Hurtado de Mendoza, *Obras*, I, 16-18. La relación de esta fiesta en Aranjuez (1623) fue escrita por especial encargo de la condesa de Olivares. Tenemos constancia, también, de la presencia del conde de Monterrey, hermano de la condesa, en una de las representaciones ofrecida en su honor en Florencia el 22 de junio de 1622. En la *sacra rappresentazione* de Iacopo Cicognini, *Il martirio di Sant'Agata*, "erano presenti il principe Ferdinando con la madre arciduchessa Maria Maddalena, il Cardinale Capponi e il Conte di Monterei, ambasciatore di Spagna, in onore del quale lo spettacolo fu allestito" (*Il luogo teatrale a Firenze*, p. 88). Estos datos tienden a indicar el interés de los Olivares en este tipo de espectáculo y quizás su intervención directa en su trasplante a la corte madrileña.

[45] Lope de Vega, *Colección*, p. 227. Para la segunda década del siglo XVII existían dos posibilidades para la escena teatral, la fija diseñada por Palladio para el teatro Olímpico de Vicenza (1585), y la mutable diseñada por Giovanni Battista Aleotti en 1618 para el teatro Farnese en Parma. La primera tenía una distribución escénica con cinco entradas, cinco pasillos que se abren como en abanico y que convergen hacia el proscenio; en esta escena no hay mutaciones. En la escena de Aleotti se observan los bastidores laterales movibles típicos de la perspectiva guidobaldiana; la escena es única con un haz de visión central. El conde duque de Olivares había visto el plano del teatro Olímpico realizado por Palladio en la traducción de *De arquitectura* de Francisco Praves dedicada a él en 1625. Véase Marcelino Menéndez y Pelayo, *Historia de las ideas estéticas en España* (Madrid: Consejo Superior de Investigaciones Científicas, 1947), II, 375. Olivares, sin embargo, descarta esta planta teatral anticuada para el Coliseo del Buen Retiro en favor de la escena ilusionista y movible.

[46] Sabbatini, por ejemplo, explica entre las tantas transformaciones: "Primo modo per dimostrare il mare" (p. 88); "Secondo modo per dimostrare il mare" (p. 88); "Come si possa fare che il mare subito s'inalzi, si gonfi, si contrubi e si muti di colore" (p. 91); "Come si possano fare apparire delfini, o altri mostri marini, che nuotando mostrino di spruzzar l'acqua" (p. 98); "Come si possa dimostrare che tutta la scena arda" (p. 71); "Come si possa fare che una persona si tramuti in sasso o altro" (p. 86); "Come si possa far parere che una nave o altro vascello sia sorto in mezo al mare" (p. 97); "Il vento come si finga" (p. 124); "Come si fingano i tuoni" (p. 126). Este era el repertorio básico de efectos que encontramos, con algunos más que dejo de mencionar, en la escenografía que Lotti preparaba para los dramas calderonianos. La notación de las páginas de la *Pratica* corresponde a la edición facsímil de 1638 a cargo de Elena Pavoledo (Roma: Carlo Bestetti, 1955). El impresor de la edición de 1638 advierte que la parte teórica del libro se encuentra en *Perspectivae*, libri VI, de Guidobaldo.

[47] Remito al lector para más detalles de la conformación de la escena calderoniana, y especialmente acerca de la iluminación, a lo ya dicho por Othón Arróniz en "El teatro cortesano (Período 1622-1680)," en *Teatros y escenarios del Siglo de Oro*, cap. 6.

[48] En este caso para cotejar con el original de esta obra de Calderón me remito a la edición facsímil de la *Primera parte de comedias* (Madrid: Viuda de Juan Sánchez, 1640), realizada por D. W. Cruickshank y J. E. Varey (Westmead, Farnborough, Hants, Eng.: Gregg International Publishers, 1973), vol. IV.

[49] Shergold, *History*, pp. 331-33.

[50] En obras representadas en el Coliseo abundan los terremotos, lo que presupone que se había incorporado a la escena una máquina que operaba a engranajes, situada debajo del piso, que movía y sacudía todo el tablado, y que suponemos similar a la que se observa en el grabado realizado por Remigio Canta Gallina de la escena del *Intermedio quinto di Vulcano* (1608) de Giulio Parigi (abajo, ilustración 32). Los efectos de terremotos fueron utilizados, entre otras obras, en la última jornada de *Eco y Narciso*; en *Fineza contra fineza*; en *El monstruo de los jardines*; y en *Fieras afemina amor*, donde además de los "efectos" visuales se añaden "efectos" para el olfato (véase *Obras completas*, ed. Valbuena Briones, I, 2046).

[51] Cf. las láminas reproducidas en las pp. 18, 20, 22, 24, 96, 104 y 107 por Arthur R. Blumenthal en *Theater Art of the Medici*.

[52] Cristóbal Pérez Pastor, *Documentos para la biografía de D. Pedro Calderón de la Barca*, p. 310.

[53] Angelo Ingegneri, *Della poesia* (Ferrara: Baldini, 1598), p. 509.

[54] Alonso López Pinciano, *Philosophía antigua poética* (Madrid, 1596), citado por M. Romera-Navarro, *La preceptiva dramática de Lope de Vega y otros ensayos sobre el Fénix* (Madrid: Ediciones Yunque, 1935), p. 66. Para más detalles acerca de la posición del Pinciano con respecto a la representación dramática, véase Sanford Shepard, *El Pinciano y las teorías literarias del Siglo de Oro* (Madrid: Gredos, 1970), pp. 105-12.

[55] Ingegneri, p. 535.

[56] Ingegneri, p. 523.

[57] Ingegneri, p. 535. Similarmente el Pinciano nota el efecto dramático que tiene el movimiento de los ojos del actor: "...en el ojo se vee vn marauilloso mouimiento, porque siendo vn miembro tan pequeño, da solo él señales de ira, odio, venganza, amor, miedo, tristeza, alegría, aspereza y bla(n)dura; y assí como el ojo sigue al affecto, los párpados y cejas sigue(n) al ojo, sirue el sobrecejo caydo al ojo triste, y el leuantado, al alegre; el párpado abierto immouible, a la alienación y éxtasi y a la saña" (*Philosophía*, III, 288-89; citado por Shepard, p. 109).

[58] Esta carta la reproduce Charles V. Aubrun en "Les Débuts du drame lyrique en Espagne," *Le Lieu théâtral*, p. 444.

[59] Julián Marías, *La imagen de la vida humana* (Buenos Aires: Emecé, 1955), p. 39.

[60] Sabbatini, cap. 34.

[61] Calderón, loa a *Hado y divisa de Leonido y Marfisa*, en *Comedias*, ed. Juan Eugenio Hartzenbusch (Madrid: Rivadeneyra, 1850), p. 356.

[62] Antonio Palomino de Castro y Velasco, *El museo pictórico y escala óptica*, II, 131.

[63] Véase su inteligente interpretación del teatro de corte florentino como vehículo político-social de los Medici, y del valor ideológico que la perspectiva central le asigna a este género que él denomina "arte de estado": "La prospettiva, in epoca moderna, coincide con la matrice del teatro stesso. Ma a Firenze essa diviene il veicolo metodologico di un discorso politico, che si impossessa degli oggetti elaborati della cultura medioevale (città, pensiero, figure giuridiche e rappresentative) per modificarli e adattarli ai fini della propria egemonia gnoselogica... [ricordiamo] il vecchio principio greco, secondo il quale l'artimetica poteva ben riguardare le città democratiche, poiché essa insegna i raporti di eguaglianza; ma solo la geometria (della quale la prospettiva e figlia) dovrebbe essere insegnata nelle città oligarchiche, poiché dimostra le proporzioni nella ineguaglianza (Foucault)" (Ludovico Zorzi, en el ensayo introductorio a *Il luogo teatrale a Firenze*, p. 9). Con la entrada del estilo florentino a Madrid se traslada también esta matriz de propaganda política de eje central perspectivista. José Antonio Maravall coincide, desde un punto de vista textual e histórico, con esta interpretación de la comedia como vehículo de propaganda de la ideología del poder dominante. Véase *Teatro y literatura en la sociedad barroca* (Madrid: Seminarios y Ediciones, 1972), pp. 119-35.

[64] Calderón alude repetidas veces, directa o indirectamente, a Felipe IV como rey sol, en versos en que la corte funciona como un sistema solar, con los monarcas, por supuesto, en su centro:

> Esta mañana salí
> a ese verde hermoso sitio,
> divina naturaleza,
> a ese ameno paraíso,
> a esa parte, rica alfombra
> del más supremo edificio
> dosel del cuarto planeta,
> con privilegios del quinto,
> esfera en fin de los rayos
> de Isabel y de Filipo.
>
> (*El nuevo Palacio del Retiro*, auto, citado por Valbuena Briones, II, 567)

En este sistema cósmico-político heliocéntrico, el recién inaugurado Palacio del Buen Retiro es dosel de la tierra, el cuarto planeta visto *desde* el sol, y cuarto en orden de sucesión como Felipe, cuyos rayos iluminan el sistema. Para otras alusiones al "Rey Planeta," véase Jonathan Brown y J. H. Elliott, *A Palace for a King*. Significativamente, nos dicen Brown y Elliott, fue Bernardo Monanni, representante del gobierno florentino, el que escogió el emblema del sol para Felipe IV, con la inscripción *foveo, lustro*, y para el conde duque de Olivares, la del girasol, inclinándose hacia el sol (*A Palace for a King* [New Haven y London: Yale Univ. Press, 1980], p. 200).

[65] Emilio Orozco Díaz ha dedicado varias páginas a la descripción de este fenómeno de la participación de los monarcas en la ficción escénica, parte de esa teatralización de la vida, de la confusión entre ficción y realidad que, según este crítico, es característica dominante del período barroco. La proliferación de espejos en los decorados de palacios —notablemente en la Galería de los Espejos en Versalles— sirve al mismo propósito: los cortesanos podían sentirse como espectadores y personajes teatrales. En el Palacio del Buen Retiro la disposición interna de la arquitectura, con series de habitaciones unidas con largos pasillos que hacen resaltar la organización perspectivista central, el propósito era similar. Véase la descripción que recogen Brown y Elliott, pp. 107-08.

[66] "La Perspectiva de techos, que el Italiano llama *di sotto in su*, no tiene más diferencia de la que hasta aquí hemos tratado, que el que todas las líneas, superficies y cuerpos, que la común son concurrentes al punto principal de la vista; en ésta de techos *se ven reales*, y sin concurso alguno; en la de techos son concurrentes al punto de vista..." (Palomino, II, 120; énfasis mío). Las ilustraciones de Palomino aclaran que lo que él denominaba "concurso" es lo que Sabbatini designa como *punto del concorso*, o sea el punto dentro de la escena hacia el cual convergen todos los rayos de la perspectiva escénica; invirtiendo el orden de convergencia, como en la perspectiva de techos, se ve *real*, es decir, de abajo para arriba y desde el punto de vista que se origina en los ojos del espectador (i.e., del rey).

[67] Es interesante notar que para Kant el conocimiento de la realidad exige una *percepción*; por consiguiente una sensación acompañada de conciencia del objeto mismo cuya existencia ha de conocerse. Nicolai Hartman, por otro lado, nota que lo real como opuesto a lo aparente no puede ser admitido, pues lo aparente es también real, ya que de otra forma "no sería una apariencia real." La definición filosófica de *apariencia* explica que es el aspecto que ofrece una cosa a diferencia y aun en oposición a su ser verdadero; en la mayoría de los casos —nos dice Ferrater y Mora— el vocablo *apariencia* alude al aspecto ocultador del ser verdadero. Véase *Diccionario de Filosofía*. El *Diccionario de Autoridades* amplía el sentido mostrando su origen visual y perspectivista: "*Apariencia*: exterioridad, y lo que se representa a la vista, que muchas veces suele ser diverso de lo que se ofrece a los ojos; como la manzana, que siendo podrida de por dentro, se ve sana y hermosa de por fuera. Se llama así la perspectiva de bastidores con que se visten los theatros de Comedias que se mudan, y forman diferentes mutaciones y representaciones." Aquí vemos que el sentido general filosófico del término se asocia a un uso específico del teatro, a las mutaciones que causaban el engaño de los ojos. Además es interesante recalcar que desde el punto de vista lingüístico, hay una curiosa convergencia en la evolución de *regalem* (derivado de *rex, regis* 'rey') y *realem* (derivado de *res, rei* 'cosa'), ambas generando "real" en el castellano del siglo XVII. Esta coincidencia permite que el discurso político se apropie del discurso filosófico y teatral.

[68] Ortega, p. 51.
[69] Orozco Díaz, p. 127.
[70] Foucault, *The Order of Things*, p. 11.
[71] Véase Everett W. Hesse, "Calderón y Velázquez," *Clavileño*, 2 (1951), 1-10; el mismo artículo en versión inglesa en *Hispania*, 35 (1952), 74-82.

[72] Ana M. Beamud ve una relación entre la escena teatral que parece desenvolverse en el fondo de *Las hilanderas* y *Darlo todo y no dar nada*. Véase *"Las hilanderas,* the Theater, and a *Comedia* by Calderón," *Bulletin of the Comediantes,* 34, no. 1 (1982), 37-44. Concuerdo totalmente con la interpretación de Beamud, e incluso, me gustaría añadir, esta escena de *La fiera* donde aparecen las tres hilanderas aludiendo a *como las pintan;* puede ser una respuesta de Calderón al cuadro de Velázquez. Los sistemas representativos entre las dos artes, articulados mediante el doble sentido de "devanadera," se siguen nutriendo mutuamente.

[73] En casos donde aparece el rey en escena u otro personaje real ya sea legendario, próximo o histórico, podemos asumir que el centro de gravedad está en el Poder Real, que en la comedia representa a quien autoriza y gobierna el espectáculo, Felipe IV. Con respecto a la función del personaje real pueden verse los acercamientos de Lloyd King, "The Role of King Pedro in Calderón's *El médico de su honra," Bulletin of the Comediantes,* 2 (1971), 44-49; de Everett Hesse, "Court References in Calderón's *'zarzuelas,'" Hispanic Review,* 15 (1947), 365-77. Hay casos en que la correspondencia del personaje de la comedia con el personaje noble no ha sido tomada en cuenta. Por ejemplo, Segismundo, el príncipe de *La vida es sueño,* era un personaje real —antes de ser uno aparencial y representativo— el verdadero príncipe de Polonia. En la corte florentina se le hizo una recepción, "La festa della *Barriera,* invenzione di Andrea Salvadori poeta di corte, fu fatta alla presenza dei Granduchi e del Principe di Polonia [Ladislao Segismondo], la sera del 10 di febbraio del 1624 (stile florentino) nel Casino Mediceo..." (*Il luogo teatrale a Firenze,* p. 88). Giulio Parigi diseñó las perspectivas para esta ocasión y Jacopo Peri escribió la música. Es muy posible que el discípulo de Giulio Parigi, Cosimo Lotti, haya estado presente.

[74] Francisco Pacheco en su *Arte de la pintura, su antigüedad y grandezas* (Sevilla: Simon Faxardo, 1649), p. 65, cita esta anécdota aludiendo a Campaspe y la relación entre ella, Apeles y Alejandro. Narra a continuación otro episodio similar al que escenifica Calderón en la acción de *Darlo todo y no dar nada,* cambiando el nombre de Antígono por el de Alejandro: "Pintó assi mismo prudentemente el Retrato del Rei Antigono, que era ciego de un ojo, i por encubrir la falta lo hizo de medio perfil, por la parte que no tenía defeto, para q̃ lo que faltava al Rei, no lo descubriesse su pintura" (p. 65).

[75] Lily B. Campbell en *Scenes and Machines on the English Stage,* p. 148, nos relata un caso de anamorfosis: "Foreign travellers in England commented particularly on the portrait of Edward VI 'perspectively painted' which was to be seen at Whitehall and which must be viewed from a certain angle if the likeness were to be perceptible." En el Barroco se utiliza otro truco visual que se obtiene con un cambio de posición del observador —la pintura a "dos visos"— cuya definición en el *Diccionario de Autoridades* nos revela a un Calderón misógino; a la mujer se la mira desde *otra perspectiva:* "La que se forma artificialmente, de suerte que mirada de un modo, represente una figura, y mirada de otro, otra distinta... Cald. *En esta vida todo es verdad* (Jor. I):

...Como es qualquiera
muger *pintura a dos visos,*
que vista a dos hace, muestra

de una parte una hermosura,
y de otra parte una fiera."

[76] Manuel Ruiz Lagos, "Una técnica dramática de Calderón: la pintura y el centro escénico," *Segismundo*, 1 (1966), 91-104; del mismo autor, "Algunas relaciones pictóricas y literarias en el teatro alegórico de Calderón," *Cuadernos de Arte y Literatura*, 1 (1967), 21-71.

[77] Calderón, "Deposición," p. 719.

[78] Ruiz Lagos repara en esta escena que considera de importancia capital. Para Lagos la técnica de sustitución del personaje real por un cuadro tiene el valor de actuar como un escudo "para no lesionar los intereses monárquicos" (p. 94). En la loa a *Hado y divisa* también se utilizan los retratos reales que aparecen en el centro de la perspectiva escénica, colocados frente al sitial de Carlos II y doña María Luisa; aquí la yuxtaposición del retrato con el original acrecienta el juego entre realidad/apariencia, repetición y simultaneidad ("lo uno" y "lo otro" en los textos poéticos), que es una constante estética del Barroco. Para un análisis de la función y significado de los juegos entre retratos y espejos en *Hado y divisa*, véase Bruce W. Wardropper, "Calderón de la Barca and Late Seventeenth Century Theater," *Record of the Art Museum Princeton University*, 41, no. 2 (1982), 38-39.

[79] William R. Blue en "'¿Qué es esto que miro?': Converging Sign Systems in *El médico de su honra*," *Bulletin of the Comediantes*, 30 (1978), 83-96, ha reparado en la insistencia de esta frase y sus variaciones que se observan en los parlamentos de varios personajes (p. 91). Quisiera hacer notar que esta frase que ha llamado la atención de Blue es una constante estructural en el opus calderoniano; es más, "¿Qué es esto que miro?" pertenece invariablemente a la coordenada visual de la episteme calderoniana que está complementada por la coordenada auditiva en la repetición de "¿Qué es esto que oigo?," completando el sistema sensorial a doble hélice.

[80] R. D. Laing, H. Phillipson y A. R. Lee, *Interpersonal Perception: Theory and a Method of Research* (New York: Harper and Row, 1972), p. 5. Laing nota que esta relación pronominal no existe en todos los idiomas pero sí en inglés: "...many languages (English included) express a further complexity, arising from the refractions a person undergoes as he is seen from different personal perspectives. Language expresses this by forcing the one person through various pronominal transformations, according to his relation to the signifier. This curious and highly significant fact is, we believe, specific to those relationships we are calling personal" (Laing, Phillipson y Lee, p. 4). La aparición de esta relación pronominal refractiva en el Barroco y su abundancia en la obra calderoniana puede estar conectada con la captación interpersonal que se acentúa en la escena.

[81] Para el aspecto lingüístico de este proceso que se denomina *auto-incrustación*, véase Carlos P. Otero en *Introducción a la lingüística estructural* (México: Siglo XXI, 1970), pp. 159-61. Como vemos, durante el período barroco la perspectiva parece haber llegado a transformar hasta las relaciones pronominales; es decir afecta la estructura misma de la lengua castellana.

Conclusiones

[1] C. Guillén, p. 306.
[2] Galileo Galilei, *Siderus Nuncius*, en *Discoveries and Opinions of Galileo*, trad. e introd. Stillman Drake (New York: Doubleday, 1957), p. 28 (mi traducción).
[3] N. D. Shergold y J. E. Varey, "Some Early Calderón Dates," *Bulletin of Hispanic Studies*, 39 (1961), 274-86.
[4] Brown y Elliott, p. 204.
[5] Galileo Galilei, p. 28.
[6] Walter J. Ong, S.J., *Ramus, Method and the Decay of Dialogue* (Cambridge, Mass., y London, Eng.: Harvard Univ. Press, 1983), pp. 8-9.
[7] Wardropper, "Calderón de la Barca and Late Seventeenth Century Theater," pp. 40-41.
[8] I. Bernard Cohen, *Revolution in Science* (Cambridge, Mass., y London, Eng.: Harvard Univ. Press, 1985), frontispicio.
[9] Duncan W. Moir, ed., *Theatro de los theatros*, por Francisco Bances Candamo (London: Tamesis, 1970), p. xcvi.
[10] Calderón, "Deposición," p. 721.
[11] Mario Praz, *Il giardino dei sensi* (Vicenza: Arnoldo Mondadori, 1975), p. 395.

Bibliografía

Accolti, Pietro. *L'inganno degl'occhi, e il discorso della pittura.* Firenze: Pietro Ceconcelli, 1625.
Ackerman, James. "Leonardo's Eye." *Warburg and Courtauld Institutes Journal*, 40 (1978), 108-46.
Allen, John Jay. *The Reconstruction of a Spanish Golden Age Playhouse: El Corral del Príncipe 1583-1744.* Gainesville: Univ. Presses of Florida, 1983.
Alonso, Dámaso, y Carlos Bousoño. *Seis calas en la expresión literaria española.* Madrid: Gredos, 1970.
Altman, George, Ralph Freud, Kenneth MacGowan y William Melnitz. *Theater Pictorial: A History of World Theater as Recorded in Drawings, Paintings, Engravings and Photographs.* Berkeley y Los Angeles: Univ. of California Press, 1953.
Apel, Willi, y Daniel T. Ralph. *The Harvard Brief Dictionary of Music.* New York: Pocket Books, 1961.
ΑΡΙΣΤΟΤΕΛΟΥΣ ΠΕΡΙ ΠΟΙΗΤΙΚΗΣ. *Aristotelis Ars Poetica. Poética de Aristóteles.* Edición trilingüe de Valentín García Yebra. Madrid: Gredos, 1974.
Arnheim, Rudolf. *Art and Visual Perception: A Psychology of the Creative Eye.* Berkeley y Los Angeles: Univ. of California Press, 1954.
―――. *Visual Thinking.* Berkeley, Los Angeles y London: Univ. of California Press, 1969.
Arróniz, Othón. *Teatros y escenarios del Siglo de Oro.* Madrid: Gredos, 1977.
Arteaga, Stefano. *Le rivoluzioni del teatro musicale italiano della sua origine fino al presente.* 3 vols. Bologna: Stamperia di C. Trenti, 1783-88.
Aubrun, Charles V. *La comedia española (1600-1680).* Trad. Julio Lago Alonso. Madrid: Taurus, 1968.
―――. "Les Débuts du drame lyrique en Espagne." *Le Lieu théâtral à la Renaissance.* Ed. Jean Jacquot. Paris: Centre National de la Recherche Scientifique, 1964.
Baldinucci, Filippo. "Notizie de' professori del disegno." En *Opere di Filippo Baldinucci.* Milano: Società Tipografica de' Classici Italiani, 1808-12.
Barthes, Roland. *Critical Essays.* Trad. Richard Howard. Evanston, Ill.: Northwestern Univ. Press, 1972.
Baur-Heinhold, Margarete. *The Baroque Theatre.* Trad. Mary Whittall. London: Thames and Hudson, 1967.

Beamud, Ana M. "*Las hilanderas*, the Theater, and a *Comedia* by Calderón." *Bulletin of the Comediantes*, 34, no. 1 (1982), 37-44.

Benini Clementi, Enrica. "I 'teatri del mondo' veneziani." *Quaderni di teatro*, 25 (1984), 54-67.

Bernheimer, Richard. *The Nature of Representation: A Phenomenological Inquiry*. Ed. H. W. Janson. New York: Univ. Press, 1961.

Blue, William R. "'¿Qué es esto que miro?': Converging Sign Systems in *El médico de su honra*." *Bulletin of the Comediantes*, 30 (1978), 83-96.

Blumenthal, Arthur R. "Giulio Parigi and Baroque Stage Design." *La scenografia barocca*. Ed. Antoine Schnapper. Bologna: CLUEB, 1982, pp. 19-41.

―――. *Theater Art of the Medici*. Hanover, N.H., y London, Eng.: Univ. Press of New England, 1980.

Bronowski, Jacob. *The Ascent of Man*. Boston y Toronto: Little and Brown, 1973.

Brown, Jonathan, y J. H. Elliott. *A Palace for a King: The Buen Retiro and the Court of Philip IV*. New Haven y London: Yale Univ. Press, 1980.

Buonamici, Francesco. *Discorsi poetici nella Accademia Fiorentina in difesa d'Aristotile*. Fiorenza: G. Marescotti, 1597.

Calderón de la Barca, Pedro. *Autos sacramentales, alegóricos, y historiales. Primera parte*. Ed. Ioseph Fernández de Buendía. Madrid: Imprenta Imperial, 1677.

―――. *Autos sacramentales, alegóricos, y historiales*. Ed. Pedro de Pando y Mier. 6 vols. Madrid: Manuel Ruiz de Murga, 1717.

―――. *La cena del rey Baltasar*. Ed. y estudio de Angel Valbuena Prat. Madrid: Clásicos Castellanos, 1967.

―――. *Primera parte de comedias*. Recogidas, y sacadas de sus verdaderos originales por D. Ioseph Calderón de la Barca su hermano. Madrid: Viuda de Iuan Sánchez, 1640. Ed. facs. D. W. Cruickshank y J. E. Varey. 19 vols. Westmead, Farnborough, Hants, Eng.: Gregg International Publishers, 1973.

―――. *Comedias*. Ed. Juan Eugenio Hartzenbusch. Madrid: Rivadeneyra, 1850.

―――. "Deposición a favor de los profesores de la pintura." Reproducido por Edward M. Wilson en *Revista de Archivos, Bibliotecas y Museos*, 77 (1974), 709-27.

―――. *La desdicha de la voz* (1639). Ed. A. V. Ebersole. Valencia: Castalia, 1963.

―――. *Konkordanz zu Calderón = Concordancia aplicada a las obras de Calderón con el auxilio de una computadora electrónica*. Ed. Hans Flasche y Gerd Hofmann. 5 vols. New York: Olms, 1980-83.

―――. *No hay más fortuna que Dios*. Ed., introd. y notas de Alexander A. Parker. Manchester, Eng.: Manchester Univ. Press, 1949.

―――. *Obras completas. Dramas y Comedias*. Ed., prólogo y notas de A. Valbuena Briones. Madrid: Aguilar, 1969. Vols. I y II.

―――. *Obras completas. Autos sacramentales*. Ed., prólogo y notas de A. Valbuena Prat. Madrid: Aguilar, 1987. Vol. III.

―――. *El pintor de su deshonra*. Ed. y estudio de Manuel Ruiz Lagos. Madrid: Alcalá, 1969.

Camón Aznar, José. "Teorías pictóricas de Calderón y su relación con Velázquez." *Homenaje al profesor Cayetano de Mergelina*. Murcia: Univ. de Murcia, 1962, pp. 861-65.

Campbell, Lily B. *Scenes and Machines on the English Stage During the Renaissance.* Cambridge: Univ. Press, 1923.

Carducci, Vincencio (Carducho, Vicente). *Diálogo de la pintura, su defensa, origen, essēcia, definición, modos y diferencias.* Madrid, 1633; segunda edición de D. G. Cruzada Villaamil. Madrid: Manuel Galiano, 1865.

Cervantes, Miguel de. *El ingenioso hidalgo Don Quijote de la Mancha.* Ed. y notas de Celina S. de Cortazar e Isaías Lerner. 2 vols. Buenos Aires: EUDEBA, 1969.

Chastel, André. *The Crisis of the Renaissance (1520-1600).* Trad. del francés por Peter Price. Geneva: Albert Skira, 1968.

Cohen, I. Bernard. *Revolution in Science.* Cambridge, Mass., y London, Eng.: Harvard Univ. Press, 1985.

Collard, Andrée. *Nueva poesía.* Madrid: Brandeis Univ. y Castalia, 1967.

Connor, Patricia Josephine. "The Music in the Spanish Baroque Theater of Don Pedro Calderón de la Barca." 2 vols. Tesis doctoral sin publicar Boston Univ. 1964.

Corominas, Joan. *Breve Diccionario etimológico de la lengua castellana.* Madrid: Gredos, 1967.

Cotarelo y Mori, Emilio. *El conde de Villamediana. Estudio biográfico-crítico con variadas poesías inéditas del mismo.* Madrid: Sucesores de Rivadeneyra, 1886.

———. *Historia de la zarzuela o sea el drama lírico en España, desde su origen a fines del siglo XIX.* Madrid: Tipografía de Archivos, 1934.

———. *Orígenes y establecimiento de la ópera en España hasta 1800.* Madrid: Revista de Archivos, Bibliotecas y Museos, 1917.

Curtius, Ernest Robert. *Literatura europea y Edad Media latina.* Trad. Margit Frenk Alatorre y Antonio Alatorre. 2 vols. México y Buenos Aires: Fondo de Cultura Económica, 1955.

Descartes, René. *La Dioptrique* (Discours premier). *Œuvres.* Paris: Leopold Cerf, 1902. Vol. VI.

———. *Discourse on Method, Optics, Geometry, and Meteorology.* Trad. e introd. Paul J. Oscamp. Indianapolis, Ind.: Bobbs-Merrill, 1965.

Devoto, G., y G. C. Oli. *Vocabolario illustrato della lingua italiana.* New York: Funk and Wagnalls, 1967.

Diccionario de Autoridades. Ed. facs. de la de Madrid. Francisco del Hierro, 1726-37; 3 vols. Madrid: Gredos, 1976.

Donato, Eugenio. "Tesauro's Poetics: Through the Looking Glass." *Modern Language Notes,* 78 (1963), 15-30.

Durán, Manuel, y Roberto González Echevarría. *Calderón y la crítica: historia y antología.* 2 vols. Madrid: Gredos, 1976.

Eco, Umberto. "Elementos preteatrales de una semiótica del teatro." *Semiología del teatro.* Ed. José María Díez Borque y Luciano García Lorenzo. Barcelona: Planeta, 1975.

Enciclopedia dello spettacolo. 1954 ed.

Encyclopaedia Britannica. 1976 ed.

Fasano, Renato, director y conductor. *Egisto.* Mus. por Francesco Cavalli. Ambassador Auditorium, Pasadena, Calif., 27 de abril de 1977.

Ferrater y Mora, José. *Diccionario de Filosofía.* 2 vols. Buenos Aires: Editorial Sudamericana, 1971.

Fiore, Robert L. *Drama and Ethos: Natural-Law Ethics in Spanish Golden Age Theater.* Lexington: Kentucky Univ. Press, 1975.

Foucault, Michel. *The Order of Things: An Archaeology of the Human Sciences.* Trad. como *Les Mots et les choses* (s. t.). New York: Vintage Books, 1973.

———. *This Is Not a Pipe.* Trad. y ed. James Harkness. Con ilustraciones y cartas de René Magritte. Berkeley, Los Angeles y London: Univ. of California Press, 1983.

Franzbach, Martín. *El teatro de Calderón en Europa.* Trad. José Rodríguez de Rivera. Madrid: Fundación Universitaria Española, 1982.

Galilei, Galileo. *Siderus Nuncius.* Trad. como *The Starry Messenger.* En *Discoveries and Opinions of Galileo.* Trad., introd. y notas de Stillman Drake. New York: Doubleday, 1957.

Galilei, Vincenzo. *Dialogo di Vicentio Galilei nobile fiorentino della musica antica e della moderna.* Florencia, 1581; ed. facs. New York: Broude Bros., 1967.

Gates, Eunice Joiner. "Calderón's Interest in Art." *Philological Quarterly,* 40 (1961), 53-67.

Ghiberti, Lorenzo. *I commentarii.* Ed. Julius Von Schlosser. Berlin: Julius Bard, 1912.

Gillet, J. E. "A Note on the Tragic *Admiratio.*" *Modern Language Review,* 13 (1918), 233-38.

Gombrich, E. H. *Art and Illusion: A Study in the Psychology of Pictorial Representation.* New York: Pantheon Books, 1960.

Góngora, Luis de. *Polifemo.* En *Góngora y el "Polifemo."* Edición comentada y anotada por Dámaso Alonso. 3 vols. Madrid: Gredos, 1967.

González de Salas, Jusepe Antonio. *Nueva idea de la tragedia antigua o ilustración ultima al libro singular de poetica de Aristoteles Stagirita.* Madrid: s. e., 1633.

González Echevarría, Roberto. "El 'monstruo de una especie y otra': *La vida es sueño,* III, 2, 725." En *Calderón: Códigos, Monstruos, Iconos.* Ed. Javier Herrero. Co-Texts, no. 3. Montpellier: Centre D'Etudes et Recherches Sociocritiques, 1982, pp. 27-58.

Gordon, D. J. *The Renaissance Imagination.* Ensayos y conferencias editados por Stephen Orgel. Berkeley, Los Angeles y London: Univ. of California Press, 1980.

Gracián, Baltasar. *Obras completas.* Ed. Arturo del Hoyo. Madrid: Aguilar, 1967.

Guillén, Claudio. *Literature as a System: Essays Toward the Theory of Literary History.* Princeton, N.J.: Princeton Univ. Press, 1971.

Guillén, Jorge. *Lenguaje y poesía.* Madrid: Alianza, 1972.

Herrick, Marvin T. "Some Neglected Sources of *Admiratio.*" *Modern Language Notes,* 62 (1947), 222-26.

Hesse, Everett W. "Calderón y Velázquez." *Clavileño,* 2 (1951), 1-10.

———. "Court References in Calderón's 'zarzuelas.'" *Hispanic Review,* 15 (1947), 365-77.

Hobbes, Thomas. *Leviathan.* Reproducido en *Britannica: Great Books.* Chicago: Benton, 1952.

Hosley, Richard. "The Discovery-Space in Shakespeare's Globe." *The Seventeenth Century Stage.* Ed. G. A. Bentley. Chicago: Univ. of Chicago Press, 1968.

Hurtado de Mendoza, Antonio. *Obras poéticas*. Ed. y prólogo de Rafael Benítez Claros. 3 vols. Madrid: Gráficos Ultra, 1947.
Ingegneri, Angelo. *Dalla poesia rappresentativa e del modo di rappresentare le favole sceniche*. Ferrara: Baldini, 1598.
Italia meravigliosa. Teatri e scenografia. Introd. Luigi Squarzina. Ensayo histórico-crítico de Manfredo Tafuri. Milano: Touring Club Italiano, 1976.
Jacquot, Jean, ed. *La Fête théâtrale et les sources de l'opera*. Montauban, Fr.: CNRS, 1972.
—————, ed. *Le Lieu théâtral à la Renaissance*. Paris: Centre National de la Recherche Scientifique, 1964.
—————. "Le théâtre du monde de Shakespeare à Calderón." *Revue de Littérature Comparée*, 31 (1957), 341-72.
King, Lloyd. "The Role of King Pedro in Calderón's *El médico de su honra*." *Bulletin of the Comediantes*, 2 (1971), 44-49.
Laing, R. D., H. Phillipson y A. R. Lee. *Interpersonal Perception: A Theory and a Method of Research*. New York: Harper and Row, 1972.
Lawrenson, T. E. *The French Stage in the XVIIth. Century: A Study in the Advent of the Italian Order*. Manchester, Eng.: Univ. Press, 1957.
Lessing, Gotthold Efraim. *Laocoonte, o sobre los límites de la pintura y la poesía*. Trad. del alemán por Enrique Palau. Barcelona: Iberia, 1957.
López Pinciano, Alonso. *Philosophía antigua poética*. Ed. Alfredo Carballo Picazo. 3 vols. Madrid: Consejo Superior de Investigaciones Científicas, 1953.
Luogo teatrale a Firenze, Il. Catalogo del Palazzo Medici Riccardi, Museo Mediceo. Ed. Mario Fabri, Elvira Garbero Zorzi, Anna Maria Petrioli Tofani. Introd. Ludovico Zorzi. Milano: Electa, 1975.
MacGowan, Kenneth, y William Melnitz. *Golden Ages of the Theater*. Englewood Cliffs, N.J.: Prentice Hall, 1959.
Maravall, José Antonio. *Teatro y literatura en la sociedad barroca*. Madrid: Seminarios y Ediciones, 1972.
Marías, Julián. *La imagen de la vida humana*. Buenos Aires: Emecé, 1955.
Marino, Giambattista. *L'Adone*. 2 vols. Firenze: Adriano Salani, 1932.
Marotti, Ferruccio. *Lo spazio scenico. Teorie e tecniche scenografiche in Italia dall'età Barocca al settecento*. Roma: Bulzioni, 1974.
—————. *Lo spettacolo dall' Umanesimo al Manierismo: Teoria e tecnica*. Milano: Feltrinelli, 1974.
—————. "Structure de l'espace scénique dans les représentations théâtrales d'après les traités italiens du XVI au XVII siècle." *Les Fêtes de la Renaissance*. Vol. III. Paris: Centre National de la Recherche Scientifique, 1975.
Martin, Henriette. "La Camerata du Comte Bardi." *Revue de Musicologie*, 42 (1932), 63-74.
Massar, Phyllis Dearborn. "Scenes from a Calderón Play by Baccio del Bianco." *Master Drawings*, 15 (1977), 365-75 y láminas 21-31.
Menéndez y Pelayo, Marcelino. *Estudios sobre el teatro de Lope de Vega*. Ed. Adolfo Bonilla y San Martín. 6 vols. Madrid: Ramona Velasco, 1919-27.
—————. *Historia de las ideas estéticas en España*. 5 vols. Madrid: Consejo Superior de Investigaciones Científicas, 1947.

Meredith, Joseph Arthur. *Introito and Loa in the Spanish Drama of the Sixteenth Century*. Philadelphia: Univ. of Pennsylvania, 1928.

Moir, Duncan M., ed. *Theatro de los theatros de los passados y presentes siglos*. Por Francisco Bances Candamo. London: Tamesis, 1970.

Molina, Tirso de (Gabriel Téllez). Epílogo a *El vergonzoso en palacio*. México: Porrúa, 1968.

Molinari, Cesare. *Teatro*. Milano: Mondadori, 1972.

———. "Les Rapports entre la scène et les spectateurs dans le théâtre italien du XVIe siècle." *Le Lieu théâtral a la Renaissance*. Paris: Centre National de la Recherche Scientifique, 1964, pp. 61-71.

Monte, Guido Ubaldo, marchese del. "De scaenis." *Perspectivae, libri sex*. Pesaro: Hieronymun Concordiam, 1600.

Morel-Fatio, Alfred. "Les Défenseurs de la *Comedia*." *Bulletin Hispanique*, 4 (1902), 30-62.

Nagler, Alois Maria. *Theatre Festivals of the Medici 1539-1637*. 1964; reimp. New York: Da Capo Press, 1976.

———. "The Furttenbach Theatre in Ulm." *The Theatre Annual*, 11 (1953), 44-69.

Nelson, R. J. "A Spanish Theatrical Term, *tramoya*: The Limits of Spontaneous Genesis." *Romance Notes*, 22 (1982), 265-71.

Newels, Margarete. *Los géneros dramáticos en las poéticas del Siglo de Oro. Investigación preliminar al estudio de la teoría dramática en el Siglo de Oro*. Trad. Amadeo Sole-Leris. London: Tamesis, 1974.

Nicoll, Allardyce. *The Development of the Theatre: A Study of Theatrical Art from the Beginnings to the Present Day*. 1927; reimp. New York: Harcourt, Brace and World, 1966.

Orgel, Stephen. *The Illusion of Power: Political Theater in the English Renaissance*. Berkeley, Los Angeles y London: Univ. of California Press, 1975.

Orozco Díaz, Emilio. *El teatro y la teatralidad del Barroco*. Barcelona: Planeta, 1969.

Ortega y Gasset, José. *Idea del teatro*. Madrid: Revista de Occidente, 1966.

Otero, Carlos Peregrín. *Introducción a la lingüística transformacional*. México: Siglo XXI, 1970.

Pacheco, Francisco. *Arte de la pintura, su antigüedad y grandezas*. Sevilla: Simon Faxardo, 1649.

Palomino de Castro y Velasco, Antonio. *El museo pictórico, y escala óptica*. 3 vols. en 2. Madrid: Lucas Antonio de Bedmar. 1715-24.

Paris, Jean. *L'Espace et le regard*. Paris: Seuil, 1965.

Parker, Alexander A. *Los autos sacramentales de Calderón*. Trad. Francisco García Sarriá. Barcelona: Ariel, 1983.

Pavis, Patrice. *Problèmes de sémiologie théâtrale*. Montreal: Les Presses de L'Université du Quebec, 1976.

Penzel, Frederick. *Theater Lighting Before Electricity*. Middletown, Conn.: Wesleyan Univ. Press, 1977.

Pérez Pastor, Cristóbal. *Documentos para la biografía de D. Pedro Calderón de la Barca*. Madrid: Real Academia de la Historia, 1905.

Pirrotta, Nino. "Temperaments and Tendencies of the Florentine *Camerata*." *The Musical Quarterly*, 40, no. 2 (1954), 168-89.

Pitts, Ruth L. "Don Juan de Hidalgo: Seventeenth-Century Spanish Composer." Tesis doctoral sin publicar George Peabody College 1968.
Pollin, Alice M. "Calderón de la Barca and Music: Theory and Examples in the *Autos* (1675-1681)." *Hispanic Review*, 41 (1973), 362-70.
Porqueras Mayo, Alberto. *El prólogo como género literario: su estudio en el Siglo de Oro español*. Madrid: Consejo Superior de Investigaciones Científicas, 1957.
Praz, Mario. *Il giardino dei sensi*. Vicenza: Arnoldo Mondadori, 1975.
Rennert, Hugo Albert. *The Spanish Stage in the Time of Lope de Vega*. 1909; reimp. New York: Dover, 1963.
Rennert, Hugo Albert, y Américo Castro. *Vida de Lope de Vega*. 1919; reimp. Madrid: Anaya, 1968.
Reyes, Alfonso. *La experiencia literaria*. Buenos Aires: Losada, 1952.
Riley, Edward C. "Aspectos del concepto de *admiratio* en la teoría literaria del Siglo de Oro." *Studia Philologica. Homenaje a Dámaso Alonso*. Madrid: Gredos, 1963.
―――. "The Dramatic Theories of Don Jusepe Antonio González de Salas." *Hispanic Review*, 19 (1951), 183-203.
Roaten, Darnell H., y Federico Sánchez y Escribano. *Wölfflin's Principles in Spanish Drama, 1500-1700*. New York: Hispanic Institute, 1952.
Romera-Navarro, M. *La preceptiva dramática de Lope de Vega y otros ensayos sobre el Fénix*. Madrid: Ediciones Yunque, 1935.
Rosales, Luis. *Pasión y muerte del conde de Villamediana*. Madrid: Gredos, 1969.
Rosen, Edward. *The Naming of the Telescope*. New York: Henry Shuman, 1947.
Rozas, Juan Manuel. *Obras de Villamediana*. Madrid: Castalia, 1969.
Rudat, Eva Marja. *Las ideas estéticas de Esteban de Arteaga*. Trad. Carmen Criado de Rodríguez-Puértolas. Madrid: Gredos, 1971.
Ruiz Lagos, Manuel. "Algunas relaciones pictóricas y literarias en el teatro alegórico de Calderón." *Cuadernos de Arte y Literatura: Universidad de Granada*, 1 (1967), 21-71.
―――. "Una técnica dramática de Calderón: la pintura y el centro escénico." *Segismundo*, 1 (1966), 91-104.
Ruiz Ramón, Francisco. *Historia del teatro español*. 2 vols. Madrid: Alianza, 1967.
Sabbatini, Nicola. *Pratica di fabricar scene e machine ne' teatri*. Ravena: 1638; ed. Elena Pavoledo, Roma: Carlo Bestetti, 1955.
Sage, Jack. "Calderón y la música teatral." *Bulletin Hispanique*, 58 (1956), 275-300.
―――. "Music as an 'Instrumentum Regni' in Spanish Seventeenth-Century Drama." *Bulletin of Hispanic Studies*, 61 (1984), 384-90.
―――. "Nouvelles lumières sur la genèse de l'ópera et la zarzuela en Espagne." *Actes des journées internationales d'étude du Baroque*. Montauban: Centre National de la Recherche Scientifique, 1972, pp. 107-14.
―――. "Texto y realización de *La estatua de Prometeo* y otros dramas musicales de Calderón." *Hacia Calderón*. Ed. Hans Flasche. Berlin: Walter de Gruyter, 1970, pp. 37-52.
Shakespeare, William. *All's Well That Ends Well*. Ed. Russell Fraser. Cambridge, Eng.: Cambridge Univ. Press, 1985.
Shepard, Sanford. *El Pinciano y las teorías literarias del Siglo de Oro*. Madrid: Gredos, 1970.

Shergold, Norman D. "Documentos sobre Cosme Lotti, escenógrafo de Felipe IV." En *Studia Iberica. Festschrift für Hans Flasche*. Ed. Karl-Hermann Körner y Klaus Ruhl. Bern y München: Francke, 1973, pp. 589-602.

———. *A History of the Spanish Stage from Medieval Times Until the End of the Seventeenth Century*. Oxford: Clarendon Press, 1967.

———. "La Musique et le thème littéraire dans l'*auto sacramental* de Calderón, *No hay más fortuna que Dios*." En *La Fête théâtrale et les sources de l'opera*. Ed. Jean Jacquot. Montauban, Fr.: CNRS, 1972, pp. 97-106.

Shergold, N. D., y Aurora Egido. "La puesta en escena de los autos sacramentales." En *Siglo de Oro barroco*. Ed. Bruce W. Wardropper. Vol. III de *Historia y crítica de la literatura española*. Ed. Francisco Rico. 8 vols. Barcelona: Grijalbo, 1983.

Shergold, N. D., y J. E. Varey. *Los autos sacramentales en Madrid en la época de Calderón, 1637-1681*. Madrid: Ediciones de Historia, Geografía y Arte, 1961,

———. "Some Early Calderón Dates." *Bulletin of Hispanic Studies*, 38 (1961), 274-86.

Shoemaker, William H. *The Multiple Stage in Spain During the Fifteenth and Sixteenth Centuries*. Princeton: Princeton Univ. Press, 1935.

Sloman, Albert E. *The Dramatic Craftsmanship of Calderón: His Use of Earlier Plays*. Oxford: Dolphin, 1958.

Solerti, Angelo. *Gli albori del melodramma*. 3 vols. Milano: Remo Sandron, 1904-05.

———. *Musica, ballo e drammatica alla corte medicea dal 1600 al 1637*. 1905; reimp. New York: B. Blom, 1968.

———. *Le origini del melodramma*. Torino: Fratelli Bocca, 1903; reimp. New York: Georg Olms Verlag, 1969.

Soons, Alan C. "El problema de los juicios estéticos en Calderón: *El pintor de su deshonra*." *Romanische Forschungen*, 76 (1964), 155-62.

Spingarn, Joel E. *A History of Literary Criticism in the Renaissance*. 1899; reimp. New York: Harcourt, 1963.

Spitzer, Leo. "A Central Theme and Its Structural Equivalent in Lope's *Fuenteovejuna*." *Hispanic Review*, 23 (1955), 274-92.

———. "A New Book on the Art of *Celestina*." *Hispanic Review*, 25 (1957), 1-25.

Starobinski, Jean. *L'Œil vivant*. Paris: Gallimard, 1961.

Stein, Louise Kathrin. "Música existente para comedias de Calderón de la Barca." *Calderón. Actas del "Congreso Internacional Sobre Calderón de la Barca y el Teatro Español del Siglo de Oro."* (Madrid, 8-13 de junio de 1981.) Publicadas bajo la dirección de Luciano García Lorenzo. 3 vols. Madrid: Consejo Superior de Investigaciones Científicas, 1983, II, 1161-72.

Stevenson, Robert. "Calderonian Opera." Conferencia celebrando el tricentenario de Pedro Calderón de la Barca (1600-81). Univ. of California, Los Angeles. 16 de abril de 1981.

Subirá, José. "Calderón de la Barca, libretista de ópera: consideraciones literario-musicales." *Anuario Musical*, 20 (1965), 59-73.

———. *Historia de la música teatral en España*. Barcelona: Labor, 1945.

Sullivan, Henry W. "*Tam clara et evidens*: 'Clear and Distinct Ideas' in Calderón, Descartes and Francisco Suárez S.J." En *Perspectivas de la Comedia*. Ed. Alva V. Ebersole. Valencia: Albatros, 1979, II, 127-36.

Tesauro, Emmanuele. *Il cannocchiale aristotelico o sia idea dell'arguta et ingeniosa elocutione che serve a tutta l'arte oratoria, lapidaria; et simbolica esaminata co' principij del divino Aristotele*. Torino, 1670; ed. facs. Berlin: Max Gehlen, 1968.

Theater and Festival Etchings and Master Prints and Drawings from the Sixteenth to the Eighteenth Century. New York: William H. Schab Gallery, s. f.

Varey, J. E. "Calderón, Cosme Lotti, Velázquez, and the Madrid Festivities of 1636-1637." *Renaissance Drama*. Ed. S. Schoenbaum. Evanston, Ill.: Northwestern Univ. Press, 1968, pp. 253-82.

Vega y Carpio, Lope Félix de. "El arte nuevo de hacer comedias en este tiempo." Ed. Juana José Prades. Madrid: CSIC, 1971.

―――. *Colección de las obras sueltas, assí en prosa, como en verso*. Madrid: Antonio de Sancha, 1776.

―――. *La Dorotea*. Ed. Edwin S. Morby. Madrid: Castalia, 1980.

―――. *El perro del hortelano. El castigo sin venganza*. Ed. A. David Kossoff. Madrid: Castalia, 1970.

Vélez de Guevara, Juan C. *Los celos hacen estrellas*. Ed. J. E. Varey y N. D. Shergold, con una edición y estudio de la música por Jack Sage. London: Tamesis, 1970.

Villamediana, Juan de Tarsis y Peralta, conde de. *Obras*. Ed. Juan Manuel Rozas. Madrid: Castalia, 1969.

Vitruvius, Pollio. *De architettura*. Trad. al italiano por Bono Mauro. Bronx: Blom, 1968.

Walker, D. P. "Musical Humanism in the 16th and Early 17th Centuries." *The Music Review*, 2 (1941), 1-13.

Wardropper, Bruce W. "Apenas llega cuando llega a penas." *Modern Philology*, 57 (1960), 240-44.

―――. "Calderón de la Barca and Late Seventeenth Century Theater." *Record of the Art Museum Princeton University*, 41, no. 2 (1982), 35-41.

―――. *Introducción al teatro religioso del Siglo de Oro: la evolución del auto sacramental: 1550-1648*. Madrid: Revista de Occidente, 1953.

Weiger, John G. *Hacia la comedia: de los valencianos a Lope*. Madrid: Cupsa, 1978.

Whitaker, Shirley B. "Florentine Opera Comes to Spain (1627): Lope de Vega's *La selva sin amor*." *Journal of Hispanic Philology*, 9, no. 1 (1984), 43-66.

Wold, Milo, y Edmund Cykler. *An Introduction to Music and Art in the Western World*. Dubuque, Iowa: W. C. Brown, 1958.

Zangheri, Luigi. "Suggestioni e fortuna dei teatrini di automi. Pratolino come una Broadway manierista." *Quaderni di teatro*, 25 (1984), 78-84.

Ilustraciones

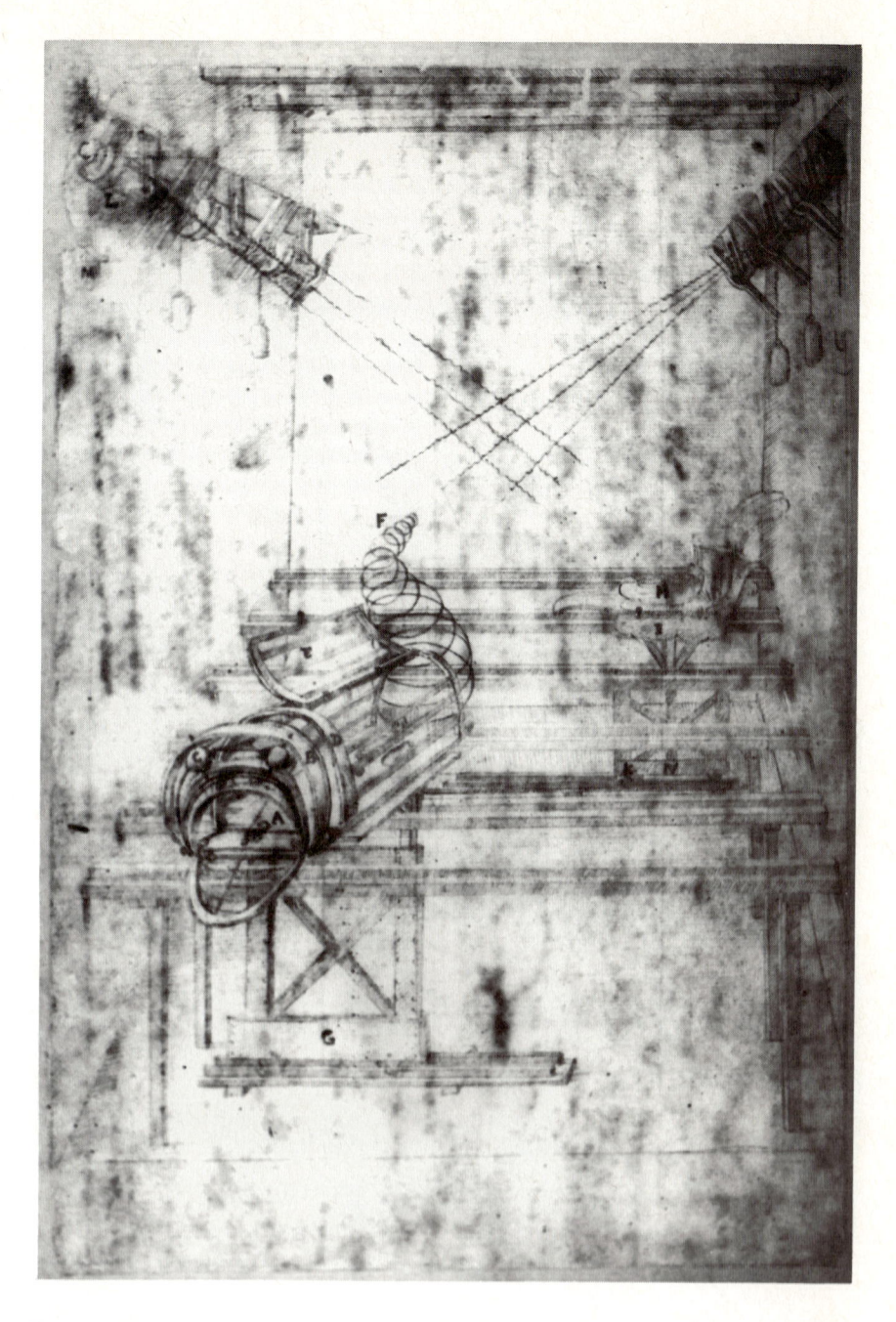

Ilustración 1. Aparato para accionar monstruos marinos y carro que se desplaza en la escena sobre rieles. Teatro Farnese, Parma (ca. 1626). Se reproduce aquí con la autorización de la Biblioteca Palatina de Parma, Italia.

Ilustración 2. Máquinas que permiten el movimiento y vuelo de personajes. Teatro Farnese, Parma. Se reproduce aquí con la autorización de la Biblioteca Palatina de Parma, Italia.

Ilustración 3. Máquinas para suspender en el aire a Cupido y Mercurio con asiento para otro personaje. Teatro Farnese, Parma. Se reproduce aquí con la autorización de la Biblioteca Palatina de Parma, Italia.

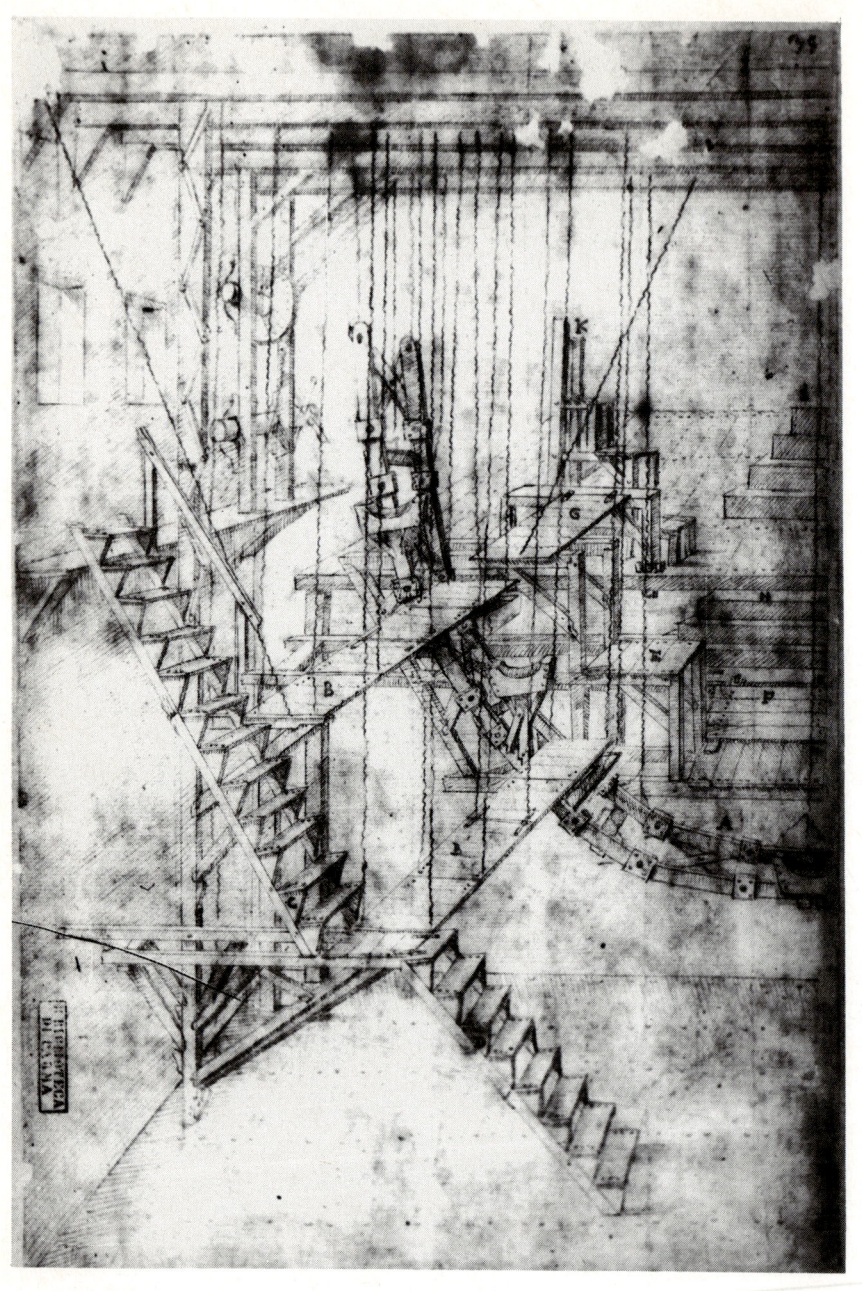

Ilustración 4. Escaleras y plataformas para personajes voladores. El arco con asientos parece ser una especie de tobogán para efectuar caídas bruscas de personajes desde lo alto. Teatro Farnese, Parma. Se reproduce aquí con la autorización de la Biblioteca Palatina de Parma, Italia.

Ilustración 5. Máquina operada a engranajes que permite el vuelo de un ave y asientos para simular el ascenso o descenso de personajes. Teatro Farnese, Parma. Se reproduce aquí con la autorización de la Biblioteca Palatina de Parma, Italia.

Ilustraciones 6 a 30 que siguen son de la escenografía de Baccio del Bianco creada para *La fiera, el rayo y la piedra* (1652), concordada con las didascalias en la edición de A. Valbuena Briones. N.B.: La palabra *teatro* significa específicamente "parte del tablado que se adorna con paños o bastidores para la representacion" (*Aut.*). Se las reproduce de "La fiera, el rayo y la piedra," por Pedro Calderón de la Barca, MS. 14.614, Biblioteca Nacional de Madrid. Se las reproduce aquí con la autorización correspondiente.

Ilustración 6. Telón de bocaescena para *La fiera, el rayo y la piedra*. Biblioteca Nacional de Madrid.

Ilustración 7. Primera jornada. El teatro se obscurece y descúbrese la perspectiva del mar. Biblioteca Nacional de Madrid.

Ilustración 8. Primera jornada. Pasan peces, pasan sirenas cantando y pequeños bajeles. Se descubre un esquife. Biblioteca Nacional de Madrid.

Ilustración 9. Primera jornada. Se cubre el mar y se descubre el bosque. Biblioteca Nacional de Madrid.

Ilustración 10. Primera jornada. Se abre una gruta. Biblioteca Nacional de Madrid.

Ilustración 11. Primera jornada. Anteros y Cupido luchan. Biblioteca Nacional de Madrid.

Ilustración 12. Primera jornada. Se descubre la fragua de Vulcano y también los Cíclopes. Biblioteca Nacional de Madrid.

Ilustración 13. Primera jornada. La fragua de Vulcano. Biblioteca Nacional de Madrid.

Ilustración 14. Segunda jornada. Teatro de bosque con un palacio en el foro. Biblioteca Nacional de Madrid.

Ilustración 15. Segunda jornada. El teatro se muda en jardín con una hermosa fuente en medio. Sale Cupido. Biblioteca Nacional de Madrid.

Ilustración 16. Segunda jornada. Teatro del jardín. Biblioteca Nacional de Madrid.

Ilustración 17. Segunda jornada. Teatro del jardín. Biblioteca Nacional de Madrid.

Ilustración 18. Segunda jornada. Teatro del jardín. Aparece un pavo real en lo alto. Biblioteca Nacional de Madrid.

Ilustración 19. Tercera jornada. Teatro de bosque con la puerta del jardín al foro. Biblioteca Nacional de Madrid.

Ilustración 20. Tercera jornada. Múdase el teatro en el de bosque. Biblioteca Nacional de Madrid.

Ilustración 21. Tercera jornada. Teatro de bosque. Biblioteca Nacional de Madrid.

Ilustración 22. Tercera jornada. Múdase el cielo. En lo alto a un lado Cupido y al otro Anteros, en dos tronos de nubes. Biblioteca Nacional de Madrid.

Ilustración 23. Tercera jornada. Teatro de bosque. Biblioteca Nacional de Madrid.

Ilustración 24. Tercera jornada. Teatro de bosque. Biblioteca Nacional de Madrid.

Ilustración 25. Tercera jornada. Teatro de bosque. Biblioteca Nacional de Madrid.

Ilustración 26. Tercera jornada. Teatro de bosque. Biblioteca Nacional de Madrid.

Ilustración 27. Tercera jornada. Se descubre el teatro regio. Biblioteca Nacional de Madrid.

Ilustración 28. Tercera jornada. Teatro regio. Sale un carro. Biblioteca Nacional de Madrid.

Ilustración 29. Tercera jornada. Teatro regio. Biblioteca Nacional de Madrid.

Ilustración 30. Tercera jornada. Anteros, Cupido y Venus descienden del cielo. Biblioteca Nacional de Madrid.

Ilustración 31. Escenografía toscana. Intermedio cuarto de *Il giudizio di Paride*. Nave de Américo Vespucci (1608). Diseño de Giulio Parigi. Grabado de Remigio Canta Gallina. Se reproduce aquí con la autorización de la Biblioteca Nacional de Madrid.

Ilustración 32. Escenografía toscana. Intermedio quinto de *Il giudizio di Paride*. La fragua de Vulcano (1608). Diseño de Giulio Parigi. Grabado de Remigio Canta Gallina. Se reproduce aquí con la autorización de la Biblioteca Nacional de Madrid.

Ilustración 33. Escenografía toscana. Monstruos marinos en el río Arno (1608). Diseño de Giulio Parigi. Se reproduce aquí con la autorización de la Biblioteca Nacional de Madrid.

Desde sus orígenes en 1980, PURDUE UNIVERSITY MONOGRAPHS IN ROMANCE LANGUAGES ha ganado una reputación estimable por su calidad y sus valiosas contribuciones a los estudios romances. La colección contiene trabajos críticos de importancia filológica o literaria en las lenguas o literaturas de la península Ibérica, la América Latina o Francia. También se incluyen en ocasiones ediciones críticas de textos importantes en esas literaturas. Entre los autores publicados se encuentran algunos de los escritores más destacados de la actualidad, tanto de la nueva generación de estudiosos como de aquéllos más reconocidos de la profesión. Ya sea en inglés, francés o español los autores tratan sus temas con erudición y originalidad en obras de aproximadamente 200 páginas.

Para informarse sobre la presentación de manuscritos, dirigirse al Editor General, Howard Mancing, Stanley Coulter Hall, Purdue University, West Lafayette, IN 47907 USA.

PURDUE UNIVERSITY MONOGRAPHS IN ROMANCE LANGUAGES

1. John R. Beverley: *Aspects of Góngora's "Soledades."* Amsterdam, 1980. xiv, 139 pp. Tela.
2. Robert Francis Cook: *"Chanson d'Antioche," chanson de geste: Le Cycle de la Croisade est-il épique?* Amsterdam, 1980. viii, 107 pp. Tela.
3. Sandy Petrey: *History in the Text: "Quatrevingt-Treize" and the French Revolution.* Amsterdam, 1980. viii, 129 pp. Tela.
4. Walter Kasell: *Marcel Proust and the Strategy of Reading.* Amsterdam, 1980. x, 125 pp. Tela.
5. Inés Azar: *Discurso retórico y mundo pastoral en la "Egloga segunda" de Garcilaso.* Amsterdam, 1981. x, 171 pp. Tela.
6. Roy Armes: *The Films of Alain Robbe-Grillet.* Amsterdam, 1981. x, 216 pp. Tela.
7. David M. Dougherty y Eugene B. Barnes, eds.: *Le "Galien" de Cheltenham.* Amsterdam, 1981. xxxvi, 203 pp. Tela.
8. Ana Hernández del Castillo: *Keats, Poe, and the Shaping of Cortázar's Mythopoesis.* Amsterdam, 1981. xii, 135 pp. Tela.
9. Carlos Albarracín-Sarmiento: *Estructura del "Martín Fierro."* Amsterdam, 1981. xx, 336 pp. Tela.
10. C. George Peale et al., eds.: *Antigüedad y actualidad de Luis Vélez de Guevara: Estudios críticos.* Amsterdam, 1983. xii, 298 pp. Tela.
11. David Jonathan Hildner: *Reason and the Passions in the "Comedias" of Calderón.* Amsterdam, 1982. xii, 119 pp. Tela.

PURDUE UNIVERSITY MONOGRAPHS IN ROMANCE LANGUAGES
(Continuación)

12. Floyd Merrell: *Pararealities: The Nature of Our Fictions and How We Know Them.* Amsterdam, 1983. xii, 170 pp. Tela.
13. Richard E. Goodkin: *The Symbolist Home and the Tragic Home: Mallarmé and Oedipus.* Amsterdam, 1984. xvi, 203 pp. Rústica.
14. Philip Walker: *"Germinal" and Zola's Philosophical and Religious Thought.* Amsterdam, 1984. xii, 157 pp. Rústica.
15. Claire-Lise Tondeur: *Gustave Flaubert, critique: Thèmes et structures.* Amsterdam, 1984. xiv, 119 pp. Rústica.
16. Carlos Feal: *En nombre de don Juan (Estructura de un mito literario).* Amsterdam, 1984. x, 175 pp. Rústica.
17. Robert Archer: *The Pervasive Image: The Role of Analogy in the Poetry of Ausiàs March.* Amsterdam, 1985. xii, 220 pp. Rústica.
18. Diana Sorensen Goodrich: *The Reader and the Text: Interpretative Strategies for Latin American Literatures.* Amsterdam, 1986. xii, 150 pp. Rústica.
19. Lida Aronne-Amestoy: *Utopía, paraíso e historia: inscripciones del mito en García Márquez, Rulfo y Cortázar.* Amsterdam, 1986. xii, 167 pp. Rústica.
20. Louise Mirrer-Singer: *The Language of Evaluation: A Sociolinguistic Approach to the Story of Pedro el Cruel in Ballad and Chronicle.* Amsterdam, 1986. xii, 128 pp. Rústica.
21. Jo Ann Marie Recker: *"Appelle-moi 'Pierrot'": Wit and Irony in the "Lettres" of Madame de Sévigné.* Amsterdam, 1986. x, 128 pp. Rústica.
22. J. H. Matthews: *André Breton: Sketch for an Early Portrait.* Amsterdam, 1986. xii, 176 pp. Rústica.
23. Peter V. Conroy, Jr.: *Intimate, Intrusive, and Triumphant: Readers in the "Liaisons dangereuses."* Amsterdam, 1987. xii, 139 pp. Rústica.
24. Mary Jane Stearns Schenck: *The Fabliaux: Tales of Wit and Deception.* Amsterdam, 1987. xiv, 168 pp. Rústica.
25. Joan Tasker Grimbert: *"Yvain" dans le miroir: Une Poétique de la réflexion dans le "Chevalier au lion" de Chrétien de Troyes.* Amsterdam, 1988. xii, 226 pp. Tela y rústica.
26. Anne J. Cruz: *Imitación y transformación: el petrarquismo en la poesía de Boscán y Garcilaso de la Vega.* Amsterdam, 1988. x, 156 pp. Tela y rústica.
27. Alicia G. Andreu: *Modelos dialógicos en la narrativa de Benito Pérez Galdós.* Amsterdam, 1989. xvi, 126 pp. Tela y rústica.
28. Milorad R. Margitić, ed.: *Le Cid: Tragi-comédie.* Por Pierre Corneille. Una edici n critical. Amsterdam, 1989. lxxxvi, 302 pp. Tela.
29. Stephanie A. Sieburth: *Reading "La Regenta": Duplicitous Discourse and the Entropy of Structure.* Amsterdam, 1990. viii, 127 pp. Tela.
30. Malcolm K. Read: *Visions in Exile: The Body in Spanish Literature and Linguistics: 1500-1800.* Amsterdam, 1990. xii, 211 pp. Tela.
31. María Alicia Amadei-Pulice: *Calderón y el Barroco: exaltación y engaño de los sentidos.* Amsterdam, 1990. xii, 258 pp. Tela.
32. Lou Charnon-Deutsch: *Gender and Representation: Women in Spanish Realist Fiction.* Amsterdam, 1990. x, 205 pp. Tela.